Die Farbe meines Gesichts

Birgit Theresa Koch
Miriam Kwalanda

Die Farbe meines Gesichts

Lebensreise einer kenianischen Frau

Eichborn.

Umschlaggestaltung: Moni Port
Lektorat: Palma Müller-Scherf
Satz: Fuldaer Verlagsanstalt GmbH, Fulda
Druck und Bindung: Wiener Verlag, Himberg
ISBN 3-8218-0808-X

Verlagsverzeichnis schickt gern:
Eichborn Verlag, Kaiserstraße 66, D-60329 Frankfurt am Main
http://www.eichborn.de

Prolog

Kaum vier Wochen war sie im Bauch ihrer Mutter, da fing der Streit um sie an. Ihr Vater war wütend. Er wollte das Kind nicht. Der jüngste Sohn war noch kein Jahr alt. Der Mann versuchte mit Gewalt, Medikamente in den Mund seiner zweiten Frau zu stopfen. Doch das Kind in ihrem Bauch war zäh und lebte weiter. Nur Oma Koko hielt zu ihr und dem Kind und versteckte es in einem Bananenfeld.

In der Nacht vom 19. auf den 20. März 1963 wurde sie, die Tochter einer Kikuyu-Frau und eines Luhya-Mannes, in Kagamega im Südwesten Kenias geboren. Die Mutter nannte sie Nyawira – die Arbeitende, der Vater gab ihr den Namen Khaoya – die Flirtende. Ihr offizieller europäischer Name ist Miriam, ein Relikt aus der Kolonialzeit.

Die große Reise

»Du wirst nach Deutschland kommen. Ich werde dich zu mir einladen, und dann werden wir heiraten«, sagte der weiße Mann in einem aufgeregten Ton und nahm mich ein letztes Mal in den Arm. Gleich würde seine Maschine nach Frankfurt fliegen. Heinz schwitzte, die Hitze vertrug er eigentlich nicht.

»In Deutschland ist es kalt ...« Ich hörte ihm kaum zu. Es war Dezember, es war heiß in Mombasa. Winter in Europa, was sollte ich mir darunter vorstellen? In meinem Kopf drehte sich das Wort heiraten. Sollte ich ihm glauben? Sollte ich am Ziel sein und endlich nach Europa fahren dürfen? Ich ließ meinen Blick schweifen. Heinz war nicht der einzige Sextourist, der heute wieder abflog, und ich war nicht die einzige Afrikanerin, die einen Freier verabschiedete. Einige dieser Frauen würden vielleicht am Flughafen bleiben und auf den nächsten Stammgast aus Europa warten.

Ich fuhr mit demselben Taxi, das uns hergebracht hatte, wieder nach Hause, allein. Wie ein bunter Schleier flogen die Menschen rechts und links der Straße an mir vorbei. Versunken in meine Gedanken, beachtete ich sie kaum. Warum sollte ich Heinz glauben? Nach Europa kommen, heiraten ... es waren vielleicht alles nur leere Versprechungen.

Von Europa hatte ich viele Bilder im Kopf. Ich stellte mir saubere, schöne Länder vor, mit freundlichen, lustigen Menschen, gelöst und entspannt, kontaktfreudig, interessiert am Leben anderer. Menschen mit viel Zeit, immer auf der Suche nach neuen Freunden. Ich hatte im Fernsehen und im Kino gesehen, wie sie lebten: in schönen Häusern, umgeben von einem sauberen grünen Rasen, mit schönen Autos in den Garagen. Fernsehen oder Kino live, Hollywood; sollte ich das wirklich erleben? Es war schön, diese Phantasien zu haben und mir vorzustellen, eine von diesen glücklichen und lachenden Menschen zu sein. Sie hatten ein besseres Leben als wir, da war ich ganz sicher.

»Miriam, komm mit, dein Gast aus Deutschland will mit dir sprechen. Er hat schon mehrere Male angerufen.« Ein Angestellter vom Bamburi Beach Hotel, in dem Heinz gewohnt hatte, brachte mir die Nachricht nach Shanzu. Heinz war erst vor zwei Tagen abgeflogen, was hatte er mir zu sagen? Wir fuhren mit dem Bus zum Hotel, und kurze Zeit später rief Heinz an. Er wollte mich tatsächlich noch haben und versprach mir, sofort das Geld für die Flugtickets und die Pässe zu schicken.

Ich jauchzte vor Freude, meine Gebete waren erhört worden. Es war, als hätte mich eine Glückssträhne in den Himmel gezogen. Ein paar Tage vorher hatte mir Moritz, ein Stammgast und Freier aus der Schweiz, geschrieben und mitgeteilt, daß er sich mit mir verloben wolle. In seinem Brief hatte er nach meinem Fingerumfang gefragt, er wollte mir einen Verlobungsring mitbringen.

Über ein Jahr war ich jeden Sonntag in die Baptistenkirche gegangen und hatte gebetet, daß mich endlich ein Gast heiratet und mit nach Europa nimmt. Ich hatte dabei immer an Moritz gedacht. Jetzt auf einmal wollten mich sogar zwei Männer haben. Ich brauchte Rat und ging zu Pater Joseph von der Baptistengemeinde.

»Nimm den, der das Geld schon abgeschickt hat. Er wird es ernst meinen. Die bösen Geister, die gegen die Kraft Gottes kämpfen, sind eifersüchtig und wollen dich verwirren«, erklärte er mir, »du mußt weiter beten, meine Tochter, damit die guten Geister sich durchsetzen.«

Ich vertraute seinen Worten. Pater Joseph war berühmt, und das nicht nur in Mombasa. Über Kenia hinaus, auch in den USA, kannte man ihn. Viele Amerikaner kamen jährlich nach Kenia, um sich von ihm beraten oder heilen zu lassen. Man erzählte, daß er Krüppel wieder gesund und Blinde wieder sehend machen konnte. Auch wurde berichtete, daß seine Mutter sieben Jahre mit ihm schwanger gewesen sei. Selbst wenn ich daran nicht glaubte, war ich überzeugt, daß Pater Joseph ein ganz besonderer Mensch ist. Wie sollte ich seinen Rat nicht ernst nehmen? So entschied ich mich für Heinz.

Die Aussicht, nach Europa zu gehen, machte mich stolz. Jetzt war ich etwas Besonderes, gehörte zur besseren Klasse. Ich hatte immer neidisch auf die anderen Frauen geschaut, die nach Europa gefahren waren; jetzt war ich an der Reihe. Ich war sehr glücklich und bereit, in einem neuen Land wieder von vorne anzufangen.

Ich würde neue Freunde haben, eine neue Sprache lernen.

»Wie geht's, Kollege?« »Gemma Bungalow bumsi bumsi?« »Warum du gestern Schmetterling zu andere Frau?« Mit meinen wenigen Sätzen in der Sextouristensprache würde ich in Deutschland kaum etwas anfangen können.

Ich wollte das Risiko eingehen und entschied mich für das neue und vielversprechende Leben in Deutschland. Raus aus dem Milieu, weg von den Freiern, weg von der Armut, ein neues Leben, ein neuer Anfang. Endlich heiraten, einen Vater und weitere Geschwister für David, meinen zweijährigen Sohn. Innerlich bereitete ich mich auf meine neue Rolle vor. Es sollte schließlich die schönste in meinem Leben werden. So wollte ich es.

Heinz hatte mir achtundfünfzigtausend kenianische Schilling überwiesen. Mitte Januar hatte ich das Geld schon auf meinem Konto. Das war ungeheuer viel, nie hatte ich soviel Geld auf einmal besessen. Ich überlegte einmal kurz, ob ich nicht etwas anderes damit machen sollte. Vielleicht ein Haus in Kenia bauen? Ich erinnerte mich an eine Frau, der es in Deutschland nicht gefallen hatte und die ihren Entschluß, nach Europa zu gehen, später bereute. Von ihr wußte ich, daß die Touristen in ihrem eigenen Land nicht so freundlich sind wie in Kenia und einer Frau viele Probleme machen konnten. Anderen Frauen, die zurückgekommen waren, konnte man ansehen, daß es ihnen nicht gutgegangen war, aber sie sprachen nicht darüber. Die Leute, die einmal in Europa waren, benahmen sich, als ob sie zu einer Sekte gehörten und geschworen hätten, nie über ihre Erlebnisse zu berichten. Weil es eine Schande war, zu-

zugeben, daß man in Europa nicht das große Glück gefunden hatte. Nur meinen engsten Freunden und meiner Familie erzählte ich von der bevorstehenden Reise. Alle anderen sollten annehmen, daß ich Urlaub in Nairobi machte, damit niemand im Falle meiner Rückkehr schlecht von mir sprechen konnte. Trotz dieser Vorkehrungen glaubte ich fest daran, daß ich mein Glück machen würde, und beantragte die Pässe.

Das hört sich einfach an, ist in Kenia aber nicht leicht. Man braucht einen richtigen Beruf, um in den Besitz eines gültigen Reisedokuments zu kommen. Da ich wie die wenigsten Kenianer keine abgeschlossene Berufsausbildung und schon gar keine feste Arbeit hatte, mußte ich mir etwas einfallen lassen. Prostitution war schließlich verboten. Schneiderin oder Sekretärin waren beliebte Berufe, die von Frauen für die Eintragung im Reisepaß ausgewählt wurden. Dazu brauchten sie allerdings einen Menschen, der dies auch bestätigte, am besten einen echten Arbeitgeber. Seine Unterschrift kostete natürlich Geld.

»Ich kann dir helfen«, bot Mama Rachel, meine Nachbarin und manchmal beste Freundin, an, »mein Mann arbeitet mit Computern, wir machen aus dir eine Mitarbeiterin, die für seine Firma in Europa arbeiten soll.« So kam es, daß bis heute in meinem Paß unter der Rubrik Beruf *Marketing Assistent* steht.

»Damit wirst du auch bei der Paßkontrolle in Deutschland keine Probleme haben. Du sagst einfach, daß du nach Deutschland gehst, um dort zu arbeiten.« Mama Rachel war nie um einen Rat verlegen. Natürlich wußten wir beide damals nicht, daß deutsche Gesetze für Ausländer nicht so einfach und praktisch waren wie Mama Rachels Ratschläge.

Es war klar, daß ich Moritz verlassen mußte, wenn ich zu Heinz gehen wollte. Moritz war einer meiner lukrativsten Stammgäste. Er schickte mir regelmäßig so viel Geld nach Kenia, daß ich davon einen großen Teil meines Lebensunterhalts bestreiten konnte. Dafür hatte er Anspruch auf mich und mein Haus, wenn er in Kenia war. Eine Zeit hatte ich geglaubt, ihn richtig zu lieben. Doch das war lange vorbei. Schon bei seinem letzten Aufenthalt in Kenia hatte ich mich nicht mehr gefreut, ihn wiederzusehen. Ende Februar, kurz vor meiner Abreise nach Deutschland, kam er. Er war riesig groß und noch dicker als beim letzten Mal. Er hatte sich auf einen Urlaub wie immer eingerichtet und freute sich auf unser kleines mehrwöchiges Familienspiel. Vollgepackt kam er an, hatte schöne Kleider für mich und David dabei und überreichte mir stolz einen goldenen Ring, unseren Verlobungsring. Wie sollte ich es jetzt übers Herz bringen und ihm sagen, daß ich einem anderen Mann gehörte? Ich bedauerte ihn, wie er da bei mir auf der Couch saß und von meinem Entschluß noch nichts wußte. Wir schliefen miteinander, danach rutschte es aus mir heraus.

»Weißt du was? Ich habe einen Reisepaß. Ein deutsches Ehepaar hat mich eingeladen, nach Deutschland zu kommen, um dort die Hände von David operieren zu lassen. Dort können sie ihn so behandeln, daß man später nichts mehr sieht. Stell dir vor, sie wollen alles bezahlen.« Schon diese Lügengeschichte brachte ihn aus der Fassung. Wie hätte ich ihm da die Wahrheit erzählen sollen?

»Das kann ich nicht glauben. Wer hat soviel Geld übrig, das zu bezahlen. Das ist doch teuer. Ohne Gegenleistung.« Moritz schüttelte den Kopf.

»Ich glaube, das sind Millionäre«, erwiderte ich, »du wirst es sehen, ich fahre für drei Wochen nach Deutschland, und dann bin ich wieder hier.«

»Warum hast du mir vorher nichts gesagt?« fing er an zu schreien, »dann wäre ich später gekommen. Hätte ich das nur gewußt. Ich komme nach Kenia, und du fliegst nach Europa.«

Er flippte aus und knallte mit den Türen.

»Ich gehe doch nur für drei Wochen, bis David operiert ist«, sagte ich ganz vorsichtig und schürzte die Lippen wie ein kleines Mädchen, das seinen Vater besänftigen möchte. Das beruhigte ihn, und er schluckte meine Geschichte wie eine Medizin, die ihm nicht schmeckte. Ich hatte ehrliches Mitleid mit ihm. Drei Wochen sollte er jetzt allein verbringen. Ich wußte, das war hart für ihn und völlig außerhalb seiner Gewohnheiten. Zu Hause lebte er noch bei seiner Mutter und ließ sich von ihr bedienen, in Kenia spielte ich die treusorgende Ehefrau, meinen Körper konnte er unbegrenzt benutzen, dafür bezahlte er gut.

Moritz war so großzügig, daß er mir sogar gestattete, den Verlobungsring mitzunehmen. Für mich war es damals richtig, daß ich ihm nicht den wahren Grund meiner Reise erzählt habe. Er brauchte Zeit, um sich an die neuen Umstände zu gewöhnen, und ich hatte mir meine Rückkehr nicht endgültig verbaut. Wußte ich denn, was auf mich zukommen würde? Ich hatte viel zu gewinnen, aber auch einiges zu verlieren.

Am letzten Abend kamen meine Mutter, mein Bruder Paul, mit dem ich mich wieder versöhnt hatte, meine Schwester Alice, Mama Rachel und ein paar Freunde, um mit mir die Nacht zu verbringen. Es war ein typischer afrikanischer Abschied: wir kauten Mairungi mit

Kaugummi – Flower of Paradise oder Kat wird diese Droge auch genannt –, tranken Bier und machten kein Auge zu. Alle Gäste außer Moritz wußten, daß ich vielleicht für immer in Deutschland bleiben würde.

»Wenn du in Deutschland bist, dann suchst du mir einen alten Mann, der kurz vorm Sterben ist und mich heiraten will. Dann erbe ich sein Geld.« Mama Rachel war nicht die einzige, die so auf mich einredete.

»Ja, ich werde es versuchen«, versprach ich und stellte mir vor, daß es einfach sein müßte, einen alten Mann für Mama Rachel zu finden. Mama Rachel hatte zwar einen Mann, mit dem sie zusammenlebte, aber verheiratet war sie nie gewesen. Sie war schon fast vierzig und hatte mehrere erwachsene Kinder, aber sie sah noch sehr gut aus.

»Wenn du zurückkommst, dann mit einem Grundstück. Sei nicht so blöd wie die anderen!« rieten mir einige. Sie gaben mir noch viele Tips, über die ich heute nur lachen kann.

Gegen drei Uhr morgens war das Bier alle. Wir stiegen um auf Chang'aa, einen selbstgebrannten Schnaps, den eine Nachbarin noch in der Küche hatte. Eine halbe Flasche für die letzten drei Stunden.

Ich war so aufgeregt, daß ich trotz der nächtlichen Hitze in Kenia fror. Wie ist es, in einem Flugzeug zu sitzen? Was erwartet mich in dem anderen Land? Wie sieht es dort aus? Viele Fragen schwirrten durch meinen Kopf.

Es dämmerte, als das Taxi kam, das meine Schwester Alice in der Buschbar organisiert hatte. Meine Mutter, mein Bruder Paul, meine Schwester Alice und ihr Freund, David und ich quetschten uns in diesen Wagen. Ich weiß nicht mehr, wie wir es schafften, so viele Menschen und meine Habseligkeiten in dem kleinen Auto zu verstauen. Moritz bezahlte das Taxi und blieb zurück. Für mich war dieser Abschied ein Happy-End. Und Moritz würde sich an meine Abwesenheit gewöhnen, da war ich sicher.

Im Taxi redete meine Mutter ohne Unterlaß, sie gab mir Tips und wollte mich beruhigen. So überspielte sie ihre Traurigkeit und ihre Angst. Alles war wie ein Traum. Ich trug eine bunte Jacke, kaum dicker als ein normales Baumwollhemd; ich hatte sie mir extra für den Winter in Deutschland gekauft.

Als wir am Flughafen ankamen, waren dort viele Freundinnen und Nachbarinnen meiner Mutter aus dem Stadtteil Jomvu versammelt, um mich zu verabschieden. Mit dem ersten Bus waren sie zum Flughafen gefahren, sie sahen sehr müde aus, einige hatten noch Schmiere in den Augen. Sie wußten, wie wichtig dieser Tag für meine Mutter war: ich war ihr erstes Kind, das nach Europa flog. Mama Nora war sehr stolz auf mich.

Der Abschied kam viel zu schnell. Wir gaben uns ein letztes Mal die Hände, Mutter redete immer noch wie ein Radio. Kaum, daß ich mich versah, saß ich mit David im Flugzeug.

Ich hatte erreicht, was ich mir immer gewünscht hatte: ich war auf dem Weg nach Europa, ein weißer Mann wollte mich heiraten. Mein Traum, der Traum vieler afrikanischer Mädchen, war in Erfüllung gegangen. In mir war Freude über das Erreichte, erst später sollte sich Sehnsucht nach meiner Heimat, die ich verlassen hatte, hinzugesellen.

Warum bin ich diesen Weg gegangen? Die Antwort liegt in meiner Vergangenheit. Wer meine Geschichte und damit die sich ähnelnden Geschichten vieler

Mädchen und junger schwarzer Frauen in Kenia kennt, wird besser verstehen, warum ich von dort weg wollte und mein Glück woanders suchte.

Es war einmal in Afrika

Meine ersten Lebensjahre verbrachte ich bei meiner Tante Juliana in Nairobi, sie war die Lieblingsschwester meiner Mutter. Als Kind machte ich mir wenig Gedanken über meine Herkunft, bis ich irgendwann von meinen Cousinen und den Angestellten meiner Tante erfuhr, daß ich nicht zur Familie gehörte. Verstehen konnte ich das nicht. Ich sah doch aus wie meine Tante. Was unterschied mich von ihr? Was bedeutete es, daß diese andere Frau, die uns schon mehrere Male besucht hatte, meine Mutter war und daß Susan, Kathrin, Moriuki und Jack, mit denen ich jeden Tag spielte, nicht meine Geschwister waren?

Als meine Tante mich zurück nach Luandeti, dem Dorf meines Vaters, in die Provinz Kagamega brachte, war ich fünf Jahre alt. Ich wußte, daß ich nun für immer bei meinen richtigen Eltern und Geschwistern, die ich bis auf meine Mutter noch nicht kannte, bleiben sollte. Das bedeutete die Trennung von Tante Juliana und ihren Kindern, aber ich weiß noch sehr genau, daß es mir nichts ausmachte. In meiner Phantasie wußte ich, wohin wir fuhren, ich fühlte mich sicher und ohne Angst. Meine leibliche Mutter, wir nannten sie Mama Nora, war mir nicht fremd. Ich kannte sie von ihren Besuchen in Nairobi, und obwohl ich sie erst wenige Male gesehen hatte, mochte ich sie sehr.

Der Mann, den sie mir als meinen Vater vorstellten, beachtete mich kaum. Er war sehr abweisend und interessierte sich nicht für mich. Seinetwegen hatte ich die ersten Jahre meines Lebens nicht bei meiner Familie leben dürfen. Für mich war er ein ferner Verwandter, nur der Mann meiner Mutter. Er nannte mich Khaoya, die Verwandten meiner Mutter in Nairobi hatten mich Nyawira gerufen. Mit dem neuen Namen mußte ich mich auch an eine andere Sprache gewöhnen, die Sprache der Luhya. Ich konnte kikuyu, kiswahili und ein wenig englisch. Da ich schon damals gerne und viel redete, lernte ich die neue Sprache schnell.

Ebenso schnell gewöhnte ich mich an das Leben im Dorf, wo alle Menschen mit meinem Vater mehr oder weniger verwandt waren. Einem Großvater meines Vaters hatte einmal alles Land gehört. Er hatte viele Frauen, und ihre Söhne hatten wieder viele Frauen, so daß das Land immer wieder geteilt wurde. Wenn heute zwei Leute aus Luandeti – so heißt das Dorf meines Vaters – heiraten wollen, müssen sie erst ihre Herkunft überprüfen, weil sie verwandt sein könnten und eine Eheschließung damit unmöglich ist. Welches Mädchen ist das, fragen sie? Dann hörst du, sie ist die Tochter des vierten Sohnes der siebten Frau von Opa Kwalanda, und der junge Mann ist vielleicht der Urenkel der ersten Frau von Opa Kwalanda. Dann sind sie verwandt und können nicht heiraten, und wenn sie es doch tun, müssen sie die Dorfgemeinschaft verlassen.

Meine Mutter pflanzte wie alle anderen Frauen im Dorf Mais, lagerte oder verkaufte ihn auf dem Markt. Mais wurde immer gut verkauft. Die Leute kochten daraus Sima, einen dicken Brei aus Maismehl und Zucker. Auf dem Land, das meinem Vater gehörte, wuchsen außer Mais noch Bananen, Bohnen, Süßkartoffeln, Maniok und viele andere Früchte und Gemüsesorten. Der Garten ist unser Leben, hieß es. Das Grundstück meines Vaters war eines der größten in Luandeti und umfaßte fünfundachtzig Hektar Land. Er war der jüngste Sohn der ersten und ältesten Frau meines Großvaters und hatte deshalb das größte Stück Land geerbt. Die Feldarbeit wurde ausschließlich von meiner Mutter organisiert. Sie war von früh bis spät auf den Beinen. Wenn es hell wurde, ging sie zum Fluß und holte Wasser, machte Feuer und kochte Uchi, einen Brei aus Maismehl, den sie gären ließ. Kurz darauf kamen die Leute, die ihr bei der Feldarbeit halfen. Mein Vater kümmerte sich nicht um diese Arbeit. Das Geld aber, das meine Mutter mit dem Verkauf von Mais verdiente, interessierte ihn. Meine Mutter arbeitete viel und wir lebten gut davon.

Schon damals wohnten wir in einem Haus mit Wellblechdach, was sich nur wenige Leute im Dorf leisten konnten. Mit uns wohnten meine Brüder Paul und Jack, sowie meine Halbgeschwister Simon und Margret, beide Kinder der ersten Frau meines Vaters. Die erste Tochter meiner Mutter hingegen, Alice, wurde von meinem Vater nie als Stieftochter angenommen. Sie wuchs bei meiner Großmutter in Nyeri auf. Ich lernte sie erst viele Jahre später kennen.

Neben unserem Haus waren zwei Lager mit Mais und die mit Gras bedeckte Küche, aus der es immer rauchte

Ich erinnere mich noch gut, daß die Frauen gern im Rauch saßen und miteinander sprachen und lachten. Oma Koko mochte ich am liebsten, sie wohnte nicht weit von uns. Sie hatte nur einen Raum zum Kochen, Schlafen und für die Tiere. Wenn ich dort schlief, konnte es sein, daß ich nachts viele Male vom lauten Pinkeln der Kühe geweckt wurde.

Das Lieblingsessen meiner Oma war gekochte Kuhnase. Dafür mischte sie alte Asche und Wasser, filterte das Ganze und kochte die Kuhnase in dem gefilterten Wasser. Es war eine Delikatesse für sie. Und ich muß sagen, es schmeckte wirklich sehr lecker. Nach dem Essen pflegte sie Marihuana in einer kleinen Pfeife zu rauchen, bis ihre Augen so groß waren, daß wir manchmal Angst hatten, sie würden ihr gleich aus dem Gesicht fallen. Koko bebaute noch ihr eigenes kleines Stück Land. Bevor sie anfing zu arbeiten, schmiß sie einen Stein und arbeitete so lange, bis sie den Stein erreicht hatte. Ich war oft bei Koko und schaute ihr zu. Sie war immer gutgelaunt, was man von ihrem Sohn leider nicht sagen kann. Mein Vater lachte zwar nie, wenn er mich sah, und seine Wut, die er meistens mit sich herumtrug, richtete er damals noch auf meine große Halbschwester Margret. Oft hörte ich sie schreien und weinen, weil mein Vater sie schlug. Warum er so böse auf sie war, verstand ich nicht.

An ein schlimmes Ereignis erinnere ich mich besonders gut. Oma Koko, meine Mutter, die Mutter von Margret und eine Tante beklagten sich bei meinem Vater, weil er Margret wieder einmal so schlecht behandelt hatte. Sie wollten wissen, was ihn so gegen seine Tochter aufbrachte. Mein Vater war böse über die Einmischung der Frauen und zwang sie, ihre Unterlippen mit einem riesigen Dorn zu durchstechen. Durch das Fenster konnte ich sehen, wie die Frauen mit rotgeweinten Augen und schmerzverzerrten Gesichtern taten, was er von ihnen verlangte. Mein Vater war der Löwe unter seinen Geschwistern, kein männlicher Verwandter konnte ihn von seinen Bestrafungsaktionen abhalten. Ein Feuer, das mein Vater legte, würde niemand löschen. Die Wunde von Oma Koko ist nie mehr richtig zugewachsen. Es lief ihr auch später noch die Spucke aus dem Loch, das sie sich selbst in die Unterlippe hatte bohren müssen. Ohne meinen Vater hätten wir alle ein schöneres Leben gehabt, meine Kindheit hätte paradiesisch sein können.

Kaum ein Jahr war ich bei meiner Familie in Luandeti, da bekam mein Vater eine Stelle als Polizist in Mombasa. Meine Brüder Simon und Jack und ich wurden in ein Auto gepackt, und wir fuhren mit den Eltern los. Es gab keine Erklärungen, keinen Abschied von den anderen Geschwistern und Freunden. Ich erinnere mich noch heute an unsere Fahrt in die große Stadt am Indischen Ozean. In der Schwärze der Nacht konnten wir die Augen der Tiere, Löwen und Kojoten, leuchten sehen.

Ansonsten habe ich wenig Erinnerungen an diese Zeit. Ich weiß nur noch, daß ich in Mombasa eingeschult wurde und man mich dort Miriam nannte. Seit dieser Zeit ist das mein offizieller Name. Auch die engen Räume der Wohnung, in der wir lebten, und die vielen Schulkameradinnen aus indischen Familien sind mir im Gedächtnis geblieben. Die Schulzimmer rochen nach dem Parfüm, das sie benutzten.

Wenige Monate später folgte der nächste Umzug

nach Kajiado, eine Provinzstadt im Süden von Nairobi. Mein Vater wurde Chef der örtlichen Polizei und damit ein wichtiger Mann. Er gehörte bald zu den angesehensten Leuten in der Provinz. Die Wohnung und das Auto wurden vom Staat bezahlt. Wie in dem Film »Dinner for One« zierten Tierfelle die Wände unseres Hauses, die Haut eines Zebras lag auf dem Fußboden. Wir hatten sogar einen Kamin und ein Telefon mit der Nummer 14. Daß mein Vater eine wichtige Person war, merkten wir auch an dem Fleisch wilder Tiere, das uns die Leute aus der Gegend fast jeden Tag brachten: Fleisch von Giraffen, Antilopen, Büffeln und Schafen.

Einmal kam sogar ein Minister aus der Provinz Kajiado, um meinen Vater zu treffen. Es war die Zeit, in der mein Vater sich veränderte und zwei Gesichter bekam. Ein freundliches Gesicht für Außenstehende und ein wildes Gesicht für die Familie.

»Welche Farbe hat die Wand?« fragte er uns in den ersten Tagen in Kajiado unvermittelt. Simon, Jack und ich mußten starr auf die Wand blicken.

»Ganz sauber«, antwortete Simon verschreckt und unsicher.

»Welche Farbe hat sie?« Simon und Jack schauten sich fragend an.

»Weiß«, kam dann die Antwort.

»So wie die Wand jetzt aussieht, wird sie noch aussehen, wenn wir wieder ausziehen. Habt ihr mich verstanden? Niemand wird die Wand je mit schmutzigen Fingern berühren«, sagte mein Vater in einem furchteinflößenden Ton.

Nach diesen Worten wich die Starre nur langsam aus unseren Gesichtern.

Wenige Tage später hörte ich nachts ein gräßliches

Heulen und Schreien. Ich stand auf, um zu gucken, was los war, da sah ich im Zimmer meiner Eltern, wie mein Vater meine Mutter schlug. Mit einem Seil hatte er ihr Hände und Beine zusammengebunden, in der Hand hielt er ein Messer. So schnell ich konnte lief ich ins Wohnzimmer. An einer der Wände hing ein Schwert in einer Tierhaut. Ich zog es heraus, lief zurück, und haute meinem Vater das Schwert mit aller Kraft in den Rücken. Er ließ meine Mutter los und verließ, ohne mich anzusehen, das Zimmer. Am nächsten Tag sah meine Mutter schlimm aus. Sie war überall grün und blau.

Meine Mutter blieb nur ein halbes Jahr mit uns in Kajiado, dann fuhr sie zurück ins Dorf meines Vaters. Ich sah sie nur noch einmal im Jahr in den großen Ferien, die waren im Dezember und Januar.

Als ich nach den Schulferien in ein nahegelegenes Mädcheninternat, eine sogenannte *Boarding School*, kam, war ich glücklich. Weg von meinem Vater. Von 1970 bis 1976 ging ich dort zur Schule. Es war üblich, die Kinder in eine *Boarding School* zu schicken, außer dem hatten diese Schulen einen sehr guten Ruf. Mein Vater mußte natürlich dafür bezahlen, aber das war für ihn kein Problem. Kajiado ist eine Gegend, wo sehr viele Massai leben, und so waren auch mehr als die Hälfte der Schülerinnen Massai. Am Anfang fühlte ich mich sehr allein, weil ich das Gefühl hatte, ich gehörte nicht dazu. Ich hatte gelernt, daß die Massai primitiv waren, weil sie im Gegensatz zu uns keine richtigen Kleider trugen. Aber nicht nur die Kleidung, auch die Sprache der Massai war eine andere. Zum Glück gab es Schuluniformen, so daß wir nach wenigen Tagen alle in den gleichen grünen Kleidern herumliefen und zumindest äußerlich die Herkunft keine Rolle mehr spielte. Das machte es mir leichter, Kontakt zu Massaimädchen aufzunehmen.

Meine Brüder Simon und Jack waren in einer Schule direkt neben der Mädchenschule untergebracht. Wenn wir wollten, konnten wir uns am Zaun treffen und miteinander sprechen, was wir oft taten.

Im Internat registrierte ich zum ersten Mal bewußt weiße Menschen. Neben unserer Schule wohnten zwei weiße Missionarinnen. Sie lebten in einem großen Haus mit vielen Teppichen und einer Einrichtung, wie ich sie noch nie gesehen hatte. Dann war in meiner Klasse ein schwarzes Mädchen, das bei weißen Eltern aufwuchs. Ihr Name war Beth, ihre Beine waren gelähmt. Wenn ihre Eltern kamen, sprachen sie oft mit den weißen Missionarinnen. Ich war damals davon überzeugt, daß alle Weißen verwandt sein müßten. In dieser Zeit kamen auch die ersten weißen Touristen nach Kenia, die die Leute vom Stamm der Massai kennenlernen wollten. Auch sie sprachen mit den Missionarinnen. Am Anfang dachte ich noch, das seien Menschen, die keine Vitamine essen, denn ihre Hautfarbe erschien mir ungesund. Meine Meinung änderte sich dann mit zunehmender Bildung.

Im Religionsunterricht lernten wir, daß Gott ein Weißer und der Teufel schwarz sei. Ohne zu wissen, wie wir es anstellen sollten, versuchten wir, so zu werden wie die Weißen, weil man uns vormachte, daß Jesus, Gottvater und die Engel so sind. Viele Pastoren und die Missionarinnen, die wir kannten, waren weiß. Sie waren der lebende Beweis für das Gute in den Weißen und den Mangel und das Böse in uns. Sie waren in unser Land gekommen, um uns das Gute zu bringen, daß wir selbst angeblich nicht hatten: ihre Religion, ihre Autos und ihre Maschinen. Ihre Fremdartigkeit ließ sie für mich klug und überlegen aussehen. Sie waren für mich wie Außerirdische. Die Geräte und Apparate, die sie mit sich herumschleppten und ihre moderne und saubere Kleidung verstärkten diesen Eindruck. Sie benahmen sich auch ganz anders als wir, waren viel zurückhaltender. Ihre Kinder waren kleine Erwachsene. Gibst du einem weißen Kind Bonbons, wird es nie rennen wie unsere Kinder, die sich die Beine brechen, um nur eines abzukriegen.

Auch wenn ich jetzt die Wahrheit weiß über Weiße und Schwarze, ist dieser Schmerz, diese Empfindung, anders und schlechter zu sein, immer noch da. Tief in mir steckt dieses Gefühl, ein Weißer ist etwas Besonderes, etwas Besseres. Je heller und weißer, desto besser. Es gibt auch bei Afrikanern verschiedene Hautfarben und Schattierungen. Wenn du nicht ganz schwarz bist, wirst du mehr respektiert, und die eigenen Leute finden dich hübscher. Viele Afrikanerinnen schmieren sich die Haut mit Bleichcreme ein oder baden in ätzendem Bleichmittel, um diesem Ideal näherzukommen. Ich mache es heute auch so. Wenn ich heller bin, fühle ich mich europäischer und damit wohler. Es ist schwer, davon loszukommen, es ist auch schwer zu erklären, warum es trotz besseren Wissens weiterhin so ist.

Aber es war nicht nur die Schule, es waren auch meine Eltern und ganz besonders mein Vater, der mein Bild von der Überlegenheit der Weißen prägte. Bis zu meinem achten Lebensjahr hatte ich noch nie einen Kassettenrekorder gesehen. Als wir in den Ferien im Dorf waren, kam einmal mein Vater mit einem seltsamen Gerät nach Hause, er drückte auf einen der Knöpfe und ließ uns ein Lied singen.

»Ich spreche mal mit dem Rundfunk, in zwei Sekunden könnt ihr eure Stimmen hören«, sagte er. Wir sangen voller Begeisterung Gotteslieder; ich hustete zwischendurch extra, um später meine Stimme herauszuhören.

Vater drückte auf mehrere Knöpfe, wir warteten, und dann erhob er seine Stimme:

»Here Radio Kenya, I want you to hear my family. I am greating everybody, now family Kwalanda on radio Kenya.« Er drückte wieder auf einen Knopf, und wir hörten unsere Stimmen, sogar mein Husten konnte ich heraushören. Wir guckten uns an wie dumme Affen. Natürlich war das Gerät, das uns so sehr in Erstaunen versetzte, von Weißen erfunden und hergestellt worden. Das blieb hängen.

Damals war die Mutter meines Vaters, Oma Koko, an Malaria erkrankt, aber sie wollte einfach nicht ins Krankenhaus gehen und sich behandeln lassen.

»Unser Präsident ist besorgt. In Kagamega gibt es eine Familie mit einer kranken Oma, dic nicht ins Krankenhaus gehen will. Wenn sie sich weiterhin weigert, müssen wir einen Arzt schicken, der ihr eine Spritze in den Hals gibt ...«, so ähnlich sprach mein Vater mit verstellter Stimme aus dem Kassettenrekorder zu Oma Koko. Koko muß soviel Angst vor diesem Arzt gehabt haben, daß sie sich freiwillig zur nächsten Krankenstation fahren ließ.

Mit der ersten Fotokamera, die wir sahen, war es ähnlich.

»Zieht euch schön an, dann mache ich Klick Klack mit euch«, rief mein Vater und schwenkte eine kleine schwarze Kiste.

Die Leute hatten schon von dem Zauberapparat

gehört, sie rannten nach Hause, zogen ihre besten Kleider an oder liehen sich welche und versammelten sich vor unserem Haus. Vater hielt die Kiste vor sein Gesicht und drückte immer wieder darauf. Wir mußten lachen und uns mal so und so hinstellen. Als er dann Wochen später mit den entwickelten Fotos aus der nächstgelegenen Stadt kam, wurden wir fast verrückt.

»Das bin ich? Das ist deine Nase. Wie sehe ich denn aus?« riefen alle durcheinander.

»Nur die Weißen haben solche Ideen, nur die Weißen können so etwas machen«, sagte mein Vater oft.

Natürlich wollten wir wie die Weißen sein, in die Städte gehen und viel Geld verdienen. Mein Vater schwärmte immer von den weißen Amerikanern oder den Europäern. Schließlich bauten sie die Autos, die er begeistert fuhr. Mein Vater war der erste Mann in Kagamega mit einem Auto. Als er den ersten Fernseher mitbrachte, war das ein weiterer Beweis für die Größe der Weißen.

»Jetzt kann man ein Kino in der Wohnung haben«, rief er stolz und beeindruckte die Leute aus dem Dorf. Fortschritt, Reichtum und Luxus waren Errungenschaften weißer, strahlender Menschen. Die tollen Geräte, die das Leben einfacher und luxuriöser machten, waren im Alltag der Weißen selbstverständlich. Das Streben eines jeden Afrikaners – wir sahen es an meinem Vater und an denen, die ihn beneideten – konnte nur sein, ein Stück von diesem schönen Leben abzubekommen. Dem setzte niemand etwas entgegen.

Rituale

Alle Jahre, die man durch zwei teilen konnte, wurden in unserer Familie in Luandeti die Jungen beschnitten. Das geschah in der Regel zwischen dem achten und dreizehnten Lebensjahr. Schon zwei Wochen vorher liefen die betroffenen Jungen jeden Abend mit einer Art Kuhschelle durch die umliegenden Dörfer, da alle auf die Beschneidungszeremonie aufmerksam gemacht werden sollten. Das war immer eine schöne Zeit für uns Kinder. Als zwei Cousins und mein Bruder Jack mit anderen Jungen beschnitten werden sollten, liefen wir mit ihnen durchs Dorf, so war es üblich, sangen Hochzeits- und Freudenlieder und tanzten dabei im Mondlicht.

In solchen Momenten fühlten wir uns so wohl, und so eins; wir waren alle aus einem Fleisch und Blut.

Zwei Tage vor der Beschneidung wurde geschlachtet und das Essen für die Feier vorbereitet. Die Frauen brauten aus Mohnpflanzen und frischem Mais ein berauschendes Getränk. Die Luhya nennen das Amalua, eine Art Wein, aus dem auch Chang'aa oder Schnaps destilliert werden kann. An mehreren Abenden wurden Schalen mit Amalua auf das Grab meines Opas gestellt. Mit einem Naturstrohhalm und einem kleinen Sieb, damit er es trinken konnte. Morgens war kein Alkohol mehr in der Schale. Uns Kindern wurde erzählt, daß unser Opa aus seinem Grab gekommen sei und es getrunken habe. Am Tag vor der Beschneidung bekam mein Opa das beste Stück Fleisch aufs Grab gestellt. Es ist der Tag, an dem die Jungen zeigen müssen, daß sie erwachsen sind und reif für die Zeremonie.

Die Jungen werden ausgezogen, frischer Pansen wird ihnen wie eine Kette um den Hals gelegt. Der lustigste Mensch aus dem Dorf wird gerufen, damit er Faxen macht und witzige Dinge erzählt, über die die Jungen auf keinen Fall lachen dürfen. Wer lacht, darf nicht beschnitten werden, weil er noch nicht reif ist, ein Mann zu werden.

Ich versteckte mich mit anderen Kindern im Gebüsch und hörte zu. Es war so komisch, daß wir uns kaum halten konnten vor Lachen, aber meine Brüder und mein Cousin verzogen nicht einmal das Gesicht. Nach bestandener Prüfung wurden sie nackt wie sie waren in ein leeres Haus gebracht mit vielen dicken Ameisen auf dem Boden. Hier sollten sie die Nacht verbringen, ohne Matratzen und Decken und ohne etwas zu essen.

Am nächsten Morgen sah ich meine Mutter, wie sie sich mit einer Frau aus dem Dorf stritt.

»Spuck auf den Boden, daß die Geister dir verzeihen, was hast du getan am Tag, an dem deine Kinder beschnitten werden sollen? Spuck auf deine Brust und wünsche deinen Kindern alles Gute«, sagte die Frau zu ihr.

Meine Mutter spuckte auf den Boden und auf ihre

Brust. Sie hatte in der Nacht vor der Beschneidung das Ritual verletzt und war dabei beobachtet worden. Als Kikuyu fand Mama Nora die Behandlung meiner Brüder grausam. Wie sollte ihr Sohn Jack, der so dünn und schmal war, die Zeremonie am nächsten Tag durchhalten? Sie hatte sich noch in der Nacht zu den Kindern geschlichen und ihnen Essen gebracht. Als Mama Nora sie frierend auf dem Boden liegend fand, brachte sie die Jungen in ihr Haus und ließ sie dort schlafen. Lange vor Morgengrauen brachte sie die Kinder zurück in die Hütte zu den Ameisen.

Ich wurde morgens von den Schellen geweckt. Es war noch nicht richtig hell, als man die Jungen weckte und sie zum Fluß brachte. Dort mußten sie siebenmal ins kalte Wasser eintauchen und wurden mit Flußerde bestrichen. Meine Brüder waren von Kopf bis Fuß wie Zebras bemalt; ihre Gesichter waren so ernst, daß ich sie kaum erkannte. Dicke Klumpen Erde, die wie riesige Kartoffeln aussahen, bedeckten ihre Köpfe.

Es kamen viele Leute, um der Zeremonie beizuwohnen. Vom Fluß wurden die Jungen in einer großen Prozession zum Grundstück meines Vaters gebracht. Der Platz zwischen dem Wohnhaus meiner Mutter und der Hütte, wo die Frauen saßen und kochten, war voller Menschen.

Die Beschneidung war so schnell vorbei, daß ich kaum etwas sehen konnte. Ein Mann hielt kurz den Penis der Jungen und schnitt mit einem kleinen Sichelmesser in einem Rutsch die Vorhaut ab. Die Jungen durften sich dabei nicht rühren und keinen Schmerz zeigen. Die Vorhaut wurde ihnen an den großen Zeh geklebt. Dann bohrte ein Mann Löcher in die Erde, wo die Häute zusammen mit Kräutern hineingelegt und vergraben wurden. Die Jungen standen lange regungslos da. Mein Bruder Simon blutete nicht einmal. Die Leute freuten sich und waren ausgelassen, sie steckten Geldmünzen in die Erdklumpen auf den Köpfen der Jungen.

Ich sah die Erleichterung in den Augen meiner Mutter; sie war aufgeregter als ihr elfjähriger Sohn.

»Mein Sohn Jack, ich bin froh, daß du jetzt ein Mann bist. Du bekommst meine Kuh Namatondo«, sagte mein Vater mit feierlicher Stimme.

»Von mir bekommst du ein Kalb«, setzte ein Onkel fort. Noch viele Männer kamen, bis Jack sich wieder hinsetzte, und der nächste Junge beschenkt wurde.

Die Tage nach der Zeremonie verbrachten die Jungen gemeinsam in einer Hütte. Nur mit Tüchern bekleidet warteten sie, bis die Wunden verheilten. Bei meinem Bruder Jack entzündete sich der Penis, so daß er trotz voller Blase nicht pinkeln konnte. Meine Mutter schlug ein Ei mit lauwarmem Wasser und brachte die Mischung zu ihrem Sohn, er mußte seinen Penis darin baden. Die Behandlung war erfolgreich.

Einen Monat durften die Jungen andere Grundstücke nicht betreten. Am letzten Tag ihrer Isolation mußten sie mehr als den halben Tag zu einem Fluß laufen. Dort trafen sie sich mit allen Beschnittenen der Region und wurden im Fluß gebadet. Dann erst durften sie ihre normale Kleidung wieder anziehen, die Zeremonie war vollzogen. Jeder Junge bekam seine eigene Hütte, in der er jetzt wohnte.

Kurz darauf erlebte ich, wie meine Halbschwester Margret beschnitten wurde. Es war keine Zeremonie, sondern eine grausame Angelegenheit. Ich hörte Schreie vom Grundstück meines Onkels, Hilfeschreie, und ich rannte hin. Durch das Fenster konnte ich sehen, wie mein Onkel und mein Vater Margret und ein anderes Mädchen an den Händen und am Hals mit Seilen festgebunden hatten, so daß sie sich kaum bewegen konnten. Die Stimmen der Mädchen waren heiser. Mein Onkel schlug den Mädchen auf die Beine und befahl ihnen, ruhig zu sein. Da kam ein älterer Mann mit einem kleinen Sichelmesser und schnitt die Mädchen an ihrer Scham. Schwarzes Blut lief aus ihrem Unterleib. Der Mann hatte die Mädchen geschnitten, wie man Fleisch zerteilt. Später hörte ich, daß sie beschnitten wurden, weil sie mit jungen Männern zusammengewesen waren.

Während meines nächsten Urlaubs in Kagamega wurde ich wieder Zeugin einer Beschneidung. Zwei Geschwister, ein Junge und ein Mädchen aus dem Nachbardorf, wurden beschnitten. Sie waren Luhya, aber von einem anderen Stamm. Kabras nannten sie sich, wir waren Taichoni.

Als meine Lieblingskusine Penina und ich von den Vorbereitungen für die Zeremonie hörten, beschlossen wir, in das nahegelegene Kabradorf zu laufen, um zuzuschauen.

»Den Männern wird die Vorhaut geschnitten, aber was schneiden sie bei den Mädchen ab? Schneiden sie alles weg?« fragte Penina, aber ich wußte es auch nicht. Ich nahm mir vor, dieses Mal genau hinzusehen. Als wir uns dem Dorf näherten, konnten wir die vielen Zuschauer und Gäste schon sehen. Sie waren alle sehr schön, mit langen bunten Gewändern bekleidet. Die Kabras erschienen mir feiner als unsere Familien, auch weil sie nicht wie unsere Leute hektisch herumsprangen, sondern ruhig blieben. Wir stellten uns zu ihnen und warteten.

»Sie kommen, sie kommen ...«, raunten die Leute einander zu.

Da sahen wir die Geschwister Hand in Hand. Der Junge war mit einem Tuch bekleidet, das Mädchen trug ein Gewand aus vielen mit Sicherheitsnadeln verknüpften Tüchern. Sie schritten auf ein Haus zu, dessen Eingang mit Speeren geschmückt war. Es war wie in einem Film.

Alles ging ganz schnell, wobei ich nur auf das Mädchen achtete. Sie setzte sich, eine Frau hielt ihre Beine auseinander, ein Mann beugte sich über sie und schnitt. Vor lauter Blut konnte ich wieder kaum etwas erkennen. Die Menschen drängelten nach vorne, alle wollten das Mädchen sehen. Niemand interessierte sich für ihren Bruder. Als das Mädchen aus ihrer Ohnmacht erwachte und die Augen öffnete, schämte sie sich und bedeckte sich schnell mit einem Zipfel ihres Tücherkleides. Zwei Frauen halfen ihr aufzustehen. Wir konnten sehen, wieviel Blut sie verloren hatte. Es war geronnen und lag auf der Erde wie eine große dicke Leber. Später kam ein Medizinmann, den sie gerufen hatten, weil es dem Mädchen nicht gutging. Das Mädchen war mehrere Tage krank. Von der anderen Flußseite aus konnten wir beobachten, daß sie noch viele Tage nach der Beschneidung am Arm einer Frau zur Toilette gebracht wurde.

Als ich wieder in der Schule war, sprach ich mit den anderen Mädchen über das, was ich erlebt hatte. Von einem Mädchen, sie war eine Kikuyu wie meine Mutter, erfuhr ich, daß sie auch beschnitten war. Ich wollte, daß sie es mir zeigt. Sie zog sich aus und zeigte mir ihre Scham. Aber nur für einen kurzen Moment, da zog sie ihre Hose wieder hoch, weil sie sich schämte. Ich hatte flüchtig die äußeren Schamlippen und etwas Dunkles dazwischen gesehen. Die Schamlippen kannte ich von mir selber, nur wußte ich nicht, was da noch sein sollte. Eine Scheide, ein Kitzler? Ich hatte weder davon gehört noch bei mir selber nachgefühlt. Warum war ich unbeschnitten? Die Frage beschäftigte mich.

»Wir spielen nicht mehr mit dir. Du bist eine Unbeschnittene. Alle Mädchen sind beschnitten, nur du nicht. Du bist noch nicht erwachsen«, hänselten Simon und Jack manchmal. Sie machten Spaß, aber ich nahm das sehr ernst.

»Vater, warum bin ich nicht beschnitten? In der Schule sind viele Mädchen beschnitten, nur ich nicht«, fragte ich meinen Vater vorwurfsvoll.

Ich bekam keine Antwort. Mein Vater schaute mich nicht einmal an. Heute bin ich sehr froh, daß sie es bei mir nicht gemacht haben. Ich wußte als Kind nicht, daß man den Mädchen und Frauen mit der Beschneidung die sexuelle Lust nehmen wollte. Ich wußte auch nicht, welches Gesundheitsrisiko für die Mädchen damit verbunden war. Ich wuchs in einer Zeit auf, als viele regierungstreue Kenianer wie meine Eltern in der Regel auf die Beschneidung von Mädchen verzichteten, weil man das Ritual mittlerweile verboten hatte. Das rettete mich vor dieser Zeremonie.

Von Frauen und Mädchen

Schon früh lernte ich, daß ein Mädchen oder eine Frau in der Schuld von Männern steht und mit ihrem Körper für Freundlichkeiten, finanzielle Zuwendungen, Hilfe in der Not, kurz für alles, bezahlen kann oder muß. Da über Sexualität aber nicht gesprochen wurde, war ich auf den ersten Mann, der Sex mit mir haben wollte, nicht vorbereitet. Ich war acht Jahre alt und schon etwas länger als ein Jahr im Internat in Kajiado. Auf dem Weg ins Dorf, ich wollte zum Haus meines Vaters, traf ich kurz vor der Polizeistelle einen Fahrer meines Vaters.

»Wohin gehst du, Miriam?« fragte er mich. Ich kannte den Mann gut, er hatte mich schon öfter zur Schule gebracht. Er war immer sehr nett zu mir gewesen.

»Ich möchte nach Hause.«

»Oh, weißt du nicht, daß dein Vater umgezogen ist? Er arbeitet nicht mehr in Kajiado. Du wirst ihn hier nicht antreffen. Er ist jetzt in Nairobi.«

Ich war überrascht und verwirrt und wußte nicht,

was ich tun sollte. Es war bereits dunkel, und den Weg zurück konnte ich nicht mehr alleine gehen.

»Du kannst mit mir kommen, morgen früh bringe ich dich zurück«, schlug mir der Mann vor.

Er lebte in einem winzigen Zimmer, in das nur ein Bett und eine kleine Kommode paßte. Der Mann war sehr freundlich und lud mich ein, auf seinem Bett zu sitzen.

»Du tust mir sehr leid. Laß mich dich ein wenig anfassen«, bat er mich.

»Nein«, sagte ich leise und schüttelte den Kopf. Ich wußte nicht genau, was er wollte, aber Körperkontakt mit fremden Menschen war mir unangenehm.

»Wenn du nicht willst, dann guck mal nach draußen, es ist dunkel. Wo willst du denn hin?« fragte er mich.

Wo sollte ich hin? Er hatte recht, und ich wehrte mich nicht länger. Er berührte mich mit seinen Händen und fing an, mich auszuziehen. Dann zog er sich selbst aus, und ich sah seinen riesigen Penis. Er zog mich hoch und drückte seinen großen Schwanz zwischen meine Beine. Dabei versuchte er nicht, in mich einzudringen, ich mußte seinen großen Schwanz nur mit den Händen und zwischen meinen Beinen festhalten. Dabei hoffte ich, daß das seltsame Spiel bald vorbei sein würde. Aber es dauerte lange, bis er mich wieder losließ.

»Du darfst nie einem Menschen erzählen, was wir da gemacht haben. Wenn du darüber redest, wirst du bestraft.«

Ich verstand erst viel später, was der Mann mit mir gemacht hatte. Nur daß es kein Spiel mehr war, das hatte ich gespürt. Bisher hatte ich nur die kleinen Penisse meiner Brüder und Cousins in Kagamega gesehen.

Als Kinder hatten wir öfter Mann und Frau gespielt, die Jungen hielten ihre kleinen Pimmel an die Muschis der Mädchen. Zu einer Muschi gehört ein Penis, soviel wußten wir. Es war ein lustiges Spiel, das auch verboten war, obwohl man uns nicht erklärte, warum.

Am nächsten Morgen brachte mich der Mann zurück in die Schule. Die Begegnung mit ihm hinterließ ein beklemmendes Gefühl. Ich hatte mich nicht gewehrt, weil ich mich in seiner Schuld fühlte. Ich sprach nie darüber und vergaß die Begebenheit für lange Zeit.

Als ich in der siebten Klasse war, es war noch im Internat, legte ich mich einmal mit einer Freundin in ein Bett. Sie zeigte mir ihre Schamhaare. Bis dahin wußte ich nicht, wie andere Mädchen aussahen. Wir duschten zwar zusammen, trugen aber dabei immer Unterhosen. Ich schaute mir die Schamhaare meiner Freundin genau an. Als ich von ihr wissen wollte, ob sie schon einmal mit einem Jungen zusammen war, lachte sie nur.

Es gab in meiner Klasse ein paar Mädchen, die schon einen Freund hatten. Einmal lauschte ich einem Gespräch von zwei Mädchen, die sich gegenseitig ihre Liebesgeschichten erzählten. Die beiden waren miteinander verwandt, wobei die eine die Tante der anderen, obwohl nur zwei Jahre älter, war. Die Ältere erzählte, wie sie mit ihrem Freund spazierengegangen sei, er ihr ein Getränk ausgegeben und sie danach mit ihm geschlafen habe. Sie kicherten und lachten dabei. Es mußte etwas sehr Schönes sein, mit einem Mann auszugehen und sich von ihm berühren zu lassen, schloß ich aus ihrem Verhalten. Ich wünschte mir auch einen Freund.

»Könnt ihr mir helfen, einen Freund zu finden?« fragte ich die beiden am nächsten Tag.

»Ja, wir kennen Jungs in der Nachbarschule, wir können einen für dich finden«, antworteten sie lachend.

Eine Woche verging, und ich bekam meinen ersten Liebesbrief. Ein Junge, den ich nicht kannte, schrieb mir Worte, die mein Herz und meine Muschi zum Pochen brachten. Seine Schrift war wunderschön. Ich wollte, daß die beiden Mädchen meine Freundinnen werden. Sie waren die Garantie für viele weitere solcher Briefe. Ich wollte zu dieser Gruppe von erfahrenen Mädchen gehören.

Wenige Tage später rannte eine Freundin nachmittags auf mich zu und schrie: »Miriam, ein Junge von der Highschool steht am Zaun und will mit dir sprechen.«

Aufgeregt lief ich zum Zaun und sah dort einen Jungen stehen, der so häßlich war, daß ich mich erschreckte.

»Bist du Miriam?« fragte er mich.

Ich schüttelte nur den Kopf und sah ihn an. Er hatte ein tiefschwarzes Gesicht und hängende rote Lippen. Er war nicht mein Typ. Seine Uniform, die blaue Hose und das weiße Hemd sahen schick aus, aber sein Gesicht gefiel mir nicht.

»Ich habe dir einen Brief geschrieben«, sagte er.

Ich wußte nicht, was ich erwidern sollte. Mein glückliches weiches Gefühl für ihn war weg.

»Bitte, wenn eine Lehrerin kommt, dann bist du mein Cousin, ich bekomme sonst Ärger«, sagte ich nur und schaute mich ängstlich um. Als eine Lehrerin näher kam, ging er langsam und ohne Worte weg.

Zwei Tage später erhielt ich noch einen Brief von meinem Verehrer. Obwohl ich den Jungen nicht mochte, schrieb ich ihm zurück. Ich wollte ihn zwar nicht mehr sehen, aber ich wollte seine Briefe.

Bis eines Tages eine Lehrerin die Briefe bei meinen Sachen entdeckte. Ich wurde zur Direktorin bestellt und bekam viele Schläge. Ich versprach, dem Jungen nie wieder zu schreiben.

In den nächsten Schulferien sah ich den häßlichen Jungen wieder. Ich hatte Ferien und war in Nairobi bei meinem Vater.

»Du hast Besuch. Unten wartet ein Junge auf dich«, teilte mir ein Mädchen aus der Nachbarschaft mit. Ich lief aus der Wohnung nach unten und sah diesen Jungen. Da erinnerte ich mich, daß ich ihm in einem meiner Briefe meine Anschrift in Nairobi mitgeteilt hatte. Im gleichen Augenblick hörte ich unser Hausmädchen hinter mir herkommen.

»Was willst du hier? Ich kenne dich nicht«, schrie ich den Jungen an. Ich hatte Angst, daß mich die Frau verraten würde.

»Kennst du mich nicht mehr? Wir gehen doch im gleichen Ort in die Schule. Du bist doch in der AIC Kajiado.«

Er tat mir leid, als ich ihn so hilflos an der Tür stehen sah. Seine Schuluniform hatte er noch an. Er muß ein sehr armer Junge gewesen sein, daß er sogar in den Ferien damit herumlief. Schließlich ging er langsam und traurig wieder weg.

Kurz darauf verliebte ich mich in den Sohn eines Freundes meines Vaters. Sein Name war Aysak, aber alle nannten ihn Muswahili, so nennt man einen, der kiswahili spricht. Kiswahili zu sprechen war nichts Besonderes. Wir alle sprachen so, zumindest in den Städten. Der Name hing mit seiner Geburt zusammen. Seine Mutter hatte tagelang in den Wehen gelegen, bis ein Medizinmann, der nicht die Stammessprache, sondern nur kiswahili konnte, ihr half, das Kind zu gebären. So kam Aysak zu seinem Spitznamen.

Ich war verliebt in diesen Jungen. Nein. ich war verrückt nach ihm. Immer wenn ich etwas Rotes sah, mußte ich an ihn denken, weil er nur rote Hosen trug. Er war oft bei uns, um meine Brüder zu besuchen. Niemand merkte, daß wir ineinander verknallt waren. Einmal spielte er mit meinen Brüdern ein Brettspiel, und ich saß neben ihm. Als ich seine Hand spürte, die mein Knie streichelte, glaubte ich zu fliegen.

Das ging eine Weile so, bis er mich an einem verregneten Tag bat, mit ihm zu kommen. Wir waren allein und gingen in das Schlafzimmer seines Vaters. Aus einer Nachbarwohnung kam Musik. Aysak wollte mit mir tanzen, und ich machte, was er wollte, weil ich ihn liebte. Wir tanzten sehr eng und streichelten uns. Es kribbelte überall, und ich war sehr aufgeregt. Als er mich aufforderte, mich aufs Bett zu legen, legte ich mich so hin, wie es mir natürlich vorkam und machte die Beine auseinander. Er zog mir meine Unterhose aus, legte sich auf mich und steckte seinen großen Penis in mich hinein. Es tat so weh, daß ich schreien wollte, aber Aysak hielt mir den Mund zu.

Das Ganze dauerte keine drei Minuten, dann war alles vorbei. Auf dem Weg nach Hause merkte ich nicht, daß mein Rock hinten voller Blut war. Erst zu Hause sah ich es und erschrak. Wie viele Leute hatten mich so gesehen? Diese Mischung aus Spermien und Blut war sicher unverkennbar. Warum hatte mir niemand erzählt, daß eine Frau beim ersten Mal blutet und daß es so weh tut?

Ich hatte nach diesem Erlebnis keine Lust mehr auf diese Art von Sex. Aysak kam noch viele Male und wollte mit mir schlafen. Ich wollte aber lieber stundenlang gestreichelt werden, nur traute ich mich nie, ihm das zu sagen. Wenn ich wußte, Aysak wollte wieder mit mir allein sein, verkrampfte ich mich sofort. Aysak hatte einen großen krummen Schwanz, der wie eine Banane nach vorne guckte. Wahrscheinlich war er einfach zu groß für mich. Wenn wir zusammen waren, tat ich so, als ob es mir Spaß machen würde. Niemand hatte mir gesagt, daß ich das als Frau so machen müßte. Weil ich ihn liebte, machte ich alles, damit es ihm gutging, und wenn ich ihm etwas vorspielte, war er zufrieden. Er war der Chef, und ich gehörte ihm. Schließlich hatte ich auch Angst, ihn an ein anderes Mädchen zu verlieren. Wenn wir zusammen waren, lag ich da wie ein Stück Fleisch und ließ ihn mit mir machen, was er wollte. Ich stöhnte sogar, aber vor Schmerzen, was ich ihm auch nicht sagte.

Es steckte eine Unterwürfigkeit in meinem Verhalten ihm gegenüber, das ich damals nicht ändern konnte. Als Mädchen spürte ich sehr früh, daß eine Frau nicht nach ihren Wünschen gefragt wird. Du siehst, daß die Jungen schon früh behandelt werden wie Erwachsene, nach der Beschneidung bekommen sie auf den Dörfern sogar ein eigenes Haus. Wenn sie den Mund aufmachen, hört man sie an. Es gibt viele Situationen im Alltag, die dir den Unterschied deutlich machen. Ein Mann geht nicht in die Küche, er sitzt im Wohnzimmer und läßt sich von den Frauen bedienen. Nie würde er abräumen oder spülen. Wenn der Mann böse ist, werden die Frauen nervös und machen alles, um seine Laune zu heben. Niemand sagt dir, daß du es später auch so tun mußt, du wächst einfach damit auf. Die Frauen zeigen dir, daß du in Gegenwart von Männern nicht für dich lebst. Du wehrst dich nicht dagegen, sondern machst schon als kleines Mädchen mit. Du lernst, es normal zu finden. Der Mann ist immer der Chef, die Frau hat nichts zu sagen. Wenn sie doch gehört werden will, muß sie mit List und Tücke vorgehen.

Die Frau hat zu schweigen, wenn der Mann redet. So war es bei meinen Eltern, so ist es auch heute bei meinem Bruder Jack und seiner Frau. Viele Frauen ertragen das, weil sie es nicht anders kennen. Es ist unvorstellbar, daß mein Bruder in der Gegenwart anderer seine Frau liebevoll behandeln oder ihr helfen würde. Nicht einmal Brot würde er sich selbst aus der Küche holen. Seine Frau ist sein Hausmädchen, die Mutter seiner Kinder und seine Hure.

Wollte ich mich heute in Kenia beschweren, daß mein Mann mir in Deutschland die Hausarbeit allein überläßt, würde keine Frau und kein Mann verstehen, was ich meine. Es ist deine Aufgabe als Frau, einem Mann zu gefallen und ihn zu bedienen. Natürlich arbeiten Männer auch, aber meistens nur sechs Monate im Jahr. Die restliche Zeit lassen sie sich von den eigenen Frauen verwöhnen, vertrinken ihr Geld oder gehen zu Huren. Bei den Luhya haben viele Männer zwei Frauen. Ein Bruder meines Vaters gehört zu diesen Männern. Beide Frauen waren sehr eifersüchtig. Er konnte sich die aussuchen, die er gerade wollte oder die besser kochte. Seine ältere Frau hatte sechs Mädchen und wollte immer einen Jungen, und die Jüngere hatte zwei Jungen und war deshalb besser angesehen. Die Ältere ist zu einem Woodoozauberer gegangen, um die Geister zu beschwören, damit sie ihr einen Sohn schenken. So lernst du bereits als Mädchen, daß sie lieber einen Jungen wollen.

Die Frau ist das Eigentum des Ehemannes und seiner

Familie. Bei einigen Stämmen muß die Frau, wenn ihr Mann stirbt, den Bruder ihres Mannes heiraten, egal, wie viele Frauen er schon hat. Und wenn es keine Brüder gibt, dann bleibt die Frau ohne Mann. Geht die Frau weg und nimmt sich einen neuen Mann, ist sie eine Hure und wird vergessen.

Ist der Brautpreis für eine Frau bezahlt, kann auch die eigene Familie sie nicht mehr schützen. So erging es der ältesten Tochter eines Onkels. Sie lebte schon bei ihrem Mann, da wurde sie nach dem Ritual seines Stammes beschnitten. Nach der Zeremonie lief sie vor Schmerzen schreiend zu ihren Eltern, die sie sofort wieder verjagten. So kam sie blutend in das Haus meiner Mutter. Meine Mutter wollte ihr helfen, sie setzte Wasser auf, um sie zu baden. Als mein Vater hinzukam und sah, daß meine Mutter der Tochter seines Bruders die Wunde wusch, schüttete er das Wasser aus und jagte seine Nichte fort. Sie war verheiratet, die Kühe waren bezahlt, sie gehörte der Familie ihres Mannes. Was von meiner Cousine im Haus ihres Vater blieb, waren nur ihre Fußstapfen, eingedrückt in den Lehmfußboden, weil sie seine erste Tochter war.

Mein Vater schlachtete noch am gleichen Tag eine Opferziege, um die bösen Geister zu vertreiben, die, herbeigerufen vom Blut der ungehorsamen jungen Frau, angeblich sein Haus und Grundstück bedrohten.

Auch meine Mutter hatte kein leichtes Leben in Luandeti, dem Dorf meines Vaters. Die Verwandten meines Vater haßten sie für das große Stück Land, das sie bearbeitete, und machten ihr immer wieder deutlich, daß es nicht ihr, sondern der Familie meines Vaters und damit auch ihnen gehörte. Sie beanspruchten einen großen Teil der Ernte, bedienten sich aus dem Maislager meiner Mutter und beschimpften sie oft. Meine Mutter war eine Kikuyu, mein Vater war ein Luhya, eine solche Verbindung war ungewöhnlich und bei den Luhyas nicht gern gesehen. Als Kikuyu war meine Mutter wenig wert. Die beiden hatten sich in der Provinz Nyeri am Mount Kenya kennengelernt, als mein Vater dort bei der Polizei arbeitete. Wie viele andere Frauen ging meine Mutter regelmäßig zur Polizeistation, um dort Obst und andere Lebensmittel zu verkaufen. So lernten sie sich kennen, und mein Vater nahm sie mit nach Kagamega. Zum Glück hielt Oma Koko zu ihr. Oma Koko war die älteste Frau von Opa Kwalanda und von den Männern der Familie respektiert.

Meine Mutter erzählte mir viel später, daß einer der Brüder meines Vaters sogar mit ihr schlafen wollte, als habe er das gleiche Recht auf ihren Körper wie auf die Früchte ihrer Arbeit. Als Kind merkte ich wenig von diesen Schwierigkeiten, die zum Leben meiner Mutter dazugehörten wie der Mais, den wir aßen. Meine Mutter war eine starke Frau und beklagte sich nie.

Nach meiner Einschulung im Internat sah ich meine Mutter nur noch in den Ferien. Wir verbrachten einen Teil davon in Nairobi bei unserem Vater oder in Kagamega bei der Familie. Während einer dieser Ferien wurde mein kleiner Bruder Tommy gezeugt.

Das Geld, das meine Mutter mit dem Land verdiente, gehörte meinem Vater. Wenn er kam, beanspruchte er alles für sich, für seine Autos, für seine Huren oder für andere Hobbys. Meine Mutter hatte dann immer gerade soviel übrig, daß sie den Samen für das nächste Jahr kaufen konnte. Sie beschwerte sich deshalb bei meinem Vater.

»Dieses Jahr geht das nicht mehr. Ich möchte das Geld nicht nur in Autos investieren, ich möchte ein kleines Restaurant mit Zimmervermietung bauen«, versuchte sie ihn eines Tages für eine neue Idee zu gewinnen. Es dauerte nicht lange, da stimmte mein Vater zu, wahrscheinlich, weil er sich davon Profite versprach.

Meine Mutter organisierte den Kauf des Grundstücks und den Bau der Gebäude. So etwas konnte man nicht wie in Europa einfach bestellen. Sie mußte überall selbst hinfahren, den Sand, den Zement kaufen, die richtigen Leute suchen und anstellen. Sie brauchte ein Jahr, dann hatte sie ihre Pläne umgesetzt. Im Dezember eines Jahres hatte sie das Grundstück gekauft, und im Dezember des Folgejahres hatte sie alles fertig bis auf die Wasserleitungen. Als wir wieder nach Kagamega kamen, staunten wir alle. Sie erzählte mir später, wie schwer dieses Jahr für sie gewesen war. Tommy, ihr jüngstes Kind, war noch ein Baby. Sie hatte das Kind zu versorgen, die Felder zu bestellen und den Bau des Restaurants zu überwachen. Und dann mußte sie auch noch mit den Neidern fertigwerden, die sie manchmal durch den Fluß jagten und sie als dreckige Kikuyu beschimpften. Dabei schaffte sie es wahrscheinlich nur, weil sie eine Kikuyu war. Den Kikuyu wird nachgesagt, daß sie mit Geld wirtschaften und Geschäfte machen können. Außerdem sind sie ausgezeichnete Landwirte. Bei meiner Mutter kamen diese Eigenschaften zusammen, vielleicht war sie deshalb so erfolgreich.

Das Restaurant lief sehr gut an. Meine Mutter hatte viele Gäste, sogar Moi, der Präsident von Kenia, soll einmal dagewesen sein. Aber genau das war ein Problem für meinen Vater. Mein Vater wollte, daß meine

Mutter weiter auf dem Feld steht und nicht als Chefin in einem gutgehenden Laden arbeitet.

»Du stehst in diesem Laden wie eine Hure. Das geht nicht so weiter. Wir werden Leute anstellen müssen, die diese Arbeit machen. Du bleibst zu Hause, du bist eine Frau, eine Mutter. Der Sohn meiner Schwester wird die Arbeit hier machen.«

»Ich habe das alles nicht umsonst gemacht. Wenn ich dort nicht arbeiten darf, dann gehe ich – für immer!« war die Antwort meiner Mutter. Sie war stolz auf das Erreichte, sie wollte nicht alles in die Hände von Leuten geben, denen sie nicht vertraute. Ihr Restaurant war der einzige Ort weit und breit, wo man Hähnchen essen konnte. Ihre Gäste konnten sich unter den Tieren eines aussuchen und schlachten lassen. Sie hatte die Erlaubnis für solche Schlachtungen bekommen. Meiner Mutter machte diese Arbeit sehr viel Spaß. Ich konnte oft die Freude und den Stolz in ihren Augen sehen. Mein Vater aber unterstellte ihr, daß sie es nur tat, um Männer anzumachen.

Vom Anfang ihrer Ehe an hatte er sie gezwungen, Dinge zu tun, die sie nicht wollte. So mußte sie ihre älteste Tochter Alice von ihrer Mutter in Nyeri erziehen lassen. Das Geld für den Schulbesuch von Alice mußte sie heimlich beiseite legen. Kaum, daß ich geboren war, mußte sie auch mich weggeben. Meine Mutter hat viele Jahre für meinen Vater und seine Familie gearbeitet. Sie hat ein Geschäft gegründet und sollte nicht darüber bestimmen. Ich weiß heute, wie schrecklich diese Zeit für sie war.

In den nächsten Schulferien fuhr ich mit meinen Brüdern nach Nairobi, wo mein Vater mittlerweile eine Polizeistelle leitete. Mama Nora und Oma Koko sollten uns in der Stadt besuchen. Sie waren schon da, als wir ankamen. Koko war das erste Mal in der Großstadt. Sie konnte den ganzen Tag staunen und sich über Dinge wundern, die für uns selbstverständlich waren. Es war sehr lustig mit ihr, und wir lachten viel in dieser Zeit.

»Was, das kocht ohne Rauch?« konnte sie immer wieder fragen und den Herd dabei anstarren. Als meine Mutter ihr die Badewanne zeigte und sie aufforderte, sich darin zu waschen, schrie sie erschreckt auf: »Was, der Fluß geht bis in die Wohnung?«

Sie war das Leben im Busch gewöhnt, hier mußte sie Treppen steigen und sich auf der Straße vor den vorbeifahrenden Autos schützen.

»Sind das Häuser oder Berge?« fragte sie mich und zeigte auf die hohen Gebäude, als ich sie eines Morgens zum Büro meines Vaters brachte.

»Oh, die Autos schlafen hier auf der Straße!« stellte sie fest, als sie die parkenden Autos am Straßenrand bemerkte.

»So viele Autos. Sind die echt oder sind es Spielzeuge?«

Sie stellte eine Frage nach der anderen. Es brauchte Zeit, ihr alles zu erklären, aber es machte uns viel Spaß. Als wir im Büro meines Vaters ankamen, war ihm der Anblick seiner alten Mutter so peinlich, daß er sofort einen Fahrer rief, der uns wieder nach Hause bringen sollte.

Am nächsten Morgen fuhr mein Vater mit der kenianischen Boxmannschaft, deren Chef er war, nach Uganda. Wir schauten uns im Fernsehen die Kämpfe an und erzählten Koko, daß der Mann, der dort auf dem

Bildschirm gerade geschlagen wurde und am Boden lag, unser Vater sei.

»Nein, das ist doch mein Kind, du darfst ihn nicht schlagen, laß ihn in Ruhe«, schrie sie völlig außer sich in Richtung Fernseher. Damals gab es noch keine Farbfernseher, und da sie die Gesichter nicht genau erkennen konnte, fiel sie auf unseren Scherz herein.

»Nein, das ist doch gar nicht Vater, das haben wir nur so gesagt. Vater kann gar nicht boxen«, wollten wir sie beruhigen, was uns aber nur allmählich gelang.

Als mein Vater nach einigen Tagen zurückkam, erzählten wir ihm, wie sehr Koko ihn liebte und was sie gesagt hatte.

»Was benimmst du dich so blöd vor den Kindern? Du machst dich und mich nur lächerlich. Schämst du dich nicht?« schrie er, und wir merkten, daß wir einen Fehler gemacht hatten. Oma Koko tat mir leid.

Ein paar Tage später fuhren wir mit dem neuen Auto meines Vaters nach Kagamega. Simon und Jack blieben mit dem Hausmädchen in Nairobi. Es war eine schöne Fahrt. Meine Eltern saßen vorn und lachten viel, was sehr ungewöhnlich war. Grund für die heitere Stimmung im Auto war Koko. Sie stellte immer wieder lustige Fragen:

»Können wir nicht rückwärts fahren und alles mitnehmen, was wir sehen?« Sie dachte, daß nicht nur wir uns mit dem Auto bewegten, sondern auch die Bäume am Straßenrand. Sie stellte sich vor, daß wir das Auto nur umdrehen brauchten, damit die Landschaft und die Bäume in die andere Richtung und so mit uns nach Kagamega fliegen. Wer uns sah, hätte uns für eine harmonische, fröhliche Familie halten können.

Kaum waren wir im Dorf, stritten sich meine Eltern

wieder wegen des Geschäfts meiner Mutter. Mein Vater konnte immer noch nicht akzeptieren, daß sie die Chefin in ihrem Restaurant bleiben wollte.

»Ich habe soviel Kraft in dieses Restaurant gesteckt. Ich möchte es machen oder ich gehe«, rief sie.

»Du willst nur wie eine Hure hinter der Bar stehen.«

»Nein, ich bin die Chefin, es war meine Idee. Ich habe alles gebaut. Ich will dort arbeiten. Du lebst in Nairobi und tust auch, was du willst. Ich werde diese Arbeit weitermachen.«

»Dann wirst du nicht mehr meine Frau sein.«

»Dann werde ich dich lieber verlassen, als zu tun, was du von mir verlangst.«

Wir blieben nur zehn Tage im Dorf, dann fuhren wir zurück nach Nairobi. Als ich mich von Koko verabschiedete, wußte ich nicht, daß ich meine Oma das letzte Mal lebend sehen würde. Ich wunderte mich nur, daß meine Mutter uns begleitete. Sie hatte doch ihr Geschäft und mußte arbeiten. Es kam mir seltsam vor, aber ich fragte nicht, weil ich mich freute, daß sie mit uns nach Nairobi kam. Sie hatte einen großen Sack mit Maismehl, getrocknete Hähnchen und andere Lebensmittel eingepackt und im Auto verstaut.

Nach einer Woche in Nairobi, teilte sie uns mit, daß sie nach Mombasa fahren würde.

»Ein Bruder von mir lebt dort. Ich werde ihn besuchen.«

Das war komisch, weil sie uns noch nie von einem Bruder in Mombasa erzählt hatte. Wir schauten zu, wie sie ein paar Kleider für die Reise in einen Karton packte.

»Mutter, wie lang bleibst du? Wann kommst du wieder?« fragten wir ängstlich. Für mich und meine Geschwister war meine Mutter wie ein Eis, das wir immerzu lecken wollten, so lieb hatten wir sie. Wir hatten immer Sehnsucht nach ihr, weil wir sie in der Regel nur einmal im Jahr sahen. Den Rest der Zeit verbrachten wir im Internat oder in Nairobi bei unserem Vater. Und jetzt mußte sie wieder weg, sie war doch erst so kurze Zeit mit uns hier gewesen. Wenn sie da war, war jeder Tag wie ein Fest. Es gab gutes Essen mit Fleisch und viel Gemüse. Wenn wir mit unserem Vater allein waren, gab es jeden Tag nur Maisbrei.

Wir begleiteten meine Mutter bis zur Bushaltestelle. In der einen Hand hielt sie den Karton, in der anderen meine Hand, die ich dann eine Woche lang nicht waschen und keinem Menschen geben wollte. Das hatte ich oft schon getan, wenn ich mich von meiner Mutter trennen mußte. So konnte ich den Druck und die Wärme ihrer Hand noch spüren.

An der Haltestelle, wo meine Mutter auf den Matatu, einen kenianischen Kleinbus, warten sollte, stand schon ihre Schwester, Tante Juliana.

»Wollt ihr was trinken?« fragte sie uns und reichte uns eine Flasche mit Limonade. In diesem Augenblick kam der Matatu, der zum Busbahnhof fuhr, meine Mutter wurde von den Kontrolleuren in den Wagen geschubst, und weg war sie. Es ging alles viel zu schnell. Ich behielt diesen Augenblick als ein sehr schlechtes Bild in meiner Erinnerung. Der kurze Abschied machte mich traurig. Meine Tante versuchte, uns abzulenken, und nahm uns mit zu Shiku, der jüngsten Schwester meiner Mutter. Sie wußten alle, daß meine Mutter jetzt nicht mehr die Frau meines Vaters war, und in Mombasa ein neues Leben beginnen wollte. Ein Leben, zu dem wir nicht mehr dazugehörten.

»Ich wollte, daß ihr weiter zur Schule geht. Ich hätte euch das nicht schenken können. Ich wußte, daß das Leben für mich allein schon schwer genug sein würde«, versuchte sie mir viele Jahre später ihre Entscheidung zu erklären.

Wir Kinder aber spürten bereits damals die Wahrheit. Auch mein ältester Bruder Simon, der ja kein Kind meiner Mutter war, war traurig und vermißte sie sehr. Sie hatte ihn nie wie einen Stiefsohn behandelt.

»Mama Nora ist die beste Stiefmutter der Welt«, sagte er oft.

Als wir kurz vor der anbrechenden Dunkelheit zurück nach Hause kamen, saß mein Vater im Wohnzimmer. Er hatte auf uns gewartet und sah erschöpft aus.

»Wo ist Mama Nora?« fragte er.

»Mama ist nach Mombasa gefahren, sie besucht dort ihren Bruder«, antworteten wir. Mein Vater nickte langsam und blieb einfach sitzen. Den ganzen Abend sprach er kein Wort mehr mit uns.

Der Wunsch meiner Mutter war immer, daß ein Enkel ihrer Söhne sie einmal nach Luandeti zurückbringt, wenn mein Vater alt und schwach ist und sich dem nicht mehr widersetzen kann. Eine Frau ist ohne ihren Mann, ohne ihre Söhne ein Nichts. Auch ich lernte das früh. Alles, was meinem Vater gehört, wird später einmal meinen Brüdern gehören. Selbst ich gehörte meinem Vater wie eine Kuh, die man großzieht und später verkauft. Eine Frau ist eine Maschine oder besser ein Arbeitstier, das geboren wird, um später für andere zu schuften, erst bei ihren Eltern, später bei der Familie ihres Ehemannes. Die Frau ist nur ein Werkzeug für die Aufzucht der Kinder, für die Feldarbeit, für die Ernährung der Familie. Im Zweifelsfall hat sie nichts zu sagen, ihre Stärke, ihre Kraft nützen ihr nichts, wenn der Mann sich über sie hinwegsetzt, wie mein Vater es bei meiner Mutter tat. Es gibt natürlich Unterschiede zwischen den Stämmen. Bei den Kikuyu ist der Mann ebenfalls der Stärkere, aber die Männer haben eine größere Achtung vor ihren Frauen und trennen sich nicht so leichtfertig, wenn die erste Frau ihnen nicht mehr paßt.

Mit dem Vater in Nairobi

Das Leben mit meinem Vater in Nairobi war nicht leicht. Wenn er von der Arbeit kam, ging er meist sofort in sein Zimmer, ohne uns anzuschauen oder nur ein Wort mit uns zu wechseln. Manchmal kam er mit gegrilltem, in Papier eingewickeltem Fleisch, das er dann allein aß. Er setzte sich nur ins Wohnzimmer, um die Nachrichten im Fernsehen zu schauen, wir durften dabeisitzen, uns aber nicht rühren. Wir saßen dann ganz verkrampft da, trauten uns nicht, auch nur ein Bein zu bewegen. Wir spürten, wie er uns aus den Augenwinkeln wie ein Wachhund beobachtete, der jeden Moment aufspringt und beißt. Wenn er den Fernseher abschaltete und aus dem Zimmer ging, durften wir ihn nicht wieder einschalten. Wir taten es oft heimlich, wenn er aus dem Haus war; hörten wir ihn im Hausflur, schalteten wir aus. Irgendwann kam er uns auf die Schliche, seit dieser Zeit kontrollierte er, ob der Fernseher noch warm war.

Wofür hatten wir den Apparat? Nur damit andere sehen, daß wir so was haben? Ich verstand meinen Vater nicht. Wenn er zuviel getrunken hatte, wurde er jähzornig. Er suchte dann immer jemanden, an dem er seine Wut auslassen konnte. Meistens war ich das.

Einmal kam er nach Hause und fing an zu schimpfen, weil die Betten noch nicht gemacht waren. Ein anderes Mal war ich ihm nicht gut genug in der Schule. Da drückte er mir eine Rasierklinge in die Hand und forderte mich auf, mir alle Haare abzuschneiden. Während ich mir heulend die Haare schnitt, stand er hinter mir und schlug mich. Danach trug ich tagelang ein Kopftuch, weil ich mich schämte.

Nach der Trennung von meiner Mutter brachte mein Vater ständig neue Frauen mit in die Wohnung. Alle zwei Wochen eine andere, bis er uns irgendwann eine junge Frau vorstellte: »Das ist Shiku, eure neue Mutter.«

Ich verstand das nicht und fragte unser Hausmädchen, eine junge Frau aus dem Dorf meines Vater: »Warum sagt er Mutter, sie ist nicht meine Mutter.«

»Weißt du nicht, daß dein Vater deine Mutter davongejagt hat?« fragte sie mich.

»Nein, das stimmt nicht. Du erzählst mir nur eine Geschichte.«

»Nein, alle im Dorf wissen, daß deine Mutter nicht mehr bei deinem Vater ist.«

Das traf mich wie ein Schlag. Bis dahin hatte ich gehofft, meine Mutter würde irgendwann wieder zurückkommen. Mutter war für immer von uns weggegangen? Das wollte ich nicht glauben.

Heute weiß ich, daß Shiku eine Prostituierte war. Sicher kam sie aus dem Milieu. Sie redete zu laut, lachte zuviel, war immer grell geschminkt, und sie interessierte sich nicht für uns. Shiku war nicht lange unsere Mutter. Ein paar Wochen nach ihrem Einzug verkrachten sich die beiden so sehr, daß sie meinen Vater mit einem Messer am Finger verletzte und er ihr eine volle Flasche Bier an den Kopf knallte und sie davonjagte.

Im Dezember 1976 beendete ich die Schule in Kajiado. Ich fuhr nach Nairobi und sollte dort nach den Ferien in die *Secondary School*, eine Art Gymnasium, gehen. Als ich zu Hause ankam, war wieder eine neue Frau in unserer Wohnung. Eine, die den Eindruck machte, als wäre sie schon lange da und als würde sie nicht mehr von hier weggehen.

»Sie ist vor zwei Tagen gekommen«, sagte einer meiner Brüder.

Hannah, so ihr Name, war eine sehr anspruchsvolle Frau. Sie kaufte in den teuersten Läden ein und färbte ihre Haare braun, weil sie von Natur aus schon fast grau waren. Wie Shiku hatte sie vorher als Hure gearbeitet. Mir ihren geschminkten Lippen und ihren rotlackierten Fingernägeln sah sie nicht wie eine Mutter aus, eher wie eine feine Dame, und sie behandelte uns, als ob wir ein Klasse unter ihr stünden. Sie war dick und schön, mein Vater war sehr stolz auf sie. Am Anfang war sie noch freundlich, und bat mich häufig, ihr zu helfen, weil sie sich oft schlecht fühlte und Unterleibsschmerzen hatte. Deswegen konnte sie auch keine Kinder bekommen. Langsam und fast unbemerkt wurde es zu einer Gewohnheit, daß ich wie ein Hausmädchen für sie arbeitete.

Jeden Morgen mußte ich Wasser für das Bad meines Vaters heiß machen. Dann holte ich frische Milch und Brot fürs Frühstück und deckte den Tisch. Meine Brüder blieben von solchen Arbeiten verschont, weil sie Jungen waren. Auch wenn es mir nicht gefiel, gewöhnte ich mich schnell an dieses Leben und an diese neue Frau, die ich nie Mama nannte.

In jenen Tagen bekam ich das erste Mal meine Regelblutung. Mit Hannah konnte ich nicht darüber sprechen. Normalerweise wechselten wir samstags unsere Bettwäsche, aber meine ersten Tage bekam ich an einem Dienstag. Ich wusch einfach die Blutspuren aus dem Laken, damit sie es nicht bemerkte, so sehr schämte ich mich.

Hannah war eine Stadtfrau, sie wollte nicht im Dorf leben, auch wenn mein Vater das gern gesehen hätte. Sein Land war nach dem Tod von Oma Koko noch größer geworden, er brauchte eine Frau, die das Land für ihn bestellte. Als wir das erste Mal mit Hannah nach Luandeti fuhren, verbreitete sich wie ein Wind die Nachricht, daß mein Vater mit seiner neuen Frau kommen würde. Die Leute kamen, um sie zu sehen, und lehnten sie sofort ab. Sie war keine Arbeiterin wie Mama Nora. Ich spürte, daß einige Leute im Dorf, vor allem Frauen und alte Leute, meine Mutter vermißten. Das stimmte mich froh und traurig zugleich.

Mein Vater und seine neue Frau machten sich ein schönes Leben, in dem ich nur am Rand eine Rolle spielte. Der Luxus, den sie sich leisten wollten, war wichtiger als alles andere. Als ich meinen Vater das erste Mal weinen sah, war es wegen eines Autos. Er war mit Hannah am Abend zuvor ins Kino gegangen und spät zurückgekommen. Am darauffolgenden Morgen war ich die erste, die aufstand, um das Frühstück zu machen. Ich bemerkte, daß die Haustür halb offenstand.

»Was ist los mit der Tür?« fragte Hannah, die ich gerufen hatte.

»Ich weiß es nicht.« Ich guckte nach draußen und sah, daß das Auto meines Vaters nicht auf seinem Platz stand.

»Seid ihr gestern nicht mit dem Auto gefahren? Das Auto steht nicht mehr da.«

Hannah ging nachschauen, sie konnte den Wagen nicht finden. Schwer atmend weckte sie meinen Vater. Er kam herausgerannt und fing an zu schreien. Wieder in der Wohnung setzte er sich hin und heulte. Der Wagen war geklaut worden. Er weinte um sein Auto. In den nächsten Tagen versuchte er alles, um den Wagen zurückzubekommen, aber das Auto blieb verschwunden. Meinem Vater ging es so schlecht, daß er drei Tage lang nicht essen wollte. Aber es dauerte keinen Monat, da hatte er ein neues Auto.

Mit diesem Wagen brachte uns Vater jeden Morgen zur Schule, nachmittags mußte ich mit dem Bus zurückfahren. Ich bekam dafür in der Woche zehn Schilling Taschengeld. Ein Schilling am Tag für den Bus und ein Schilling fürs Mittagessen. Oft hatte ich mittags soviel Hunger, daß ich auch das Fahrgeld für Essen ausgab und zu Fuß nach Hause laufen mußte. Dafür brauchte ich eine Stunde. Ich wurde damals zur Präfektin meiner Klasse, eine Art Klassensprecherin, gewählt. Eine meiner Aufgaben war es, die Ausgabe und das Einsammeln der Schulbücher zu kontrollieren. Wenn ich dann noch zu Fuß gehen mußte, konnte es passieren, daß ich erst sehr spät nach Hause kam und dafür ausgeschimpft wurde. Normalerweise waren Eltern stolz, wenn ein Kind in der Klasse diese Verantwortung trug. Mein Vater aber dachte nur, daß ich mit Jungen gehen würde. Natürlich wünschte ich mir einen Freund, aber ich hatte keinen, von dem ich den anderen

Mädchen erzählen konnte. Die Geschichte mit Aysak war lange vorbei.

In meiner Klasse gab es Mädchen, die mehr Geld und mehr zu erzählen hatten als ich. Alice, die Tochter einer Prostituierten, hatte sehr viel Geld und damit auch viele Freundinnen. Auch ich nutzte das aus und ließ mich von ihr manchmal zum Mittagessen einladen: Hähnchen mit Pommes und Salat. Das war nur was für reiche Leute. Ich mochte sie nicht besonders, mir gefiel ihr Geld. So war es damals: wer viel Geld hatte, hatte viele Freunde.

In der Klasse sprachen die Mädchen viel über Sex, eigentlich sprachen sie fast nur über Sex. Es war unser wichtigstes Thema. Über unsere Zukunft, Berufswünsche und andere Dinge sprachen wir nie. Mein Leben in dieser Zeit war wie eine Fahrt auf einer Autobahn, bei der ich nicht wußte, welche Ausfahrt ich nehmen muß. Dabei hoffte ich nur, daß man mich im richtigen Moment nach links oder rechts lenken würde. Ich schwärmte davon, einmal Sekretärin zu werden oder zu studieren, und natürlich wünschte ich mir einen reichen Ehemann.

Alice erzählte oft von dem Geschäft ihrer Mutter. Wenn ihre Mutter mit mehreren Männern nach Hause kam, konnte es sein, daß diese auch mit Alice schlafen wollten, und dafür bezahlten sie gut. Alice schien keine Probleme damit zu haben, sie erzählte oft davon. Für mich waren das nette Geschichten, wir lachten darüber. Von Alice lieh ich mir auch Pornohefte aus, die sie von ihrer Mutter hatte. Es war mir peinlich, die Fotos anzusehen, ich tat es heimlich in der Nacht, während meine Brüder schliefen. Mehrere Tage hielt ich die Hefte in meinem Zimmer versteckt. Als ich sie Alice zurückgeben wollte, waren sie verschwunden. Zwei Monate später erfuhr ich, daß Simon sie weggenommen und meinem Vater gegeben hatte.

Als wir Zeugnisse bekamen und ich mit schlechten Noten nach Hause kam, holte er die Pornomagazine, die ich schon fast vergessen hatte, legte sie auf den Tisch und fing an, mich zu verprügeln. In seinem Kopf muß er das Bild gehabt haben, daß ich schwanger bin. Er schlug mir immer wieder auf den Unterleib, als wolle er ein mögliches Kind heraushauen.

Kurz darauf lernte ich John kennen, einen Jungen aus der Schule meiner Brüder. Er gefiel mir vor allen Dingen wegen seiner schicken Schuluniform, und ich hatte beschlossen, seine Freundin zu werden.

»Zu Hause werde ich immer geschlagen. Ich werde nicht mehr nach Hause gehen. Ich will weg«, erzählte ich ihm.

»Du kannst mit zu mir kommen, ich habe eine eigene Wohnung. Du kannst bei mir wohnen«, bot John an.

»Ich kann für dich kochen. Wir können zusammenbleiben und heiraten«, schwärmte ich.

Eine eigene Wohnung, das fand ich toll. Natürlich glaubte ich ihm. Im Dorf bekamen die Beschnittenen sogar ein eigenes Haus. Konnte es in der Stadt nicht ähnlich sein? Ich dachte nicht lange über seinen Vorschlag nach und ging schon am nächsten Tag mit ihm.

Die Idee, Johns Frau zu sein, gefiel mir nur drei Tage. Es stellte sich heraus, daß die Wohnung doch nicht ihm, sondern einem Freund gehörte und er mich bloß gelockt hatte. Außerdem hatte er nicht einen Schilling für mich übrig und gab mir nichts zu essen. Als ich es vor lauter Hunger nicht mehr aushielt, nahm ich einen Matatu und fuhr zu Tante Juliana, zu meinem Vater wollte ich auf keinen Fall zurück. Auf dem Weg dachte ich an meine Mutter und wünschte mir intensiv, daß ich bei ihr in Mombasa leben könnte. Warum sollte ich nicht zu ihr gehen? Man munkelte, daß sie in Mombasa reich geworden sei und dort ein gutgehendes Geschäft habe. Gehört hatte ich auch, daß sie ein weiteres Kind bekommen hatte. Ich wollte mit meiner Mutter und Tina, so hieß meine jüngste Schwester, zusammenleben.

Als ich bei meiner Tante ankam, traute ich meinen Augen nicht. Mama Nora war da. Meine Gebete sind erhört worden, wie sollte es anders sein? Mein Herz wurde weit und voller Hoffnung. Ich bemerkte kaum den besorgten Blick meiner Mutter.

»Du kannst nicht bleiben. Dein Vater war vor zwei Tagen hier und hat dich gesucht. Er drohte, die Wohnung mit einem Kanister Benzin anzuzünden, wenn wir ihm nicht sagen, wo du bist. Dein Opa aus Nyeri war da und konnte ihn besänftigen. Du kannst nicht hierbleiben, du mußt zurück zu deinem Vater!«

Ich wollte nicht hören, was Tante Juliana sagte. Tränen machten mich fast blind, das Gesicht meiner Mutter und das meiner Tante verschwammen.

»Geh zurück, auch wenn dein Vater schlecht ist. Er wird dich nur einmal schlagen. Danach wird er müde sein. Dafür wird er dich weiter zur Schule schicken. Wenn du zu mir kommst, kann ich die Schule nicht bezahlen. Ich habe keine Arbeit in Mombasa.«

Die Enttäuschung lähmte mich. Wie in Trance verließ ich die Wohnung und machte mich auf den Weg. Ich hatte Angst vor meinem Vater. Ich fühlte mich von der ganzen Welt verlassen und enttäuscht. Warum konnte mich meine Mutter nicht nach Mombasa mitnehmen? Warum nicht? Sie kannte doch meinen Vater und hatte es bei ihm auch nicht ausgehalten.

Als ich zu Hause ankam, war es schon fast dunkel. Meine Stiefmutter begrüßte mich mißmutig und gab mir nichts zu essen.

»Warte du erst mal, bis dein Vater kommt. Der bestimmt, ob du was essen kannst.«

Mein Vater kam erst um zwei Uhr nachts nach Hause. Meine Stiefmutter riß mich aus dem Schlaf und zerrte mich ins Wohnzimmer. Auch meine Brüder waren geweckt worden. Sie standen hilflos im Raum. Vater war betrunken. Er lief an mir vorbei ins Schlafzimmer und kam Sekunden später mit einem Messer zurück, damit schnitt er sich in die eigene Hand.

»So wie mein Blut fließt, so wirst du heute ...«

Noch nie hatte ich meinen Vater so wütend erlebt. Ich hörte nicht mehr, was er sagte, ich fürchtete nur noch um mein Leben. Welchen Ausweg konnte es jetzt für mich geben? Selbst Hannah hatte sich erschrocken. Sollte ich aus dem Fenster springen? Aus der vierten Etage? Ich verwarf den Gedanken. Wenn ich schnell bin, kann ich die Kette von der Wohnungstür lösen und hinauslaufen, dachte ich wie in einem langsamen Traum. Auch Jack schlotterte vor Angst und wollte sich davonschleichen, da packte ihn mein Vater und bedrohte ihn mit dem Messer.

Diesen Moment nutzte ich, um loszurennen. Ich löste die Sicherheitskette, riß die Tür auf und lief die Treppe hinunter.

Als ich auf der Straße war, zögerte ich einen Moment, weil ich nicht wußte, wohin ich laufen sollte. Dann entschied ich mich ohne nachzudenken für eine Richtung und rannte wie noch nie zuvor. An jeder zweiten Ecke hielt ich an und guckte, ob mein Vater schon hinter mir war. Ich lief zum Haus von Alice, meiner Schulkameradin. Es war ein schönes großes Haus. Alice machte auf und lud mich sofort zum Essen ein. Erst am nächsten Tag erzählte ich, daß ich von zu Hause weggelaufen sei.

»Ich mache dich mit einem Mann bekannt, der reich ist. Er wird dir helfen«, bestimmte die Mutter von Alice nach zwei Tagen. Mir war klar, daß sie mich loswerden wollte. So lernte ich Sam kennen, einen Mann, der mir nicht gefiel, mit dem ich aber schlafen mußte. Dafür durfte ich bei ihm wohnen, und er gab mir zu essen. Nur eine Woche hielt ich es bei ihm aus. Als ich gehen wollte, stellte sich mir ein Zimmernachbar in den Weg.

»Du wirst nicht weggehen. Ich werde dich festhalten«, drohte er.

»O.k., ich bleibe hier und warte auf Sam«, sagte ich in der Hoffnung, den Mann damit zu beruhigen. Er führte mich in Sams Zimmer zurück und faßte mich an. Ich gab ihm, was er wollte, danach ließ er mich gehen.

Ich hoffte, meine Mutter zu finden, und ging wieder zu meiner Tante Juliana. Aber nur Opa Guka, der Vater meiner Mutter aus Nyeri, war da und sagte, daß er mich mit ins Dorf nehmen wolle. Von meinem Bruder Jack hatten sie erfahren, daß ich wieder davongelaufen war.

Noch am gleichen Tag lief ich mit Opa zur Haltestelle, wo die großen Busse abfuhren. Der Bus nach Karatina war voll, für mich war es das erste Mal, daß ich mit so vielen Kikuyus zusammen war. Selbst der Busfahrer sprach kikuyu, und ich konnte fast nichts verstehen. Von meiner Mutter hatte ich ein paar Worte gelernt, die reichten aber nicht aus.

Im Bus redete ich kaum mit meinem Opa, ich dachte

viel an meine Mutter, die mich nicht in Mombasa haben wollte, und an meinen Vater, der mich nicht mochte. Was würde mich in Nyeri am Mount Kenya erwarten? Durch die dreckige Fensterscheibe schaute ich nach draußen. Es regnete. Mir fiel auf, daß alles anders aussah, als ich es kannte. Die Erde war dunkelrot, Felder und Bäume waren strahlend grün. Die Straße schlängelte sich an vielen kleinen Hügeln vorbei, die Bäume standen an manchen Stellen so eng, daß ich nicht weit sehen konnte.

Es dauerte mehrere Stunden bis wir in Karatina, einer kleinen Stadt, ankamen. Von da fuhren wir weiter mit einem Matatu nach Kayaba, so heißt das Dorf, wo die Verwandten meiner Mutter leben und ihre Vorfahren begraben sind. Wir saßen schon sehr eng in dem kleinen Auto, als die Kontrolleure auf dem Weg noch eine Mama in den Wagen schoben. Ich saß eingekeilt zwischen schwitzenden Körpern, die Leute machten Witze über die Enge im Wagen. Opa Guka kannte fast alle Leute und sprach kikuyu mit ihnen. Es war eine lustige Fahrt, die mich von meinen traurigen Gedanken ablenkte.

Verwandtschaft am Mount Kenya

Meine Mutter hatte vier Schwestern und zwei Brüder. Nguyu arbeitete damals in Mombasa als Fahrer, Paul war in Nairobi, nur am Wochenende oder in den Ferien kamen sie ins Dorf, wo ihre Frauen und Kinder lebten. Susan, die älteste Schwester meiner Mutter, hatte elf Kinder, drei Töchter und sieben Söhne. Dann kam Juliana mit ihren vier Kindern, bei ihr hatte ich die ersten Jahre meines Lebens verbracht. Meine Mutter war die dritte Tochter, Shiku war die jüngste mit einem Sohn und einer Tochter, deren Väter nie einer gesehen hatte. Shiku war die einzige in der Familie, die studieren konnte und einen richtigen Beruf hatte, sie war Ärztin. Meine Mutter, Tante Juliana und ein Onkel von mir hatten ihr das Schulgeld und die Universität bezahlt. Heute ist sie die zweite Chefin in einem medizinischen Forschungsinstitut in Nairobi und Leiterin eines wichtigen Gesundheitsprogramms in Kenia. Tante Shiku war schon immer streng katholisch, sie wurde nie mit einem Mann gesehen. Noch heute wundern sich alle, wie diese fromme Frau zwei Kinder bekommen konnte, und da die beiden Kinder sehr unterschiedlich aussehen und auch verschiedene Hauttönungen haben, muß sie in ihrem Leben mit mindestens zwei Männern zusammengewesen sein.

Ich freute mich nicht auf das Leben im Dorf, der Lärm und das Durcheinander in der Stadt waren mir vertrauter. Die Verwandten meiner Mutter kannte ich kaum. Für mich waren sie Fremde, und ich brauchte Zeit, mich an sie und ihre Sprache zu gewöhnen. Bei meiner Oma sollte ich fortan leben. Cucu, so wurde sie genannt, hatte ein kleines Haus mit einem Wellblechdach, daneben lag die Küche, wo Cucu und Guka gern im Rauch saßen, bis ihnen Wasser aus den Augen lief. Zum Schlafen hatte mein Opa ein eigenes kleines Haus mit einem Zimmer für ihn und eins für Jungtiere.

Opa war ein sehr freundlicher Mann, ich sah ihn selten mit einem bösen Gesicht. Meine Oma dagegen wirkte meist unzufrieden und sehr nachdenklich. Vielleicht lag das daran, daß Opa vor vielen Jahren einmal mit einer anderen Frau weggegangen war.

In jener Zeit, während der Mau-Mau-Aufstände, hatte Cucu acht Jahre im Gefängnis gesessen. Die Briten verdächtigten sie, mit den Aufständischen zu kollaborieren. Viele Kikuyu aus der Gegend um den Mount Kenya standen damals auf der Seite der Mau-Mau, sie wollten verständlicherweise die Engländer loswerden.

Zu Beginn des Jahrhunderts, nach dem Bau der Eisenbahn, waren die ersten Engländer nach Kenia gekommen und hatten sich auf den fruchtbaren Hochebenen niedergelassen. Die britische Krone betrachtete sich als Besitzerin unseres Landes und verschenkte den Boden in 999-jähriger Pacht an die englischen Siedler.

Kein Schwarzer konnte Land in den sogenannten *White Highlands*, wo die Vorfahren meiner Mutter lebten, erwerben. Nach dem Zweiten Weltkrieg konnte kein Schwarzer, dafür aber Weiße und Inder, in den großen Rat in Nairobi gewählt werden. Die Unzufriedenheit unter den Kikuyu, mit den Luo die stärkste Volksgruppe, wurde immer größer. So kam es von 1952 bis 1955 zu den Mau-Mau-Unruhen.

Meine Oma, meine Mutter und viele andere Verwandte tranken auf Geheiß der Buschkämpfer Mumu, ein Gemisch aus Blut und Fleisch von Menschen, und schworen den Eid der Mau-Mau, über dessen Inhalt sie nie sprechen durften. Meine Mutter erzählte mir später davon, obwohl es ihr immer noch schwerfiel. Als könne der Fluch des Schwurbruchs sie auch nach Jahren noch erreichen. Sie erinnerte sich, wie sie mit anderen aus dem Dorf von Männern mit großen Augen und Rastazöpfen in ein dunkles Erdloch gebracht wurde und aus einer Schale Mumu trinken mußte. Viele wurden dazu gezwungen, andere tranken freiwillig. Viele Kikuyu wurden damals festgenommen, so auch der spätere Staatspräsident Kenyatta, obwohl nie klar war, ob er wirklich der Bewegung angehörte. 1961 mußten sie ihn freilassen, weil seine Partei, die *Kenya African National Union* (KANU), die Wahlen gewonnen hatte. 1963 führte Kenyatta unser Land in die Unabhängigkeit. Die Briten mußten gehen, knapp sechzig Jahre nachdem sie gekommen waren.

Mein Opa verschwand in jener Zeit mit einer anderen Frau, er wollte weder mit den Mau-Mau-Kriegern noch mit den Briten etwas zu tun haben. Erst als Kenia unabhängig war, kehrte er zurück nach Nyeri zu seiner ersten Frau. Seitdem soll Cucu so mißmutig gewesen sein. Meine Großeltern lebten nach seiner Rückkehr nicht mehr in einem Haus.

Jeden Tag half ich meinen Großeltern und Tanten bei der Arbeit auf dem Feld. Sie bauten vor allem Kaffee für den Export an. Mit dem Geld, das sie von der Fabrik dafür bekamen, konnten sie gerade überleben und neues Saatgut kaufen. Es war eine harte und schlecht bezahlte Arbeit, obwohl sie ihr eigenes Land bebauten und nicht für einen Großgrundbesitzer arbeiteten.

Nach zwei Monaten hörte ich, daß meine Mutter in Nairobi sei, und ich wollte sie unbedingt sehen. Mein Opa konnte mir das Geld für die Fahrt erst nach einer Woche geben. Als ich in Nairobi ankam, war Mutter schon wieder weg. Sie hatte aber Tina, meine kleine Halbschwester, dagelassen. Tante Juliana war froh, als sie mich sah.

»Schön, daß du da bist. Du kannst Tina mit ins Dorf nehmen. Cucu und Guka werden sie gut versorgen.«

Meiner Mutter muß es sehr schlechtgegangen sein in Mombasa, da sie ihre jüngste Tochter nicht bei sich behalten konnte. Sie hätte auch zurück ins Dorf gehen können, aber das wollte sie nicht. Weil sie eine Frau war, und eine Frau wird geboren für ihren späteren Mann. Das Eigentum und das Land ihrer Eltern können ihr nie gehören, sondern immer nur ihren Brüdern und deren Frauen oder später den Söhnen. Deshalb wollte sie nicht zurück, obwohl ein Bruder und ihr Vater ihr sogar ein Grundstück versprochen hatten. Aber Mutter lehnte das Angebot ab, weil sie glaubte, daß es nicht gutgehen kann. Sie befürchtete, daß die Frauen der Brüder nur mit ihr streiten würden, um das Grundstück für ihre eigenen Söhne zurückzugewinnen. Und ein Bruder von ihr hatte schon vier Söhne, sein Land mußte später viermal geteilt werden. Wo sollte da noch eine Tante wohnen? So etwas konnte mit Mord und Totschlag enden. Eine verlassene Frau mußte warten, bis die Söhne ein Stück Land erben und sie einladen, auf diesem Land zu wohnen. Darauf hoffte meine Mutter.

Meine Kusine Susan, eine Tochter von Tante Juliana, fuhr mit mir und meiner kleinen Schwester zurück ins Dorf. Sie blieb nur fünf Tage, in dieser kurzen Zeit jedoch zeigte sie mir eine für mich vollkommen neue Seite des Lebens. Einmal besuchten wir Agnes, eine weitere Kusine, in der nächstgelegenen Stadt. Agnes war die älteste Tochter meiner Tante Susan und bereits verheiratet mit einem reichen Mann, der ein großes Grundstück und einen Laden besaß. Sie war gerade hochschwanger und sah glücklich aus. Bei ihr konnten wir übernachten.

Vielleicht fällt auf, daß so viele Frauen in meiner Verwandtschaft den gleichen Namen haben. Das ist nicht ungewöhnlich, da immer die nächsten Verwandten der Eltern die Namensgeber für ihre Kinder sind. So hatte ich eine Tante, die Susan hieß, und eine Kusine, die Tochter von Tante Juliana, mit dem gleichen Namen.

Susan und ich gingen noch am gleichen Tag in ein tolles Hotel, setzten uns dort ins Restaurant, wo sie sofort begann, die Männer anzumachen. Mit Erfolg. Zwei Männer sprachen uns an und luden uns ein. Wir bestellten Hähnchen und gegrilltes Fleisch und tranken Bier dazu. Ich fühlte mich neben Susan wie ein Hausmädchen, sie spielte die große Dame, während ich nicht wußte, wie ich mich benehmen sollte. Sie freundete sich mit dem älteren Mann an, und ich nahm den jüngeren. Wir gingen zu den Männern nach Hause und schliefen mit ihnen. Ich tat einfach das, was Susan mir sagte. Am nächsten Tag suchten wir uns neue Freunde. So ist das Leben, dachte ich, und war froh, daß mir endlich jemand beibrachte, was ich zu tun hatte. Bei meinem Vater hatte ich immer das Gefühl, alles falsch zu machen, ohne zu wissen warum. Ich lernte, daß die Männer für die Frauen in Lokalen bezahlten und dafür Sex wollten und auch bekamen. Es war gefährlich, am Anfang ja und am Ende nein zu sagen.

»Jede macht das so. Wenn du Glück hast, gibt dir der Mann sogar noch etwas Taschengeld.« Susan sah das locker.

Was das Taschengeld anbetraf, hatte Susan mehr Glück als ich. Es wird daran gelegen haben, daß sie eine hellere Haut hatte und besser gekleidet war. Über Verhütung machte ich mir damals keine Gedanken, obwohl ich wußte, daß ich schwanger werden könnte. Nie hatte Susan mit mir darüber gesprochen. Wenn es für sie kein Problem war, warum sollte es eines für mich sein?

Wieder im Dorf, gingen wir, wann immer wir konnten, spazieren. Wir besuchten alte Schulkameraden von ihr, sie machte mich mit vielen Leuten bekannt, besonders mit jungen Männern. Abends verabredeten wir uns, zogen uns an und liefen, wenn Oma schon schlief, heimlich aus dem Haus. Das war nicht einfach. Cucu schlief wie ein Hund, sie hörte alles. Susan, die bei Oma im Dorf aufgewachsen war, kannte das. Wir schlichen zu der Stelle, wo wir von Männern mit Autos abgeholt wurden. Gegen fünf Uhr morgens wurden wir zurückgebracht, hatten in der Zwischenzeit Fleisch gegessen, getrunken und mit den Jungs geschlafen.

Dieses Leben gefiel mir ausgesprochen gut. Als Susan weg war, wollte ich es fortsetzen. Ich stellte mich aber ziemlich blöd dabei an. Schon nach meinem ersten Treffen wußte das ganze Dorf Bescheid.

Der Junge war der Sohn eines reichen Bäckers. Er besaß ein eigenes Haus und hatte einen großen Kassettenrecorder. Überall in seiner Wohnung gab es Steckdosen, was mich sehr beeindruckte. Der Typ weckte mich am nächsten Morgen so spät, daß schon alle auf dem Feld standen, als ich nach Hause kam.

»Du wirst noch eine Hure, du beschämst uns vor dem ganzen Dorf«, schimpfte Cucu.

»Warum darf Susan alles machen, und wenn ich alleine gehe, dann ist es etwas Schlimmes?« fragte ich sie.

»Susan kennt sich aus, sie ist hier aufgewachsen. Du siehst wie eine Luhya aus. Wie sollen wir dich schützen?«

Ohne mich zu fragen, entschieden sie, mich zu meinem Vater zurückzubringen. Opa schrieb meinem Vater einen langen Brief, von dem ich erst später erfuhr. Wochen vergingen, bis er eine Antwort erhielt. Opa Guka gab mir den Brief zu lesen. Mit süßen Worten bedankte sich mein Vater bei meinen Großeltern: »Danke, mein Schwiegervater, daß du schreibst, wo meine Tochter Miriam ist. Ich dachte schon, daß ich sie verloren habe. Ich weiß, du bist arm und kannst ihre Schule nicht bezahlen. Bringe mir Miriam, ich werde sie wieder zur Schule schicken.«

Ich war fassungslos.

»Ja, wenn du hier schon mit den jungen Männern herumläufst, kann ich die Verantwortung für dich nicht mehr übernehmen.«

»Du kennst doch meinen Vater, der wird mich schlagen. Oh, ihr kennt ihn nicht. Er ist ganz anders als ihr«, heulte ich, aber mein Großvater war fest entschlossen. So fuhren wir wenige Tage später nach Nairobi.

Schreckliche Zeiten

»Setz dich!« forderte mich mein Vater im gewohnt rüden Ton auf. Dann verschwand er. Ich stand in seinem riesigen Büro und hatte Angst. Mein Opa hatte mich abgegeben und war kaum, daß ich Atem holen konnte, wieder verschwunden. Zuvor hatte er von meinem Vater zwanzig Schilling für die Rückfahrt erhalten, obwohl er ihm eigentlich auch das Geld für die Hinfahrt versprochen hatte.

»Bring mir Miriam, dann gebe ich dir dein Fahrgeld zurück«, hatte er geschrieben. Zu der Angst vor meinem Vater gesellte sich Mitleid mit Opa Guka. Ich setzte mich vorsichtig auf einen Stuhl. Nach einer Weile kam mein Vater mit einem Mann zurück ins Zimmer.

»Fahr sie nach Hause!« sagte er in einem Ton, als ob ich sein Büro beschmutzt hätte. Ich spürte die Gefahr, die von meinem Vater ausging, um so mehr, als er mir auch jetzt nicht in die Augen schaute. Ich hatte gerade noch Zeit zu registrieren, wie gut mein Vater gekleidet war im Gegensatz zu mir.

Unterwegs holten wir meine beiden jüngeren Brüder

Paul und Tommy von der Schule ab. Sie waren seit zwei Monaten in Nairobi. In ihren Schuluniformen sahen sie sehr ordentlich aus, ich konnte sehen, daß es ihnen gutging. Sie setzten sich zu mir ins Auto. Aber auch im Beisein meiner Geschwister konnte ich mich nicht entspannen, ich blieb verkrampft wie eine Ziege, die verkauft werden sollte. Wir fuhren weiter durch eine Gegend mit großen von Askaris, kenianischen Wachleuten, bewachten Einfamilienhäusern. Wir waren in Kileleshua, einem Stadtteil von Nairobi, in dem nur reiche Leute wohnten. Durch die geöffneten Wagenfenster hörte ich Vögel und bellende Hunde, ansonsten war es ruhig. In diesem angesehenen Stadtteil wohnte meine Familie jetzt, staunte ich. Vor einem großen Tor hielt der Fahrer, einer meiner Brüder stieg aus, um einen Angestellten meines Vaters zu rufen, der gerade ein Nickerchen im Garten machte und sich nun beeilte, das Tor zu öffnen.

Im Haus begegnete ich meiner Stiefmutter, sie war noch dicker geworden und sah in ihren übertrieben schicken und sicher teuren Kleidern wie eine Hure aus. Ihre Haut war von den vielen Cremes, die sie früher schon benutzt hatte, noch heller geworden. Stolz musterte sie mich, als wollte sie sagen: »Da siehst du, was aus uns für eine feine Familie geworden ist.«

»Willst du etwas essen?« fragte sie. Ich verneinte bloß, und sie verschwand wieder. Ich war beleidigt. Warum hatte sie mich nicht gegrüßt? Warum hatte sie mich wie einen Gast gefragt, ob ich essen wollte, während alle anderen selbstverständlich zu Tisch gebeten wurden? Gehörte ich nicht zur Familie? Ich versuchte, mit meinen Brüdern ein Gespräch anzufangen, aber sie waren mir fremd. Simon und Jack, meine älteren Brüder waren noch in der Schule. Ich war zu Hause, aber ich fühlte es nicht.

Das Grundstück war riesengroß. Es sah hübsch und freundlich aus, überall waren Blumen, alles war sauber. Es gab eine große Garage, im Garten arbeitete ein Mann. Meine Brüder stellten mir zwei Nichten meiner Stiefmutter vor. Sie wohnten seit mehreren Monaten hier, und mein Vater schickte sie auf die beste und teuerste Mädchenschule in Nairobi. Mein Vater war ein Mensch, der anderen zeigen wollte, was er besaß, so auch den Verwandten seiner Frau. Bei mir hatte er diesen Ehrgeiz nicht. Seine eigene Tochter war ihm nichts wert. Es tat mir weh, die fremden Mädchen zu sehen und zu spüren, daß sie sich hier sehr wohl fühlten. Sie lachten und waren ungezwungen, als wären sie im Urlaub. Ich schämte mich, weil ich viel schlechter angezogen war, und ließ sie stehen. Ich fühlte mich hilflos und wäre am liebsten geflohen. Zurück zu meiner Mutter konnte ich nicht, weil sie arm war, und meine Tanten in Nairobi hatten Angst vor meinem Vater. Er war mittlerweile ein wichtiger Mann bei der Sicherheitspolizei geworden, er hatte viel Macht und konnte ihnen gefährlich werden.

Ich lief durch das Haus, als suchte ich einen Platz für mich, etwas Vertrautes, etwas Beruhigendes. Die Räume waren groß, es gab drei Schlafzimmer, zwei Bäder, zwei Toiletten, ein riesiges Wohnzimmer, ein ebenso großes Eßzimmer, eine Küche und einen Arbeitsraum für die Wäsche. Dazu zwei Kammern für Lebensmittel und Geschirr. Der Boden war aus Holz, das mit Öl behandelt werden mußte. So beeindruckt ich sonst von soviel Reichtum war, dieses Mal berührte es mich nicht, alles blieb fremd. Ich dachte an meinen Vater. Würde alles wieder von vorne anfangen? Würde er mich wieder schlagen? Ich setzte mich auf die Mauer, die das Grundstück von der Straße trennte, und beobachtete die Autos und Fußgänger. Im Haus hatte ich mich eingeschlossen gefühlt. Nach einer Weile sah ich den Wagen meines Vaters näherkommen. Mein Vater und zwei wichtig aussehende Leute saßen darin.

»Was machst du denn da? Komm sofort herunter! Geh zurück ins Haus!« herrschte er mich an. Er trug eine dunkle Brille, so daß ich seine Augen nicht sehen konnte. Ich durfte nicht widersprechen. Im Haus fragte mich eine Fremde, die mir als Schwester von Hannah, meiner Stiefmutter, vorgestellt worden war, ob ich was essen wollte. Ich lehnte wieder ab, dieses Mal, weil ich mit meinem Vater nicht an einem Tisch sitzen wollte.

In der Zeit, die das Mittagessen dauerte, faßte ich einen Entschluß. Ich wollte keine Sekunde länger hier bleiben. Ich nahm eine alte Zeitung, packte meine wenigen Habseligkeiten darin ein und ging, nachdem mein Vater wieder abgefahren war, einfach weg. Ich muß weinen, wenn ich mich daran erinnere. In diesem Haus gab es keine Zukunft für mich, ich hatte dort keinen Ort. Nicht ein einziges freundliches Wort hatte mein Vater beim Wiedersehen für mich übrig. Dabei wäre es so leicht gewesen, mich mit ein paar netten Worten glücklich zu machen.

Mein Ziel war das *Kenyatta Conference Center*, das höchste Haus in Nairobi. Ich wollte mir dort das Leben nehmen, wie es viele andere vor mir schon getan hatten. Unterwegs aber gingen meine Sandalen kaputt. Ich versuchte, die Laschen notdürftig mit Dornen zu befestigen, die ich am Straßenrand fand, aber sie hielten nicht. Das rettete mir gewissermaßen das Leben. Der Asphalt war so heiß, daß ich nicht barfuß gehen konnte. Ich entschied mich zurückzulaufen, denn der Weg nach Kileleshua war kürzer.

So kam es, daß ich doch im Haus meines Vaters blieb. Meine Stiefmutter hielt mich wie ein Hausmädchen, aber das kannte ich ja schon. Ich stand morgens früh auf, ging einkaufen, dann mußte ich das Frühstück machen, aufräumen und putzen, während die anderen Kinder in der Schule waren. Meine schlimmste Arbeit war, den Boden dieser riesigen Wohnung jeden Tag mit Öl zu wachsen und mit einem Tuch trocken zu reiben, bis er glänzte. Die Belohnung für meine Mühe war die ewige Unzufriedenheit meiner Stiefmutter.

»Das hättest du aber noch besser machen können. Das ist aber noch nicht gut so«, sagte sie oft. Ich tat alles, um keinen Ärger zu bekommen, aber sie hatte nie ein Lob für mich. Mag sein, daß das typisch für Kenianer ist. Bei uns würde man nie eine Person zu sehr loben, damit sie sich nicht auf ihren Lorbeeren ausruhen kann. Vielleicht war das der Grund für die Unfreundlichkeit meiner Stiefmutter. Auf die gleiche Art brachte sie mir bei, wie man Haare flicht. Waren die Scheitel auf ihrem Kopf nicht absolut gerade gezogen, mußte ich beide Hände auf ihren Kopf legen, und sie knallte mir ihre Finger auf meine Handrücken. Dann mußte ich wieder von vorne anfangen, bei den schwierigen Zopffrisuren konnte das Stunden dauern. Manchmal waren meine Finger wund danach. Einmal wollte sie mich wieder schlagen, da schaute ich sie so haßerfüllt an, daß ihre Hand mitten in der Bewegung erstarrte. Ich spürte eine Veränderung in ihr, ich glaube, sie bekam

Angst vor mir. Sie ließ ihre Hand wieder fallen und schlug mich seitdem nie mehr.

Ich wollte unbedingt wieder zur Schule gehen, doch keiner der Erwachsenen sprach darüber. Warum bezahlte mein Vater anderen Kindern die Schule, während ich zu Hause bleiben und Hausarbeiten machen mußte? Ich traute mich nicht, meine Fragen laut zu stellen. Ich hatte die Idee, mit einem Freund meines Vaters darüber zu sprechen.

»Ich habe die Nase voll. Ich bin immer nur die Putzfrau. Ich möchte in die Schule gehen. Mit meinem Vater kann ich darüber nicht sprechen. Kannst du mir nicht helfen?« fragte ich meinen älteren Cousin Joseph, der sehr guten Kontakt zu meinem Vater hatte. Ein Angestellter meines Vaters hatte mich zu ihm gefahren.

»Warum willst du denn noch in die Schule gehen? Du hast doch schon einen Busen. Such dir einen Mann zum Heiraten. Dann bekommt dein Vater ein paar Kühe und Ziegen, und er ist zufrieden.«

Ich dachte erst, Joseph macht einen Scherz, aber da täuschte ich mich. Ich hegte den Verdacht, daß mein Vater mit Joseph gesprochen hatte. Vielleicht wollte er mich schnell verheiraten, um möglichst bald das Brautgeld für mich zu bekommen.

Enttäuscht fuhr ich zurück.

»Wo warst du gestern?« fragte mich mein Vater am nächsten Morgen. Er hatte die Tür zu meinem Zimmer leise geöffnet. Ich erschrak, als ich ihn plötzlich wahrnahm.

»Ich war bei meinem Cousin Joseph.«

»Was wolltest du da?«

»Ich habe mit ihm über die Schule gesprochen, weil

ich merke, daß du mich nicht mehr zur Schule schicken willst«, entgegnete ich mutig.

»Ich will nicht noch einmal, daß du mit einem Fahrer das Haus verläßt, ohne mich zu fragen. Hast du verstanden?« schrie er mich an, ohne auf meine Worte einzugehen. Ich konnte nur noch nicken. Immerhin hatte mein Vater in den letzten Wochen nicht so viele Worte mit mir gewechselt wie in dieser Minute. Ich wußte, daß es keinen Zweck hatte, ihn noch einmal anzusprechen. Er würde mich nie verstehen. So blieb alles beim alten: ich war für den Haushalt zuständig und schaute neidisch auf meine Brüder und die Nichten von Hannah.

»Du kannst morgen weiter bügeln, spüle noch und dann geh schlafen!« sagte eines abends meine Stiefmutter und ging auf ihr Zimmer. Es war schon spät. Ich spülte und stellte die Gläser auf ein Tablett. Auf dem Weg zur Geschirrkammer hörte ich plötzlich ein leises, sich rhythmisch wiederholendes Piepen. Ich ging zum Fenster und sah meinen Vater mit seinem Auto am Eingangstor stehen.

»Jack, bitte mach die Tür auf, Vater steht draußen und wartet«, forderte ich meinen Bruder auf, der in der Küche saß und las. Jack lief raus und machte das Tor auf. Er kam eine Minute später aufgeregt in die Küche zurück.

»Vater ist schlecht gelaunt. Er sagt, daß er schon lange am Tor gestanden habe, und wir ihm extra nicht aufgemacht hätten. Er sieht sehr böse aus.«

Jack zitterte vor Angst. Kurze Zeit später klopfte mein Vater an die Wohnungstür, Jack öffnete. Vater hatte eine Pistole in der Hand und bedrohte ihn.

»Ich erschieße dich«, schrie er in einem Ton, daß mir

eiskalt wurde. Ich wußte sofort, daß ich jetzt dran war, es war mein Tag. Ich fühlte es. Ich arbeitete weiter in der Küche, in Gedanken war ich auf der Flucht. In den ersten Tagen hatte ich die Hecken registriert, die rund um das Grundstück gewachsen waren, und mir einen Fluchtweg unter ihnen hindurchgegraben. Damit ich, wenn einmal nötig, durch das Loch im Gebüsch verschwinden konnte. Ich hatte die Größe des Ausgangs getestet und war schon viele Male hindurchgeschlüpft. Vater stieß Jack zur Seite, da stellte sich meine Stiefmutter ihm in den Weg.

»Was ist los, was schreist du so?«

Sie hatte ihre Frage kaum gestellt, da stieß er sie so heftig, daß sie umfiel. Ich konnte es bis in die Küche hören. Normalerweise hatte sie einen beruhigenden Einfluß auf ihn. Wenn er so mit seiner Frau umging, was würde er erst mit mir machen? Ich konnte kaum noch denken vor Angst, als er in die Küche kam. Ich blieb mit einem Tablett voller Gläser wie erstarrt stehen. Er packte einen der Stühle, stellte ihn wieder weg, blickte sich in der Küche um, als suchte er ein geeigneteres Gerät, griff nach einer Sense, die mein Bruder in der Schule gebaut hatte, und drehte sich zu mir um. Mit voller Wucht haute er mir mit dem Stock der Sense auf den Rücken, ich hatte mich gerade noch rechtzeitig umdrehen können. Das Tablett fiel auf den Boden. Ich stand mit gesenktem Kopf da und heulte. Mein Vater rannte durch die Wohnung und schrie: »Was hat sie gemacht? Was hat sie gemacht?«

»Was soll sie gemacht haben? Nichts hat sie gemacht. Du magst sie nicht, das ist das einzige, was sie gemacht hat«, rief Hannah ihm zu. Es war das erste Mal, daß meine Stiefmutter sich für mich einsetzte.

»Sie hat doch gesehen, daß ich draußen wartete. Warum hat sie mir nicht aufgemacht?«

»Sie hat nichts getan, wir waren zusammen und haben alle nichts gehört«, beteuerte seine Frau. Er kam trotzdem zu mir zurück und schlug auf mich ein.

»Hör auf«, schrie meine Stiefmutter, »hau nicht sie, hau lieber mich, sie kann nichts dafür.«

So schrecklich die Situation war, es war das erste Mal, daß meine Familie für mich da war. Ich begriff dennoch, daß meine Stiefmutter und meine Geschwister nichts gegen meinen Vater ausrichten konnten und rannte aus dem Haus, den kleinen Hügel zur Garage hoch, ich hörte das Keuchen und die schnellen Schritte meines Vaters hinter mir. Ich rutschte aus, mein Vater packte mich an einem Bein, mit dem anderen Bein versuchte ich, ihn zu treten. Ich hätte so etwas früher nie gewagt. Ich hatte zuviel Respekt vor ihm, aber jetzt war mir alles egal. Ich trat so fest zu, daß er mich plötzlich losließ und ich weiterrennen konnte. Neben der Garage war ein kleines Haus, wir nannten es *Servant Quarters*, in dem ein Angestellter meines Vaters wohnte. Vor dem Haus saß ein Hausmädchen, das Sima, eine traditionelle Maismehlspeise, kochte. Ich lief zu ihr hin, packte sie in meiner Todesangst und schrie: »Er bringt mich um, er bringt mich um.«

Da kam der Angestellte meines Vater aus dem Haus gerannt.

»Komm, es wird schon alles in Ordnung gehen«, versuchte er, mich zu beruhigen. Aber er kannte meinen Vater nicht, der uns erreicht hatte, und seine Pistole aus dem Halfter zog.

»Das ist nicht gut, was du da machst. Das ist deine Tochter. Egal, was sie getan hat«, versuchte der Angestellte meinen Vater zu beruhigen.

»O.k., ich will mit ihr reden. Ich nehme sie mit«, lenkte Vater ein.

»Nein, er wird mich umbringen. Ich gehe nicht mit ihm. Ich gehe nur, wenn du mitkommst«, sagte ich zu dem Mann und klammerte mich hilfesuchend an ihn. Er kam schließlich mit bis zur Haustür und wollte dann gehen. Kaum ließ ich ihn einen Moment los, drehte er sich um und ging. Er hatte wohl Angst vor seinem Chef und wollte sich nicht einmischen. Ich zögerte nur einen kurzen Moment und lief wieder los. Ich wollte auf keinen Fall mit meinem Vater allein in dieses Haus zurück. Ich rannte um mein Leben. Mein Vater erwischte mich mit einem Stock am Arm. Noch heute sieht man die Narbe. Mir wurde schwindelig, und ich kippte um. Ich stand wieder auf, und so schlimm meine Situation auch war, ich spürte eine ungeheure Kraft in mir. Da stand wieder der Mann vor seinem kleinen Haus. Ich lief zu ihm und packte ihn. Mein Vater riß an meinem Hemd und versuchte, mich von hinten zu fassen. Ich war auf meinen Tod vorbereitet, aber ich wollte, daß alle es sahen. Wider Erwarten konnte der Mann meinen Vater noch einmal beruhigen und ging nun mit uns ins Haus. Im Wohnzimmer, ich hatte mich gerade hingesetzt, wurde mir wieder schwindelig. Ich bat Jack, mir Wasser zu bringen. Die Stimmung war gegen meinen Vater, alle standen auf meiner Seite, ich spürte es sehr deutlich.

Mein Vater stand immer noch mit seiner Pistole und dem Stock der Askaris da. Er sah aus wie ein Verrückter. Während die Erwachsenen versuchten, ihn zu besänftigen, merkte ich plötzlich, wie mir am Rücken warm wurde. Ich faßte nach hinten, sofort war meine Hand voller Blut. Es tropfte. Mein Vater begann zu schreien: »Du bist der Grund, daß deine Mutter nach Nairobi kommt und zusammen mit ihrer Schwester Juliana fremde Männer fickt. Und dann wischen sie die Spermien mit den Kleidern meiner Kinder weg.«

Ich verstand nicht, was er mir damit sagen wollte. Mit seinen Kindern meinte er meine Brüder Tommy und Paul, im Augenblick seine Lieblingssöhne. Vielleicht gab er mir die Schuld für die Trennung von meiner Mutter.

»Ich? Meine Mutter? Meine Mutter kennt dieses Haus nicht. Ich habe noch nie meine Mutter hierhin gebracht. Das stimmt nicht ...« Ich redete wie ein Wasserfall, weil ich so aufgeregt war.

Ich weiß nicht, warum mein Vater mich so haßte. Als meine Mutter mich viele Jahre später in Deutschland besuchte, erzählte ich ihr, was mir mein Vater an jenem Abend vorgeworfen hatte.

»Dein Vater hat mich immer gesucht, wenn er hörte, daß ich in Nairobi war. Er wollte mich wiederhaben, aber ich wollte nicht. Vielleicht hat er seine Wut an dir, seiner einzigen Tochter, ausgelassen«, erzählte meine Mutter und beichtete mir, daß sie meinem Vater einmal nach einem Streit gesagt hatte: »Geh doch und fick deine Tochter Miriam! Aber laß mich in Ruhe.«

An diesem Abend hatten alle Angst vor meinem Vater. Seine Wut war so groß, um alle zu treffen.

»Ihr müßt hier raus, alle, nur Miriam bleibt hier«, schrie er.

Er fing schon an, Tische und Stühle umzuwerfen, die anderen liefen aus der Tür. Ich wollte auch abhauen, aber er schaffte es noch rechtzeitig, mich festzuhalten und die Tür zu schließen. Jetzt war ich mit ihm allein.

Er schloß mich im Wohnzimmer ein. Aus dem Nebenzimmer konnte ich hören, wie etwas Schweres zu Boden fiel. Vielleicht der Koffer, in dem er seine Messer versteckte? In diesem Moment traute ich ihm alles zu. Da erinnerte ich mich daran, daß mein Bruder Jack extra ein Fenster im Wohnzimmer kaputtgemacht hatte, damit wir weglaufen könnten, wenn Vater einmal richtig durchdrehen würde. Normalerweise waren alle Fenster mit Sicherungen versehen, so daß man sie nicht einfach öffnen konnte. Jetzt oder nie, dachte ich, öffnete das Fenster und sprang heraus, dann lief ich in Richtung Toreinfahrt. Vor dem kleinen Haus stand der Angestellte und winkte mich zu sich.

»Hier bleibst du erst einmal. Du kommst bis morgen früh nicht raus, auch nicht, um Pipi zu machen«, sagte er und steckte mich in einen großen Korb, den er unter das Bett schob. Vor lauter Aufregung mußte ich gerade jetzt ganz dringend. Er setzte sich mit seiner hochschwangeren Frau nach draußen, dabei unterhielten sie sich und taten so, als wäre nichts passiert. Sie hatten sogar die Tür zum Zimmer offengelassen, um keinen Verdacht zu erregen. Mein Vater kam angerannt. Aus meinem Versteck konnte ich seine Beine sehen.

»Wo ist meine Tochter?« schrie er.

»Sie ist gerade aus dem Tor gelaufen«, sagten sie und zeigten in die entsprechende Richtung.

Mein Vater drehte sich um und sagte nichts. Er war verunsichert. Ich war überzeugt, daß er die Nähe seines Opfers spürte. Aber er hatte Respekt vor diesem Mann und konnte nicht glauben, daß dieser es wagen würde, ihn zu belügen.

Es verging eine Ewigkeit, bis der freundliche Mann mich endlich unter dem Bett hervorzog.

»Mädchen, wo willst du hin? Wir müssen dich morgen früh wegschicken, wo kannst du hingehen?«

»Es ist mir egal, ich weiß es nicht. Ich will nur weg von diesem Haus. Keiner will mich hier. Alle Verwandten haben Angst vor meinem Vater. Ich habe keinen Ort, wo ich hingehen kann«, jammerte ich.

Da gab mir die Frau fünf Schilling und wünschte mir alles Gute.

»Ich kann dir leider nicht anbieten, bei uns zu bleiben. Aber wir können uns mal treffen, damit wir wissen, wie es dir geht.«

Mit dem Geldschein in der Hand schlief ich wieder im Korb ein. Ich hörte in der Nacht noch oft meinen Vater. Er war die ganze Zeit unterwegs und suchte mich. Phasenweise lag er neben der Toreinfahrt und hielt mit seiner Pistole Wache. Meine älteren Brüder Jack und Simon mußten ebenfalls die ganze Nacht draußen bleiben. Ich glaube heute, sie wußten alle bis auf meinen Vater, wo ich mich versteckte. Aber sie verrieten mich nicht.

Es war die schrecklichste Nacht meines Lebens. Einmal weckte mich der Schein einer Taschenlampe, mit der mein Vater durch das Fenster in das Zimmer seines Angestellten leuchtete. Er konnte mich nicht sehen.

Morgens kam Jack, der, wie ich vermutet hatte, wußte, wo ich die Nacht verbracht hatte.

»Vater ist jetzt im Badezimmer, du kannst schnell verschwinden«, sagte er und lächelte mich traurig an.

Wenige Sekunden später schlüpfte ich durch das Loch in der Hecke und rannte um mein Leben. Ich muß schrecklich ausgesehen haben. Mein Kleid war zerrissen, überall war vertrocknetes Blut. Ich stieg in den erstbesten Bus, alle Leute kamen mir im Vergleich zu meiner Erscheinung sauber und zufrieden vor. Ihre Blicke stellten viele Fragen: »Was ist mit ihr geschehen. Wurde sie vergewaltigt? Hat einer versucht sie umzubringen? Warum sagt sie nichts?«

Ich konnte ihre Gedanken fast hören. Der Bus war voll, aber ich bekam sofort einen Platz. Die Leute wichen mir aus, sie hatten Angst, neben mir zu stehen. Ich wollte in die Stadt zu meiner Kusine Susan. Sie ging auf ein Sekretärinnenkolleg, ich kannte die Adresse. Ich wollte mit ihr sprechen, vielleicht konnte sie mir weiterhelfen. In der Schule starrten mich alle ungläubig an.

»Was ist los? Was ist passiert?« fragten sie mich.

»Ein Auto hat mich überfahren«, log ich.

Längst hatte ich mir eine zu meinem Aussehen passende Geschichte zurechtgelegt. Sie holten sofort Susan, die bei meinem Anblick fürchterlich erschrak.

»Ich gehe sofort zu meiner Lehrerin. Ich komme mit dir. Du mußt mir alles erzählen«, bot sie an.

Wir gingen zusammen hinaus, und ich erzählte ihr alles.

»Du mußt vor Gericht gehen. Anders geht es nicht. Er macht sonst weiter mit dir, was er will.«

Susan meinte es gut mit mir. Wir wußten beide nicht, daß man erst Anzeige bei der Polizei erstattet. Statt dessen gingen wir zum Gericht. Es dauerte sehr lange, bis sie uns in eines der Büros hineinließen, und mir nach einem kurzen Gespräch viele Papiere in die Hand drückten.

»Die mußt du ausfüllen und damit gehst du zur nächsten Polizeistation, die für deinen Wohnbezirk zuständig ist. Sie werden sich mit deinem Vater in Verbindung setzen.«

Ich dachte mir nichts dabei. Wenn die Kollegen meines Vaters mich so sehen würden, würden sie zu mir halten. Meine Kusine, etwas älter und weniger naiv, hatte ihre Meinung schon geändert. Übergangslos begann sie, mir von ihrem neuen Freund zu erzählen. Wie schön es wäre, mit ihm zu schlafen, und andere Dinge, die mich in diesem Augenblick nicht interessierten.

»Was ist mit der Anzeige?« fragte ich, ohne auf ihre Männergeschichten einzugehen.

»Dein Vater ist ein großer Mann bei der Polizei. Viele kennen ihn. Was können wir gegen ihn tun?« sagte sie, ohne mich anzusehen. Ihre Worte nahmen mir den Mut.

»Ich kenne einen Mann, zu dem wir gehen können. Der kauft uns bestimmt was zu trinken, vielleicht kannst du auch eine Nacht bei ihm schlafen. Wenn du Glück hast, kauft er dir Kleidung oder gibt dir ein paar Schilling«, schlug Susan vor.

Mit diesem Angebot begann mein Leben auf der Straße.

Wir warteten bis Büroschluß und suchten den Mann in einer Kneipe, die Susan kannte. Wir mußten nicht lange auf ihn warten. Er kam und lud uns zum Essen ein, den ganzen Abend lang bezahlte er. Ich sah immer noch vollkommen zerrissen aus. In den Blicken der Leute erkannte ich Vorwürfe: »Kann sie nicht was anderes anziehen? Kann sie nicht das Blut abwaschen? Was läuft sie hier herum, hat sie keine Schmerzen?«

Aber ich konnte doch nicht nackt gehen. Ich ging mit zu diesem Mann. Er schlief mit mir, gab mir dafür zu essen und am dritten Morgen zwanzig Schilling, neue Kleider hatte er mir nicht gekauft. Obwohl ich meine Sachen gewaschen und geflickt hatte, sah ich immer noch zerlumpt aus. Ich fuhr in die Stadt und war fest entschlossen, mir das Leben zu nehmen. In einem Restaurant bestellte ich mir ein schönes Frühstück, eine große Tasse Tee und ein riesiges Teilchen mit Cremefüllung. Ich wollte erst sterben, wenn ich satt war, um ohne Magenknurren in den Himmel zu kommen. Mit dieser Vorstellung ging ich zum nächsten Supermarkt und kaufte mir zwanzig Malariatabletten der Marke Malaria Queen, einen Kugelschreiber, Papier und einen Briefumschlag. Ich wollte meiner Familie einen Abschiedsbrief schreiben. Ich ging zum Uhuru Park, setzte mich dort vor das Parlamentsgebäude und begann zu schreiben. Ich teilte allen mit, daß ich nicht mehr weiterleben wollte, weil mich niemand auf dieser Welt mag. Dann schluckte ich die Malariatabletten. Ich schluckte jede einzelne nur mit Spucke, es dauerte eine Ewigkeit, bis ich sie alle heruntergewürgt hatte. Die Uhr am Parlamentsgebäude zeigte zehn Uhr morgens, als ich meine selbstzerstörerische Tat beendet hatte. Müßte ich nicht schon tot sein? War eine andere Frau, von der ich gehört hatte, nicht schon nach fünfzehn Tabletten gestorben? Bis zwölf Uhr saß ich dort, es passierte nichts. Ich wartete auf meinen Tod, aber er kam nicht.

Schließlich entschloß ich mich, zurück in die Stadt zu gehen. Ich sah schon, wie alle über mich und meinen gescheiterten Selbstmordversuch lachten. Ich ging wieder zu Susan in die Schule und erzählte von den Tabletten. Sie ging nicht darauf ein, vielleicht glaubte sie mir nicht. Statt dessen schleppte sie mich mit ins Zentrum in der festen Absicht, sich eine Perücke zu kaufen. Mein Selbstmordversuch war für sie kein Thema, das kränkte mich. Es war schon zwei Uhr, als Susan mich verließ. Langsam wirkten die Tabletten, und mir wurde schlecht.

Ich konnte noch laufen, aber mir flimmerte es vor den Augen. Als wenn man den Fernseher einschaltet, und es gibt kein Programm, so ähnlich war es. Nur wenn ich die Augen fest zudrückte, konnte ich danach für ein paar Sekunden gut sehen. So lief ich weiter. Ich wollte zurück in den Uhuru Park, dann aber überlegte ich, zu einem Kreisverkehr am Stadtrand von Nairobi zu gehen. Dort lagen immer Leute herum, die schliefen. Ich könnte mich auch dort hinlegen, einschlafen und in Ruhe sterben. Auf dem Weg kam ich an meiner alten Schule vorbei. Ich ging einfach in das Gebäude und gab vor, meine früheren Klassenkameradinnen zu suchen. Ich legte mich in ein leeres Büro und schlief gerade ein, da kamen Leute, die mich fragten, was mit mir los sei.

»Ich weiß nicht. Ich fühle mich nicht wohl. Meine Augen tun mir weh«, antwortete ich.

Ich konnte fast nichts mehr sehen. Ich schaffte es gerade noch, aufzustehen und wegzugehen. Ich dachte sorgenvoll an die grausame Möglichkeit, daß mich ein Auto anfahren könnte, bevor ich tot wäre. Ich ging einen Berg herunter und fühlte, wie mich jemand anfaßte. Ich konnte nichts sehen. Da rief jemand meinen Namen: »Miriam!«

Ich erkannte die Stimme. Es war John, mit dem ich einmal für ein paar Tage abgehauen war.

»Was machst du bloß? Bist du unter die Säufer gegangen?« fragte er.

»John, ich muß dir was erzählen. Ich habe Probleme. Ich bin nicht betrunken. Weißt du, was ich gemacht habe, ich habe Malariatabletten genommen. Ich will nicht mehr leben ...«

Ich erzählte ihm die ganze Geschichte, die er sich ruhig und ohne große Regung anhörte.

»Bitte bring mich zum Kreisverkehr, da wollte ich gerade hin. Solange du meine Hand hältst, kann ich meine Augen schließen«, bat ich ihn.

Er nahm mich bei der Hand und führte mich wie eine Blinde.

»Paß auf, jetzt mußt du den Fuß höher setzen, da ist eine Stufe«, lenkte er meine Schritte. In Kenia ist es nicht üblich, daß Mann und Frau Händchen halten. Es ist sogar peinlich. In diesem Moment war mir alles egal. John spürte, daß mir die Sache ernst war, aber ob er daran glaubte, daß ich tatsächlich von diesem Leben hier weg wollte, weiß ich nicht.

»Nachdem du weg warst, habe ich mit meiner Mutter so gestritten, daß sie mich auch aus der Wohnung rausgeschmissen hat. Ich arbeite in einem Matatu und fordere die Leute zum Einsteigen auf. So verdiene ich jetzt mein Geld. Ich gehe nicht mehr in die Schule«, erzählte er, während wir weiterliefen.

Als wir am Kreisverkehr ankamen, konnte ich mich endlich setzen. Der Nebel in meinem Kopf verschleierte zunehmend meine Gedanken, aber auch meine Sorgen, und ich war ganz ruhig. John setzte sich zu mir und redete und redete; ich konnte nicht mehr verstehen, was er sagte.

»Ich muß jetzt gehen, Miriam«, rief er mir nach einer Ewigkeit zu. Ich versuchte, ihm hinterherzusehen, und mußte mich auf einmal übergeben, eine dicke, klebrigsüß-saure Masse kam aus meinem Mund geschossen, ich war am Ende meiner Kräfte. Im gleichen Moment fing es an zu regnen, in der Ferne donnerte es. Ich hatte Angst vor den Blitzen und kroch auf Knien unter einen Baum. Genau das sollte man nicht tun, aber wollte ich nicht sterben? Als das Gewitter nachließ, war es schon dunkel. Um mich herum wurde es lauter, ich wurde langsam wach. Da wußte ich, daß ich nicht sterben würde, und akzeptierte es.

Nicht weit von dort wohnte mein Cousin Joseph, dem ich zwar nicht vertrauen konnte, aber weil es schon dunkel war, entschloß ich mich, zu ihm zu gehen. Natürlich war er sehr überrascht, als er mich sah. Ich wußte, er hatte kein Telefon und konnte meinen Vater nicht benachrichtigen. Wollte er mit ihm dennoch Kontakt aufnehmen, mußte er das Haus verlassen, und ich wäre keine Minute länger in seiner Wohnung geblieben.

»Ich hatte Streit mit meinem Vater und weiß jetzt nicht, wo ich wohnen kann«, sagte ich und merkte sofort, daß er sich für meine Sorgen nicht interessierte. Damit hatte ich gerechnet. Ich übernachtete bei ihm, weil ich wußte, daß es in meiner Familie sonst niemanden gab, der mich einladen würde.

»Du kannst mich auf der Arbeit besuchen kommen, dann können wir über alles sprechen. Vielleicht kann ich dir doch weiterhelfen«, forderte er mich am nächsten Morgen auf.

Nichtsahnend und voller Hoffnung ging ich kurze Zeit danach in sein Büro. Ich wollte Joseph glauben. Er hatte wie alle Verwandten Angst vor meinem Vater, das wußte ich. Und vielleicht hatte er ja begriffen, wie ernst meine Situation war, obwohl ich den Selbstmordversuch nicht erwähnt hatte. Im Büro fiel mir auf, daß mein Cousin sehr nervös war. Er lief ständig aus dem Büro heraus und kam aufgeregt wieder herein. Langsam kam mir der Gedanke, daß Joseph meinen Vater angerufen haben könnte.

»Ich gehe nach draußen, etwas spazieren und komme gleich wieder«, sagte ich.

Als ich das Haus verließ, sah ich einen Mann mit einer großen Sonnenbrille, der mir bekannt vorkam. Ich wollte schon grüßen, wie es üblich ist, da wurde mir bewußt, daß dieser Mann mein Vater war. Ich weiß nicht, warum ich ihn nicht sofort erkannt habe. Ich konnte ihm gerade noch rechtzeitig aus dem Weg gehen und über die Straße laufen. Mit einem Blick zurück überzeugte ich mich, daß er mich nicht gesehen und im Gebäude verschwunden war. Hatte ich ein Glück!

Aber wohin sollte ich mich nun wenden? Ich kannte außer meinen Verwandten nur Leute, die mit meinem Vater befreundet waren. Gegen Mittag ging ich also zu einem Freund meines Vaters, der immer seine Autos reparierte. Ich wollte nur etwas essen und gleich wieder verschwinden. Der Mann war freundlich zu mir und gab mir etwas. Noch vor Dunkelheit war ich wieder auf der Straße. Ich traute keinem mehr. Schließlich legte ich mich irgendwohin und schlief ein. Mitten in der Nacht wachte ich auf, und mir war so kalt, daß ich kein Auge mehr zumachen konnte. Da erinnerte ich mich an einen Enkel von Vaters Stiefbruder, der in der Nähe wohnte. Ich war seine Großtante, obwohl er älter war als ich. Mein Opa aus Kagamega hatte neun Frauen und viele Kinder, von denen einige jünger waren als seine ersten Enkel. Der Mann, zu dem ich wollte, hieß Kianuka. Da ich ihn vorher einmal besucht hatte, kannte ich das Haus, in dem er ein kleines Zimmer bewohnte, es lag in einem Viertel für arme Leute. Als ich kam, war er noch wach und kochte sich sein Abendessen. Er sah müde aus.

»Setz dich, du kannst hierbleiben und mit mir essen«, lud er mich ein. Als er das Essen fertig hatte, brachte er mir Wasser, damit ich mir die Hände waschen konnte.

Während des Essens war er sehr ruhig und fragte wenig. Das tat mir gut, ich schaute ihn dankbar an. Kianuka sah gut aus, er hatte ein typisches Luhyagesicht und war ungefähr sieben Jahre älter als ich. Er behandelte mich mit Respekt, schließlich war ich seine Tante. Vom Tisch aus konnte ich sein Bett sehen. Würde er mich dort schlafen lassen? Wo würde er schlafen? Das Bett füllte einen großen Teil des Raumes aus.

»Ich habe versucht, draußen zu schlafen, aber es war zu kalt. Es ist gut, daß ich dich angetroffen habe. Da ich von zu Hause weggelaufen bin, kann ich nicht zurückgehen ...«

Ich wollte weiterreden und ihm meine Lage erklären, aber noch bevor ich viel sagen konnte, merkte ich, daß er mir nicht zuhörte. Vielleicht war es auch besser so, dachte ich und verstummte. Nach dem Essen zeigte er mir das Bett.

»Hier kannst du schlafen.« Ich war froh und legte mich hin. Er löschte das Licht, kam von der anderen Seite und legte sich neben mich. Tante hin, Tante her, so ist nun mal das Leben in der Stadt, wo es nur wenig Platz gibt. Im Dorf gab es viele Möglichkeiten zur Unterbringung von Gästen, hier gab es nur ein kleines Zimmer und ein großes Bett.

Kianukas große Hände suchten meinen Körper, er drängte sich an mich, und wir schliefen miteinander. Es war schön, von einem warmen Körper gehalten zu werden. Die Dunkelheit verhinderte, daß wir uns voreinander schämten. Schließlich waren wir verwandt, und was wir taten, war nach dem Ehrenkodex der Luhya eine Schande. Morgens waren wir wieder Tante und Neffe, er sah so unschuldig aus, als hätte er noch nie eine Frau gehabt, geschweige denn die vergangene Nacht mit seiner Tante verbracht. Für mich war die Nacht kaum mehr als ein flüchtiger Traum gewesen. Es war klar, daß wir nie ein Wort darüber verlieren würden. Ich ging danach noch oft zu ihm, weil ich ihn mochte und er ein ruhiger und einfacher Mensch war. Ich war bei ihm immer willkommen. Aus Vorsicht besuchte ich ihn aber nicht jeden Tag. Meine Besuche waren immer eine Überraschung für ihn, nur so war ich sicher, daß er mich nicht verraten konnte. Ansonsten lebte ich auf der Straße, mal schlief ich unter freiem Himmel, oder ich machte andere Männer auf der Straße oder in Kneipen an und ging dann mit zu ihnen. Sie gaben mir dafür zu essen und manchmal auch Geld. Tagsüber ging ich viel spazieren und lernte Nairobi kennen. Die Preise der Waren in den Schaufenstern kannte ich nach kurzer Zeit auswendig, meine Lieblingsorte waren Musikgeschäfte, dort konnte ich einfach hineingehen und Musik hören. Gegen Mittag bekam ich meistens Hunger und suchte einen Platz, wo man mir etwas zu essen gab. Ich überraschte häufig Verwandte oder Bekannte meiner Familie. Ich wußte, daß sie mich nicht hungern lassen würden. Ich wußte aber auch, daß sie froh waren, wenn ich wieder ging.

Schlimm waren nur die Abende. Es konnte in der Nacht sehr kalt und regnerisch sein. Wichtig war mir, in einem warmen Bett zu schlafen und nicht auf der Straße. Das gelang nicht immer. Hatte ich kein Bett in Aussicht, suchte ich nach einem warmen windgeschützten Platz, der mir ungefährlich erschien. Hatte ich keinen solchen Platz gefunden, schlief ich unter einer überdachten Bushaltestelle. Nach einer Weile kannte ich alle Busse, die nachts ankamen oder abfuhren. Um zwölf Uhr kam ein Bus aus Nyeri, um ein Uhr einer aus Kagamega, und um zwei Uhr fuhr ein Bus nach Mombasa. Ich tat immer so, als ob ich auf jemanden warten würde. Wenn mich einer fragte, was machst du denn da, konnte ich sagen: »Ich warte auf den Drei-Uhr-Bus.«

Einmal saß ich wieder da. Es war gegen fünf Uhr morgens, die Kälte hatte mich schon geweckt, ich schaute mich um. In der Nähe stand ein Landrover, der mir bekannt vorkam, es könnte der Landrover meines Vaters sein, dachte ich. Den Fahrer konnte ich nicht erkennen. Ich war sicher, daß mein Vater nicht so früh unterwegs war. Plötzlich sah ich ein bekanntes Gesicht, es war Charles, ein Angestellter meines Vaters. Er schaute in meine Richtung.

»Miriam«, rief er nach einigem Zögern erstaunt, »was machst du hier? Ich habe gehört, du bist von zu Hause weggelaufen.«

Ich erzählte ihm kurz, was passiert war.

»Komm mit zu mir, du kannst bei mir wohnen. Ich kaufe dir was zum Anziehen.«

Ich ging sofort mit ihm. Mir war kalt, und ich konnte mich endlich einmal richtig duschen und ausruhen.

»Du darfst nur nicht aus meiner Wohnung herausgehen. Dein Vater darf nichts erfahren. Im Haus wohnen noch andere Angestellte deines Vaters. Niemand darf dich sehen. Paß also auf«, warnte mich Charles, als wir schon in seiner Wohnung waren. Kurz darauf ging er zur Arbeit und ließ mich allein.

Am Nachmittag hatte er früh Feierabend, und wir gingen in die Stadt einkaufen. Charles kaufte mir zwei Kleider, ein weißes und ein blaues. Ich fühlte mich sofort wie ein anderer Mensch. Ich wußte, daß ich dafür mit ihm schlafen mußte, den Preis für Geschenke kannte ich schon. Ich gebe dir, du gibst mir, nach diesem Prinzip lebte ich bereits eine Weile. Charles hatte einen sehr großen Penis, und es tat sehr weh, als er in mich eindrang. Ich hatte Angst, er würde mich zerreißen, aber ich sagte ihm das natürlich nicht, er war schließlich mein Chef. So lebten wir eine Zeitlang wie Mann und Frau. Er war zwar verheiratet, aber seine Frau war im Dorf geblieben. Sie versorgte die Kinder und bebaute sein Land. Er hatte sie gerade zum Bus gebracht, als wir uns an der Haltestelle trafen. Auch das war normal, daß die Frauen im Dorf lebten, während ein Mann in der Stadt arbeitete und dort andere Frauen hatte. Mein Vater und meine Mutter hatten auch so gelebt. Ich war gerne mit Charles zusammen, doch die Tage in seiner Wohnung waren sehr langweilig, und ich fühlte mich oft eingesperrt. Ich wußte, daß mein Aufenthalt hier keine Lösung war, sondern mir nur eine Verschnaufpause gönnte. Einmal besuchten wir eine Tante von mir, ein anderes Mal gingen wir abends aus, den Rest der Zeit verbrachte ich in der Wohnung.

Ich war schon mehr als eine Woche bei Charles und döste auf dem Sofa, als ich eines Mittags ein lautes Klopfen hörte. Die Frau eines Polizisten stand vor der Tür.

»Bist du Miriam Kwalanda? Charles hat mich beauftragt, dich zu holen. Er muß verreisen und will vorher noch mit dir sprechen.«

Ich war verdutzt. Charles wußte, daß ich das nicht gern tun würde. Er verlangte von mir, daß ich mit einer fremden Frau zu seiner Arbeitsstelle fahre, wo auch mein Vater arbeitete? Das war seltsam. Ich schüttelte den Kopf.

»Charles will dir Geld geben, bevor er fährt«, versuchte sie mich zu locken.

»Warum hat er dir das Geld nicht mitgegeben?«

»Ich weiß nicht«, sagte sie.

»Gut dann fahre ich mit dir, aber ich steige nicht aus dem Auto. Ich bleibe sitzen, und du gehst zu Charles und sagst ihm, daß er herauskommen soll.«

Warum ich mich überreden ließ? Vielleicht war es die Langeweile, die Lust, mein Gefängnis zu verlassen, in dem ich zwar freiwillig, aber mit zunehmendem Überdruß lebte. Die freundliche Frau hatte mir eine Falle gestellt, aber ich merkte es leider viel zu spät. Als wir an der Polizeistation ankamen, wurde ich sofort verhaftet. Ich schlug mir danach immer wieder an den Kopf: Wie hatte ich dieser Frau glauben können? Warum war ich nicht aus dem Fenster gesprungen? Warum?

Eingesperrt und abgeschrieben

Die Polizisten, die mich bewachten, beschimpften mich und machten sich über meine Situation lustig.

»Ah, du bist von zu Hause weggelaufen und nicht in die Schule gegangen. Du wolltest wohl nichts mehr lernen. Dafür mußt du jetzt bestraft werden.«

Ich erinnerte mich, daß mein Vater mir einmal gedroht hatte, mich in eine *Approved School* zu geben. Das war eine Art Jugendbesserungsanstalt für Straßenkinder oder kriminell gewordene Jugendliche. In Kenia sind das richtige Gefängnisse.

Am nächsten Tag wurde ich zu einem Auto gebracht und zu einer anderen Polizeistelle gefahren.

»Jetzt versucht er schon, seine eigene Tochter in den Knast zu bringen«, schimpfte dort ein alter Polizist, »laßt sie laufen!«

»Das kann ich nicht machen, dann verliere ich meine Arbeit«, sagte der Polizist, der mich gefahren hatte. Die Polizeistelle, der mein Vater vorstand, war eine Art Sicherheitspolizei und für entlaufene Mädchen nicht zuständig. Deswegen hatten sie mich hierher gebracht.

»O.k.«, sagte der Alte, »dann schaff sie weg. Egal wohin. Hier kann sie nicht bleiben.«

Ganz kurz hatte ich gehofft, daß der alte Mann mich laufen lassen würde. Aber leider fuhren wir wieder zurück zur Sicherheitspolizei, wo sie mich in eine Zelle steckten. Es war eine saubere Zelle, verglichen mit den Räumen, in die man mich noch sperren sollte. Die Polizisten, die für mich zuständig waren, behandelten mich freundlich. Noch am Abend des gleichen Tages brachten sie mich in einem Landrover zur Kileleshua Polizeistation, wo der Chef ein Freund meines Vaters war.

Als sie die Zellentür öffneten, war ich geschockt. Auf fünfzehn Quadratmetern hockten mehr als zwanzig Frauen nebeneinander auf dem Boden, es gab nur wenig Licht, und es stank fürchterlich nach Ausdünstungen, vermischt mit abgestandenen Essens- und Alkoholgerüchen, die wie ein giftiger Dampf meinen Kopf einnebelten. Erschreckt schnappte ich nach Luft. Der Wachmann schubste mich in den Raum und schloß sofort wieder ab. Ich stand da und wußte nicht, wohin ich mich setzen sollte. Am Ende der Frauenschlange sah ich eine verrückte Alte, die seltsame Lieder sang. In ihrer Nähe fand ich eine Ecke, wo ich mich niederlassen und heulen konnte.

Es dauerte Stunden, bis ich mich einigermaßen beruhigt hatte. War es vielleicht nur ein Spaß, den mein Vater sich mit mir erlaubte? Oder eine Drohung? Würde er mich für immer einsperren? Er hatte Einfluß und kannte viele Leute. Welche Chance sollte ich gegen ihn haben? Mein Kopf schmerzte vor Angst. Mittlerweile hatte ich aufgehört zu heulen und begann mich langsam zu orientieren. Einige Frauen wirkten so locker, als gehörte diese Situation zu ihrem Leben, nur wenige wirkten besorgt. Alle diese Frauen sollten Verbrecherinnen sein? Ich hatte mir kriminelle Frauen anders, vor allen Dingen gefährlicher, vorgestellt. Hier waren ganz normale Frauen, eine war mit selbstgebranntem Schnaps erwischt worden, die andere hatte geklaut, wie ich noch erfahren sollte. Neben mich setzte sich eine junge Frau, eine Kikuyu wie meine Mutter.

»Ich bin hier, weil ich meinem Mann helfen wollte«, erzählte sie. »Er ist im Gefängnis, weil er einen anderen umgebracht hat. Ich wollte, daß er einen guten Verteidiger bekommt, aber das ist teuer. Tag und Nacht habe ich gearbeitet, um das Geld herbeizuschaffen. Ich bin mit Männern ausgegangen, du weißt schon. Vor kurzem war ich bei einem reichen Inder zu Hause, da kam mir die Idee, mir Geld von ihm zu nehmen. Weißt du, die Inder verstecken ihr Geld immer unter dem Teppich. In einem unbeobachteten Moment habe ich alle Teppiche abgesucht, und tatsächlich habe ich Geld gefunden und natürlich mitgenommen. Ich beantragte einen neuen Verteidiger, die Gerichtsverhandlung soll Montag schon stattfinden. Oh, was wird mein Mann sagen, wenn ich nicht da bin?« stöhnte sie. »Der Inder hat sein Geld vermißt und vermutete, daß ich es haben könnte. Deswegen bin ich hier. Willst du auch eine Zigarette?« fragte sie unvermittelt.

Sie hatte sich gerade eine angesteckt. Ich fand das komisch, daß eine Kenianerin rauchte, weil es etwas Verruchtes hatte. Ich probierte meine erste Zigarette und kam mir dabei sehr erwachsen vor. Mit der Zigarette in der Hand fühlte ich mich wie eine von ihnen, mir war, als ob wir uns schon lange kannten. Das tröstete mich.

In der Nacht wachte ich vor Kälte auf. In einer Ecke

lagen ein paar Wolldecken. Ich nahm mir eine und deckte mich damit zu.

»Wie, du traust dich, diese Decke zu benutzen?« fragte mich eine Frau am anderen Morgen.

»Warum nicht?« fragte ich erstaunt.

»Die Decken sind nur für Schwerverletzte und für die Toten.«

Erst war ich geschockt, aber ich deckte mich auch in der nächsten Nacht damit zu.

Am darauffolgenden Sonntag besuchte mich Charles. Er war sehr nervös, weil mein Vater jeden Besuch untersagt hatte. Er berichtete, was geschehen war. Ein Nachbar hatte mich erkannt und weitererzählt, daß er die Tochter vom Chef gesehen habe. Auf Umwegen gelangte die Information zu meinem Vater. Am Tag meiner Festnahme wurde Charles nach Mombasa versetzt. Übermorgen schon würde er an die Küste ziehen.

»Sag mir, wo deine Mutter wohnt, ich kann sie in Mombasa besuchen und ihr erzählen, was passiert ist«, sagte er kurz vor seinem Abschied.

»Sie wohnt in Jomvu, irgendwo am Stadtrand. Du mußt nach Mama Nora fragen«

Viel später erzählte er mir, daß meine Mutter, als sie von meiner Situation erfuhr, fürchterlich geschrien und auf meinen Vater geschimpft habe.

Am Montag wurden wir alle aus der Zelle zu einem Polizeiwagen geführt. Die Polizisten waren ungeduldig und schrien uns an. Erst jetzt sah ich, wie dreckig wir waren, in der Zelle hatte ich es nicht bemerkt, ich schämte mich. Vor dem Jugendgericht, dem *Juvenil Court*, mußte ich aussteigen, es ging alles so schnell, daß ich mich kaum von den anderen Frauen verabschieden konnte.

Man steckte mich wieder in eine Zelle, diesmal voller Jugendlicher, die ältesten waren vielleicht fünfzehn Jahre alt, viele von ihnen waren *Parking Girls* und *Parking Boys*, so werden bei uns die Straßenkinder genannt. Alle sahen verwahrlost aus, ich paßte gut zu ihnen. Nach etwa einer halben Stunde mußten alle Kinder aufstehen, der Reihe nach wurden sie aufgerufen und abgeführt, nur ich mußte in der Zelle bleiben. Die plötzliche Stille war kaum auszuhalten. Als die anderen wieder zurückkamen, saß ich immer noch da. Kurze Zeit darauf wurde uns das Mittagessen gebracht. Jedes Kind bekam ein paar Kekse, zwei Kinder zusammen mußten sich eine Dose mit kalten Bohnen teilen. Während des Essens sprachen sie über die Strafen, die der Richter verhängt hatte. Ein Mädchen mußte zurück zu ihren Eltern, ein Junge sollte sechs Schläge auf den Hintern bekommen.

»Sie ziehen dir die Hose aus, legen die kenianische Flagge in salziges Wasser und dann auf deinen Hintern, und dann schlagen sie dich mit dem Stock«, erzählte ein Junge, der die Prozedur schon kannte.

»Ist das sehr schmerzhaft?« wollte ich wissen.

»Den ersten und den letzten Schlag spürst du.«

Sie redeten weiter über diese Strafe, die nur Jungen bekamen. Die Mädchen hörten zu.

»Beim letzten Mal kam ein Arzt und untersuchte mich. Er bestimmte, ob ich die Schläge alle auf einmal oder in Etappen bekommen sollte. Ich war groß und stark, und er entschied, daß ich nur einmal geschlagen werde«, erzählte der Junge stolz.

Nach dem Mittagessen wurde ich von einer schön gekleideten Frau abgeholt. Sie rief meinen Namen, und ich folgte ihr. Sie war freundlich und stellte sich als

Probation Officer in meinem Verfahren vor. Sie war also da, um mir zu helfen, dachte ich. Die *Probation Officer* vertreten und prüfen die Belange und Interessen der Kinder in einem Verfahren, sie sollen den Schutz der Kinderrechte garantieren. Normalerweise unterhalten sie sich lange mit den Kindern und schreiben ein Gutachten für den Richter, der dann seine Entscheidung trifft. In meinem Fall war es umgekehrt. Sie hatte nicht mit mir, sondern mit meinem Vater alles abgesprochen. Sie und ihr Mann waren gute Bekannte meines Vaters und meiner Stiefmutter, wie mir später meine Brüder Jack und Simon berichteten.

Auf dem Flur begegneten wir meinem Vater, er war nervös und ging, ohne mich anzusehen, in den Verhandlungsraum.

»Sie will nicht in die Schule. Sie ist mehrere Mal abgehauen, obwohl sie erst fünfzehn ist«, klagte er mich an.

»Ich bin schon sechzehneinhalb ...«, versuchte ich mich bemerkbar zu machen, doch man interessierte sich nicht für mich. Mein Vater wollte mich jünger machen, damit sie mich in eine Besserungsanstalt für Kinder schicken konnten. Kinder wurden dort nur bis zum fünfzehnten Lebensjahr aufgenommen. Mein Vater gab dem Richter Fotos und ein paar Papiere, die ich nicht erkennen konnte. Der Richter blätterte kurz in den Unterlagen und vertagte dann seine Entscheidung. Bis zur nächsten Verhandlung sollte ich in einer Art Untersuchungsgefängnis für Kinder und Jugendliche untergebracht werden, *Remand Home* nannten sie das. Ich war froh, daß der Richter keine endgültige Entscheidung getroffen hatte, weil ich auf keinen Fall ins Kindergefängnis wollte.

In einem kleinen vergitterten Bus wurde ich mit anderen Kindern zum *Remand Home* außerhalb von Nairobi gebracht. Von außen sah die Anlage wie eine kleine Schule mit Internat aus. Was sie davon wesentlich unterschied war die ständige Zählerei. Am Tag mußten wir uns unendliche Male in einer Reihe aufstellen und wurden gezählt, jede Bewegung wurde beobachtet und kontrolliert. Sie gaben mir eine Uniform, die so zerrissen war, daß man meine Unterhose sehen konnte. Niemand störte sich daran. Meine eigenen Kleider wurden in einen Beutel gesteckt und weggeschlossen.

Mit meiner neuen Situation konnte ich mich nicht anfreunden. Das Mittagessen verweigerte ich, lieber wollte ich sterben, als essen, was sie mir vorsetzten. Mit dreißig Kindern schlief ich in einem großen Raum, jedes Kind hatte ein Brett mit einer Decke darauf, Kopfkissen und Matratzen gab es nicht.

Ich merkte schnell, daß die anderen Kinder nicht erzählen wollten, was mit ihnen geschehen war. Jedes Kind trug seine Geschichte wie ein Geheimnis mit sich herum. Die Erwachsenen hatten offen über alles gesprochen, die Kinder nicht.

Am nächsten Morgen frühstückte ich nicht, während die anderen einen dicken Brei aus Maisgries und Zucker aßen. Das Mittagessen bestand aus dicken verdorbenen Bohnen, aus denen die Maden krochen, auch das verweigerte ich. Bis zum Morgen des dritten Tages hielt ich es aus, dann war mein Hunger so groß, daß ich essen mußte. Nicht einmal die kleinen Tiere, die in den Suppen und Soßen waren, konnten mir den Appetit verderben. Mein Widerstand war gebrochen, ich paßte mich einfach an. Und das war gut so.

Eine unserer Aufpasserinnen hatte ein Auge auf mich geworfen, nachdem ich erzählt hatte, daß ich Haare flechten und färben könnte. Alles, was ich bei meiner Stiefmutter gelernt hatte, konnte ich nun bei ihr anwenden. Das war eine willkommene Abwechslung zur Feldarbeit, die wir sonst machen mußten.

»Es gibt keine andere Möglichkeit, sie wird etwas lernen müssen für ihre Zukunft. Wir werden sie in der *Approved School* unterbringen müssen, sonst wird sie wieder auf der Straße landen«, sagte meine *Probation Officer* zu dem Richter bei der nächsten Anhörung, die nach ein paar Wochen stattfand. Zuvor hatte sie nicht ein einziges Wort mit mir gewechselt. Der Richter entschied schnell, daß ich die nächsten drei Jahre in der *Approved School* verbringen müsse. Mein Vater hatte erreicht, was er wollte. Die *Probation Officer* ging zu meinem Vater und gab ihm die Hand, als beglückwünschte sie ihn. Niemand achtete auf mich. Erst stand ich fassungslos da, dann platzte ich vor Wut. Ich schrie meinen Vater an: »Komm her und fick mich. Oh, was bist du für ein Schwein.«

Ich hatte mich in den letzten Wochen verändert. Ich hatte die Sprache der Gefängnisse und der Jugendlichen von der Straße gelernt. Ich war nicht mehr das schüchterne Mädchen, das sich nicht traute, den Mund aufzumachen. Ich fühlte, daß ich immer mehr zu den anderen gehörte, und es ging mir gut dabei. Ich war eine von ihnen geworden. Das Leben war leichter so. Wenn einer blöd mit mir redete, redete ich genauso blöd zurück, und das war gut so. Ich hörte die schlimmsten Geschichten und gewöhnte mich daran.

Mein Vater reagierte nicht auf meinen Wutausbruch,

er lief einfach hinaus, hinter ihm die Frau, die mich verraten hatte.

Kurz vor der Dunkelheit holten mich zwei Polizisten mit Pistolen im Gericht ab. Sie luden mich in einen Polizei-LKW, in dem bereits andere Gefangene, darunter auch viele Erwachsene, saßen. Manche von ihnen waren frech, andere auffällig ruhig, einige sahen besorgt aus, manche machten den Eindruck, als hätten sie solche Situationen schon öfter erlebt. Bevor der Wagen losfuhr, mußten wir unsere Namen nennen, dann wurden wir gezählt.

Ich wurde wieder in eine Zelle zu anderen Frauen gesperrt, dieses Mal heulte ich nicht. An den modrigen Geruch in schlecht beleuchteten und gelüfteten Räumen hatte ich mich gewöhnt. Betäubt von meiner Verurteilung, waren meine Gedanken langsamer geworden. Ich konnte stundenlang über eine Frage nachdenken, ohne eine Antwort zu finden, bis ich schließlich vor Erschöpfung einschlief. Es gab keine Matratzen und keine Decken, das Licht brannte ohne Unterbrechung, ich hörte nur die Stiefel der Polizisten, wenn sie andere Gefangene zu uns in die Zelle sperrten. Sehr früh weckten sie mich, weil ich ihre Büroräume putzen sollte. Bei dieser Arbeit fühlte ich mich freier. Ich stellte mir vor, daß ich Putzfrau sei und keine Gefangene. Vielleicht hätte ich abhauen können, aber ich hatte nicht die Kraft, ich fühlte mich leer. Ich konnte die Leute beobachten, die im Gebäude arbeiteten, oder aus dem Fenster sehen und die Menschen auf der Straße begucken, von weither konnte ich Musik hören. In meinen Gedanken versetzte ich mich in diese Leute, in ihre Geschichten, ihre Freuden und Sorgen. Einmal kamen Leute mit einem Sarg vorbei, und ich stellte mir vor, darin zu liegen. Das lenkte mich ab von dem Gefängnis, in das ich gehen sollte, ohne schuldig zu sein.

Einen Polizisten lernte ich in dieser Zeit näher kennen. Wegen seiner helleren Haut war er mir aufgefallen, außerdem hatte er einen anderen Akzent als die Leute aus Nairobi. Durch die Gitterstäbe konnten wir miteinander sprechen. Ich bat ihn oft, mir etwas zu trinken oder zu essen zu holen. Er war so freundlich, daß ich mich in ihn verliebte. Ich flirtete mit ihm. In einer Nacht kam er und fragte mich, ob ich nicht auf die Toilette gehen wollte. Er brachte mich in einen Raum, in dem die Kampfanzüge der Polizisten untergebracht waren, was mir zuerst Angst machte. Wir vögelten im Stehen, ich bückte mich und er nahm mich von hinten. Ich hatte gehofft, daß wir das wiederholen könnten, aber er war danach sehr kurz angebunden. Ob er Angst hatte oder mich nicht mehr mochte, weiß ich nicht.

»Wann bringt ihr mich weg? Wann fahrt ihr mich in die Approved School?« fragte ich fast jeden Tag. Ich wollte nicht mehr in der Zelle bleiben. Auch die Putzarbeit langweilte mich nach mehreren Tagen. Ich sehnte mich nach einem anderen Ort, nach Abwechslung.

An einem Morgen wurde ich endlich abgeholt. Sie eskortierten mich wie eine Mörderin. Ich mußte wieder an meinen Vater denken. Wie konnte er so etwas machen? Warum hatte er nicht eingelenkt und mich wieder aus der Haft herausgenommen? Ich stellte mir viele unnütze Fragen. Ich versuchte, mir den Weg zur *Approved School* nach Kiambu zu merken, weil ich gehört hatte, daß schon viele Mädchen versucht hatten abzuhauen. Vielleicht würde auch ich es einmal wagen.

Bei meiner Ankunft übergaben die Polizisten mich

und die Papiere, *»in need of care and protection«* stand darin. Der Name *Approved School* war ein Hohn, eine Lüge. Es war ein Gefängnis, eine Jugendbesserungsanstalt für Kinder, die schon Straftaten bis hin zum Mord hinter sich hatten, deshalb werde ich ab jetzt nur noch vom Gefängnis sprechen.

Nachdem man mir im Schlafsaal ein Bett zugewiesen hatte, führte mich eine unfreundliche Aufpasserin in den Speisesaal. Neugierig glotzten mich die anderen Mädchen an.

»Ist die aber groß«, hörte ich eine hinter vorgehaltener Hand sagen. Von meinem Schulniveau und meiner Größe her paßte ich nicht hierher. Ich war ja schon in der zweiten Klasse der *Secondary School* gewesen. In meinem Alter und nach fast neun Schuljahren gibt es keine Schulpflicht mehr. Nach meiner Größe zu schließen, hätte ich eine neue Lehrerin sein können, aber an meiner dreckigen Kleidung konnten sie mich als eine von ihnen erkennen.

Das erste Mittagessen war ein Schock. Es gab Eintopf aus Mais und Bohnen. Keine zwanzig Bohnen und ungefähr zehn Maiskörner schwammen in einer Wasserbrühe.

Kaum hatten wir unsere Teller leer gegessen, befahl uns die Aufpasserin am anderen Ende des Saales aufzustehen. Als wir standen, wurden wir gezählt. Das erinnerte mich an meinen Aufenthalt im *Remand Home*, und es war tatsächlich sehr ähnlich. Vor dem Schlafen, nach dem Aufstehen, vor dem Unterricht, nach dem Unterricht, vor und nach jeder Pause ... immer wurde gezählt. Sie hatten große Angst, daß ein Mädchen verschwinden könnte. Das Zählen ersetzte die verschlossenen Türen.

Nach etwa einer Woche lernte ich ein Mädchen kennen, das genauso groß war wie ich. Dabei war Irene jünger und hatte noch ein richtiges Babygesicht. Wir sprachen über Nairobi, über die Stadtteile, die wir kannten, wo wir gewohnt hatten und vieles mehr. Wir verstanden uns sehr gut und wurden beste Freundinnen. Unsere Geschichten ähnelten sich.

»Meine Mutter hat wieder geheiratet, als ich zwei Jahre alt war. Mein Stiefvater hat mich und meine Geschwister nie gemocht. Als ich schon meine Tage hatte und mich mit einem Jungen traf, drehte er durch. Du kannst verschwinden, ich will dich nicht mehr sehen, ich bringe dich in eine Anstalt, schrie er. Meine Mutter traute sich nicht, ihm zu widersprechen. Sie hatte Angst, daß mein Stiefvater sie verlassen könnte. Tja, und so bin ich jetzt hier«, erzählte sie.

Irene brauchte nur noch die siebte Klasse der *Primary School* zu besuchen, dann sollte sie entlassen werden. Von ihr erfuhr ich mehr über den sogenannten Unterricht hier. Die Lehrerinnen kamen, wann sie wollten, und brachten den Mädchen bei, was sie wollten. Sie hatten noch weniger Lust auf den Unterricht als ihre Schülerinnen. Sie muteten mir nicht zu, noch einmal die siebte Klasse zu wiederholen, statt dessen brachten sie mir Nähen und Schneidern bei.

Mit Irene konnte ich über alles reden, auch über Männer. Wir paßten zusammen. Irene war schon ein halbes Jahr hier und kannte sich aus. Sie wußte sogar, wie sie Zigaretten und Bier hineinschmuggeln konnte, was mich sehr beeindruckte. In den Pausen schlichen wir immer am Zaun entlang oder setzten uns ganz in die Nähe. Wenn Männer draußen vorbeikamen, machten wir uns bemerkbar und baten sie, uns Zigaretten zu geben. Die Zigaretten rauchten wir heimlich. Es war ein gefährliches Spiel, aber es vertrieb die Langeweile. Sie brachte mir bei, tief einzuziehen und den Rauch dann so auszustoßen, daß man ihn nicht sehen konnte. Von fern waren wir zwei Mädchen, die harmlos auf der Wiese saßen. Irene brachte mir auch noch bei, auf den Rasen zu pinkeln, ohne daß andere es bemerkten. Wir schoben die Unterhose unauffällig zur Seite und pinkelten im Sitzen. Wir brauchten dann nicht den weiten Weg zur Toilette zu gehen. Ich war froh, eine so tolle Freundin zu haben.

Irene bekam oft Besuch von ihrer Mutter, die auf mich sehr selbstsicher wirkte und offensichtlich nur tat, was sie wollte. Sie war immer gut angezogen, bestimmt ging sie fremd und traf sich mit reichen Männern. Sie hatte einen sehr mütterlichen Körper und eine braune Haut, wie es die Männer mögen. An ihren schönen Kleidern konnte ich sehen, daß sie nicht nur hinter dem Herd stand. Sie brachte Irene immer etwas mit, einmal Unterwäsche, ein anderes Mal Schuhe oder Seife, und immer war etwas Leckeres zu essen dabei. Manchmal war ich neidisch auf Irene, die immer eine volle Kiste mit Lebensmitteln hatte. Manchmal gab sie mir etwas davon ab.

Jeden Abend vor dem Schlafengehen durften wir eine Viertelstunde Fernsehen gucken, immer nur die Nachrichten. An einem Abend zeigten sie zwei amerikanische Schiffe im Hafen von Mombasa. Tausende von amerikanischen Soldaten sollten an Land gegangen sein.

»Oh, so viele Amerikaner, o nein«, fing ein Mädchen an zu jammern, ihr Name war Agola. Wir verstanden sie nicht und schauten alle zu ihr.

»In Mombasa verdienen die Frauen jetzt Hunderte und Hunderte von Dollars, und ich sitze hier. O nein, das darf nicht wahr sein.«

Sie heulte richtig. Ich rannte mehrere Tage hinter Agola her, um mehr von ihr zu erfahren. Ich dachte damals nicht daran, einmal als Prostituierte zu arbeiten, ich interessierte mich aber sehr für die Amerikaner und ihre Dollars.

»Wenn die Amerikaner kommen, suchen sich die Frauen unter ihnen Freunde. Es ist sehr einfach, einen Mann zu finden. Ich tue bei jedem Mann so, als ob ich ihn liebe, und dann lasse ich mich von ihm vögeln. Dafür bekomme ich Geld«, erklärte mir Agola, die kaum älter als vierzehn war.

Von Nora, die ich wenige Tage vor der Entlassung meiner besten Freundin Irene kennenlernte, erfuhr ich mehr über die Verdienstmöglichkeiten von jungen Frauen in Mombasa. Nora hatte dort gelebt.

»Ich habe einen italienischen Freund«, erzählte sie stolz, »er schickt mir regelmäßig Schuhe und Kleider aus Italien. Ich habe ihn in Mombasa kennengelernt. Dort sind viele Touristen, die Geld haben und mit schwarzen Mädchen zusammen sein wollen.«

Ich wollte, daß Nora meine Freundin wird.

Es gab Mädchen, denen die Aufseherinnen und Lehrerinnen Vertrauen schenkten. Sie durften für kurze Einkäufe das Gefängnis verlassen, sie waren *trusted.* Nach einem Jahr war ich auch *trusted.* Ich hatte mich schon so sehr an dieses Leben gewöhnt, daß ich bei meinen Ausgängen nie an Flucht dachte. Wo hätte ich auch hingehen sollen? Was würde mich draußen erwarten? Hier war ich sicher und hatte Freundinnen. Im

Schlafraum war ich die Chefin, die für Ordnung sorgte und von den Mädchen respektiert wurde. Was wollte ich mehr?

An meinen Vater dachte ich selten. Er wohnte nur wenige Kilometer weit weg. Er besuchte mich nicht ein einziges Mal. Von Jack erfuhr ich später, daß ihn viele Leute nach mir gefragt haben.

»Für mich existiert Miriam nicht mehr. In meinem Kopf ist sie schon längst gestorben«, soll mein Vater ihnen geantwortet haben.

Meine größte Freude war, als meine Mutter mich endlich einmal besuchte; Tante Juliana und ihre Tochter Susan, meine Oma Cucu und Tina, meine kleine Schwester, waren mitgekommen. Ich weinte vor Freude. Von Susan hörte ich, daß sie mit Hilfe meiner Mutter in Mombasa eine Arbeit als Sekretärin im Hotel Maritime gefunden habe. Natürlich war es eine Lüge, aber das sollte ich erst später erfahren. Gegenüber vom Maritime gab es ein großes Motel mit Zimmern, die von Prostituierten angemietet wurden. Eines dieser Hotelzimmer war wohl ihr erster Arbeitsplatz in Mombasa gewesen. Susan sah sehr gut aus, sie hatte schöne Haare, trug ein tolles Kleid, hochhackige Schuhe und eine goldene Kette. Und ich war im Gefängnis und besaß nicht einmal richtige Schuhe. Ihr Gesicht war sehr hell, sie sah schon fast aus wie eine Weiße. Für mich war sie damals ein Star.

»Ich habe das alles gekauft«, sagte sie stolz und zeigte auf die Geschenke, die meine Familie mitgebracht hatte.

»In Mombasa habe ich einen weißen Mann kennengelernt. Wir werden heiraten, und ich werde mit ihm nach Deutschland gehen«, fuhr Susan fort und spürte gar nicht, welche Gefühle sie damit bei mir auslöste. Ihre Freiheit, nach Europa zu gehen, machte mir meine eigene Situation so schmerzhaft bewußt. Ich wünschte mir, auch einmal im Leben soviel Glück zu haben wie sie.

»Sag mal, hast du noch nicht bemerkt, daß nicht alle Türen abgesperrt sind? Hast du noch nie daran gedacht, einfach abzuhauen? Wenn ich du wäre, ich würde sofort gehen. Es gibt hier keine Wachposten mit Pistolen. Es kann dir nichts passieren, wenn du es versuchst«, redete meine Tante aufgeregt auf mich ein, »du bist *trusted*, du kannst einkaufen gehen und einfach nicht wiederkommen.«

Diese Worte ließen mich in den kommenden Tagen und Wochen nicht mehr los. Ich dachte immer ernsthafter daran wegzulaufen. Ich kannte zwei Mädchen, die den Weg wußten. Eine von ihnen war Nora aus Mombasa, die andere hieß Celina, letztere schlief im gleichen Raum wie ich. Beide waren begeistert von der Idee, die Flucht zu riskieren.

Es kam der Tag, an dem wir aufbrechen wollten. Nachdem wir unsere tägliche Milchration um vier Uhr in Empfang genommen hatten, gingen wir hinunter. Kurz vor dem Ausgang begegnete uns ein Mädchen, das ich nicht leiden konnte.

»Wohin geht ihr?« wollte sie wissen und hielt mich dabei fest.

»Wir wollen abhauen, bitte laß mich los.«

»O.k., ich gehe nach vorne und passe auf«, sagte sie schnell, aber ich hatte das Gefühl, daß sie uns verraten wollte. Als sie weg war, rannten wir los. Ich sprang über den Zaun und riß mir dabei die Hand auf, aber es war mir egal. Ich wollte auf keinen Fall erwischt werden und rannte weiter. Ich hatte Mädchen gesehen, die nach einem Fluchtversuch geschlagen wurden. Man verband ihnen die Hände, und mehrere Lehrerinnen prügelten gleichzeitig auf sie ein. Dabei wurde kein Körperteil verschont. Der Gedanke daran machte mich stark. Erst als ich zu einer Kaffeeplantage kam, schaute ich mich um und konnte nur Celina sehen, offensichtlich hatten wir Nora schon verloren. Innerlich jammerte ich um sie. Was war passiert? War sie nicht schnell genug gewesen? Hatte man sie schon geschnappt? Nora und ich hatten gemeinsame Pläne geschmiedet, wir wollten zusammen nach Mombasa gehen. An einem riesigen Baum machten Celina und ich halt. Wir mußten einen Schutzengel haben, der Baumstamm war hohl, es gab einen kleinen, kaum sichtbaren Eingang, den Celina schnell fand. Wir schlüpften hinein und versteckten uns. Wachmänner hatten uns in die Plantage rennen sehen und waren schon in der Nähe. Wir konnten sie hören.

»Wenn ich die Mädchen bekomme, dann werde ich sie erst mal ordentlich bumsen«, sagte einer.

Es dauerte eine Ewigkeit, bis sie weg waren. Wir blieben bis zur Dunkelheit im Baum. Als wir herauskletterten, konnten wir kaum etwas erkennen. Es waren keine Lichter in der Nähe, aber Celina war ein kluges Mädchen, sie hatte Streichhölzer mitgenommen. Wir liefen eine lange Strecke, bis wir zu einem kleinen Fluß kamen. Celina wollte mich überreden, hinüberzuschwimmen.

»Das sieht gefährlich aus. Ich will nicht«, protestierte ich.

»Komm, stell dich nicht an. Es kann nichts passieren.«

Sie ließ nicht locker. In dem Augenblick sah ich zwei Männer flußaufwärts. Sie wuschen sich im Fluß.

»Wie kommen wir nach Nairobi?« fragte ich sie. Sie schauten uns erstaunt an, zeigten dann aber den Weg, der glücklicherweise nicht über den Fluß führte. Weil die Männer freundlich zu uns waren, erzählten wir ihnen von unserer Flucht.

»Kommt mit uns, wir geben euch einen Platz zum Schlafen, und morgen könnt ihr weiter«, boten sie an.

Es war klar, was sie von uns erwarteten. Aber ich fand es schön, nach einem Jahr und zehn Monaten wieder mit einem Mann zusammenzusein.

»Mein Kollege wird euch nach Nairobi fahren«, sagte der Mann am nächsten Morgen, »geht schon mal auf die Straße und wartet an dem großen Baum dort.«

Es war genau sieben Uhr. Aus einem der Häuser klangen Nachrichten aus dem Radio. Wir hatten Angst, daß die Männer uns verraten würden, und liefen einfach weg. Wir gingen nur Buschwege und wurden nicht mehr aufgehalten. Die Richtung ahnten wir, langsam näherten wir uns der Stadt. An unserer Kleidung konnte man erkennen, woher wir kamen. Das war ein Problem. An einer Straße hielten uns ein paar Leute an und wollten uns nicht weiter lassen.

»Ihr kommt doch aus dem Kindergefängnis, ich sehe es an euren Kleidern. Wir werden euch zurückbringen«, drohten sie und lachten dabei. Wir wußten nicht, wie ernst sie es meinten.

»Nein, wir sind aus Nairobi und gehen dort in die Schule. Wir haben uns verlaufen«, logen wir. Meine Uniform war viel zu groß, und ich machte daraus gleich eine Geschichte.

»Ich hatte ein kleines Mädchen, sie ist gestorben. Ich

muß zur Beerdigung meiner kleinen Tochter. Meine Mutter ist sehr arm. Diese Kleider haben wir geschenkt bekommen. Laßt mich los.« Im nachhinein kommt es mir vor, als hätte ich mit dieser Lüge in die Zukunft geschaut.

»Laßt sie weitergehen«, überredete einer der Männer die anderen.

Gegen Mittag kamen wir an eine große Straße, die in die Stadt führte, parallel dazu verlief ein kleiner Fluß. Wir mußten entlang der Straße weitergehen, es gab keine andere Möglichkeit. Die großen Straßen hatten wir bislang gemieden.

»By the Rivers of Babylon«, fing ich an zu singen und setzte mich an das Ufer des Flusses. Das Lied war mir spontan eingefallen, es paßte zu unserer Situation. Mir kam eine Idee. In der Nähe arbeitete ein Mann, den ich als Straßenmädchen kennengelernt hatte. Ich hatte mit ihm mehrere Male geschlafen, weil ich wußte, daß er Geld hatte. Celina konnte ich schnell überzeugen, zu diesem Mann zu gehen, dessen Name ich vergessen hatte. Wir hatten Glück und trafen ihn vor seinem Haus. Er musterte uns mißtrauisch und freute sich offenbar nicht, mich wiederzusehen.

»Wir brauchen Geld, um in die Innenstadt zu kommen«, bat ich ihn ohne weitere Erklärungen.

Unwillig drückte er mir fünf Schilling in die Hand. Mit dem Geld kamen wir gerade mal drei Haltestellen weiter, geschweige denn, daß es für ein Getränk gereicht hätte. Wir hatten schrecklichen Durst. An der Bushaltestelle schauten Celina und ich uns das erste Mal richtig an. Wir sahen schrecklich aus, so dreckig, nicht einmal mehr Schuhe hatten wir. Als wir in der Stadt ankamen, war es schon dunkel. Als erstes gingen wir zu meinem Cousin Joseph. Wie ich erwartet hatte, war er sehr unfreundlich, ließ uns aber eine Nacht bei sich schlafen.

Am nächsten Tag gingen wir zu John, einem entfernten Verwandten von mir. John behandelte uns sehr gut, das hatte ich nicht erwartet. Er gab uns Kleider seiner Tochter, die wir sofort anzogen. Es war das erste Mal seit Monaten, daß wir wieder normale Kleider trugen.

Noch am gleichen Tag entschieden Celina und ich, uns zu trennen. Wir wußten nicht, wie lange sie nach uns suchen würden. Celina wollte zu einem Onkel, der in der Nähe lebte. In der Abenddämmerung verabschiedeten wir uns. Celina habe ich nie wieder gesehen. Johns Familie ging es sehr gut, er konnte alle seine Kinder auf die Schule schicken. Seine älteste Tochter Linnet hatte viele reiche Freunde, deswegen konnte er sich das leisten. Linnet, die kaum älter war als ich, erzählte uns ungeniert von ihren Männern und wie sie sie kennenlernte. Kenianische Freunde sozusagen, von Prostitution war nie die Rede. Ihr Vater wußte natürlich von diesen Verhältnissen, er war sogar stolz auf ihre guten Kontakte.

»Du mußt immer nach den Reichen gucken. Du mußt sehen, daß du immer mehrere Freunde gleichzeitig hast, regelmäßige Gäste, die wiederkommen«, erklärte sie mir, und ich beschloß, von ihr zu lernen. Linnet hatte viele einflußreiche Freunde, der eine war Manager von Electric City, einer war Chef in einem Supermarkt. Von Linnet angelernt, begab ich mich auf die Suche nach afrikanischen Freunden, die Geld hatten. Viele Frauen in Nairobi taten es, das wußte ich nun. Es war ein Tauschgeschäft, ich gebe dir etwas, du gibst mir etwas.

Das Prinzip kannte ich bereits. Oft waren Linnet und ich gemeinsam unterwegs. Sie war so groß wie ich, hatte aber einen sehr großen Hintern und damit bessere Chancen bei den afrikanischen Männern. Sie war immer gutgelaunt und sah aus, als würde sie keine Sorgen kennen. Ich bewunderte sie. Von ihrer Familie wurde sie respektiert, was mir sehr imponierte. Natürlich war ich noch sehr unerfahren und lernte auf unseren Streifzügen keine reichen Männer kennen. Das war nicht wichtig, ich wollte nur so viel Geld verdienen und sparen, daß ich damit nach Mombasa zu meiner Mutter fahren konnte.

»Ich kann nicht länger warten. Ich will zu meiner Mutter. Sie fehlt mir so. Ich will sie wiedersehen und nach Mombasa fahren«, vertraute ich Linnet eines Tages an.

Sie verstand mich sofort und ging zu einem Freund, den sie um das nötige Geld bat. Am nächsten Tag schenkte sie mir das Ticket nach Mombasa.

Wiedersehen mit der Mutter

Ich fuhr mit dem Nachtbus und stand am nächsten Morgen bei meiner Mutter vor der Tür. Sie lag noch im Bett, als ich klopfte.

»Wer ist da?« rief sie.

»Ich bin's, Jack«, sagte ich mit tiefer Stimme. Ich hörte sie tief aufatmen. Als sie die Tür öffnete und mich sah, fiel sie fast um vor Freude.

»Setz' dich, wie bist du hierher gekommen, bist du nicht mehr in der *Approved School* ...?«

Sie stellte so viele Fragen, daß ich nicht wußte, wie ich mit meinem Bericht anfangen sollte. Aufgeregt lief sie im Zimmer hin und her. Ich fing an zu erzählen. Die Geschichte mit Linnet und den Männern ließ ich aus. Über so etwas spricht man bei uns nicht, schon gar nicht mit der eigenen Mutter.

»Es ist gut, daß du weggelaufen bist. Du kannst bei mir bleiben«, sagte sie am Ende meiner Geschichte. Ihre kleine Wohnung war ab jetzt mein Zuhause. Das war wunderbar, auch wenn sie nur ein kleines Zimmer hatte, ausgestattet mit einem Bett, einem kleinen Schrank und einer Kochecke, in der ein kleiner Kerosinherd stand. Ein kleiner Tisch und zwei Stühle standen in der Mitte. Eine Gardine vor der Tür verhinderte, daß man von außen bei offener Tür hineinschauen konnte.

Abends lud sie mich in ein Buschrestaurant zum Essen ein. Ich durfte mir unter den vielen Hühnern eines aussuchen, das dann extra für uns geschlachtet wurde. Im Restaurant waren viele Frauen, denen sie stolz von mir erzählte.

»Das ist meine Tochter Miriam. Sie ist aus Nairobi gekommen und wird jetzt bei mir bleiben.«

Ihre Freude berührte mich, ich war sehr glücklich, ihr so nah zu sein. Als das gebratene Huhn kam, konnte ich vor Aufregung kaum etwas essen.

In der Nacht schlief ich das erste Mal mit meiner Mutter in einem Bett. Ich war achtzehn Jahre alt. Als ich mitten in der Nacht aufwachte, merkte ich, daß ich meine Mutter gerade streichelte. Erschreckt zog ich meine Hand zurück, meine Mutter bewegte sich. Ob sie es gemerkt hatte? Es war mir peinlich und fremd, daß ich ihren Körper so nah an meinem spürte.

Am nächsten Morgen kaufte meine Mutter ein halbes Brot und etwas Milch zum Frühstück. Den Geruch von Kerosin habe ich noch heute in der Nase, wenn ich daran denke, wie sie mir den ersten Tee mit Milch kochte. Die ärmlichen Verhältnisse, in denen meine Mutter lebte, beeinträchtigten mein Glück nicht. Die Freude in ihren Augen war es, was mir lange gefehlt hatte.

Zu Tina, meiner fünfjährigen Schwester, hatte ich kein gutes Verhältnis. Ich beachtete sie wenig. Das war auch in Nyeri schon so gewesen. Sie hatte glattere Haare und sah aus wie ein Mischling, vielleicht war ihr Vater Araber. Da Tina nur meine Halbschwester war, hatte ich das Gefühl, daß sie nur zur Hälfte zu mir gehörte, obwohl wir aus dem gleichen Bauch kamen. Bei Jack oder Tommy hingegen, meinen leiblichen Brüdern, habe ich heute noch das Gefühl, sie sind wie ich und haben nur einen anderen Körper. Ich war eifersüchtig auf Tina, weil meine Mutter verrückt nach ihr war. Sie hatte Tina wieder zu sich genommen, während sie mich überredet hatte, bei meinem Vater zu bleiben.

Schnell lernte ich die Nachbarn und Freundinnen meiner Mutter kennen. Nebenan in dem kleinen Buschrestaurant konnte ich die Männer beim Frühstück beobachten. Sie bestellten meist schwarzen Tee mit Milch, dazu Chabati – in der Pfanne gebackenes Fladenbrot – und Linsen in Kokosnuß. Ich war gerne dort, weil immer etwas los war. Stundenlang durfte ich dort sitzen, auch wenn ich nichts bestellte. Der Besitzer brachte mir manchmal eine Tasse Tee und eine Scheibe Brot mit Margarine, die ich nicht bezahlen mußte. Ich hatte schnell begriffen, daß meine Mutter uns nicht jeden Tag ein Hähnchen bestellen konnte, manchmal gab es zwei Tage lang nichts zu essen, weil sie kein Geld hatte. Da ich nicht wußte, was ich hätte tun können, dachte ich nicht daran, mir eine Arbeit zu suchen, und Mama Nora verlangte das auch nicht von mir.

Eines Tages lernte ich Tom, einen Freund des Restaurantbesitzers kennen und verliebte mich in ihn. Er kam aus Taita, das liegt an der Grenze zu Tansania. Ich schlief nicht mit ihm, weil ich seit Nairobi einen starken Ausfluß hatte. In diesen Dingen unwissend, glaubte ich, daß so etwas von alleine heilt. Außerdem bekam ich meine Menstruation nicht, was ich erst mit der Krankheit in Zusammenhang brachte.

Erst als die Beschwerden unerträglich wurden, ging ich zum Arzt.

»Ich weiß nicht, was mit mir los ist, ich bekomme meine Tage nicht mehr«, klagte ich und sagte damit nur die halbe Wahrheit. Der Arzt drückte auf meinem Bauch herum.

»Du bist schwanger, das ist es«, sagte er. Ich nahm seine Worte nicht ernst.

»Und das juckt dann unten?« fragte ich und stellte mich dumm. Ich hätte nie von der Krankheit gesprochen. Ich spürte, daß es etwas ist, wofür man sich schämen mußte.

Der Arzt untersuchte meinen Unterleib.

»Du hast Gonorrhöe, das ist eine Geschlechtskrankheit. Ich werde dir Medikamente geben. Allerdings können sie schädlich für das Kind sein. Was sollen wir tun? «

Ich brauchte eine Minute, die mir wie eine Ewigkeit vorkam, um zu antworten. Mit einer Schwangerschaft hatte ich nicht gerechnet.

»Es ist mir egal. Ich nehme die Medikamente, ich darf das Kind nicht haben. Ich gehe noch zur Schule und bin hier nur im Urlaub«, heulte ich und sah ihn rettungssuchend an. »Meine Mutter darf nichts davon erfahren. Sie darf nicht wissen, daß ich schwanger bin. Sie müssen mir helfen!«

»Komm um sechs Uhr heute abend noch einmal zu mir, dann können wir darüber sprechen«, kam er mir entgegen.

Am Abend gab er mir die Medikamente gegen die Gonorrhöe und schlug mir eine Abtreibung vor. Für dreihundert Schilling würde er sie selbst machen.

»Wo soll ich soviel Geld hernehmen?« fragte ich verzweifelt, aber er antwortete nicht.

Zwei Tage später war ich wieder in der Praxis.

»Ich schaffe es nicht einmal, hundert Schilling zusammenzubekommen.«

»Hundert Schilling brauchen wir allein für den Gummi, um den Fötus herauszunehmen. Versuche es noch einmal, hundert Schilling wirst du schon irgendwie zusammenkriegen.«

»Nein, das ist zuviel Geld«, heulte ich ihm vor, »können Sie nicht die Abtreibung machen, und ich bezahle zu einem späteren Zeitpunkt?«

»Ja, mit der Bezahlung wird uns schon etwas einfallen. Nimm die Medikamente und komm in zwei Wochen wieder«, sagte der Arzt und schaute mich von oben bis unten genau an. Da wußte ich, daß ich mit meinem Körper bezahlen konnte. Mein Körper war für mich wie ein Portemonnaie, eine Sicherheit, auf die ich immer wieder zurückgreifen konnte und mußte. Was sollte ich denken? Der vergewaltigt mich, und dann fühle ich mich ein ganzes Leben lang schlecht? Nein, solche Gedanken kamen mir nicht in den Sinn. Ich brauchte doch nur für einen kurzen Moment meinen Körper zur Verfügung zu stellen, und dann war es vorbei.

Als ich nach mehr als zwei Wochen wieder in die Praxis kam, war der Arzt allein. Er stellte ein paar Stühle zusammen, ich legte mich bereitwillig darauf, und er vögelte mich. Als das vorbei war, setzte ich mich auf den Behandlungsstuhl. Seine Spermien tropften aus meiner Scheide, ich hatte mich nicht einmal waschen können. Er nahm ein gummiartiges Instrument und fummelte damit in meiner Scheide herum. Ich verkrampfte mich zunehmend und konnte den Schmerz bald nicht mehr aushalten. Er wurde immer ungeduldiger, seine Bemühungen grober.

»Wir müssen es noch einmal probieren. Komm morgen abend zu mir nach Hause«, sagte er.

Was sollte ich machen? Vielleicht hatte er mich angelogen und die Sache extra verzögert. Am nächsten Tag ging ich zu ihm nach Hause. Er war mit einem vierzehnjährigen Mädchen, das noch zur Schule ging, zusammen. Sie machte uns Abendbrot. Wir gingen in ein anderes Zimmer, wo ich wieder mit ihm schlafen mußte. Er war betrunken und stank nach Kokosnußwein. Danach versuchte er es noch einmal mit dem Gummi. Es dauerte auch dieses Mal lange und tat weh. Den Gummi ließ er stecken, das Ende befestigte er mit einem Pflaster. Danach legte er sich mit mir im gleichen Raum hin, was ich sehr seltsam fand.

»Was denkt deine Frau, wenn du hier mit mir liegst?« fragte ich ihn.

»Sie denkt, daß ich hier meine Arbeit mache, mit der ich unser Geld verdiene«, erwiderte er.

Ich konnte nicht schlafen bei dem Gedanken, daß seine Frau nebenan lag. Morgens konnte ich dem Mädchen nicht in die Augen schauen. Sie machte Frühstück und beschämte mich mit ihrer Freundlichkeit.

»Wenn du Blutungen bekommst, mußt du den Gummi herausziehen. Dann ist alles vorbei. Es wird nicht mehr lange dauern«, sagte mir der Arzt beim Abschied.

Zu Hause wartete ich acht Stunden, bis die Blutung einsetzte. Ich zog das Gummi heraus. Eine Weile danach wurde mir kalt, ich fröstelte, ich dachte schon an Malaria. In der Nacht hatte ich schreckliche Träume. Die tote Mutter meines Vaters, Koko, stand vor mir und forderte mich auf, zu ihr zu kommen. Morgens erzählte ich diesen Traum meiner Mutter, die Abtreibung erwähnte ich nicht. Sie lief aus dem Haus und kam mit den Blättern eines Baumes zurück, den sie Vierzig-Krankheiten-Baum nannten. Daraus kochte sie einen Tee und ließ mich jede Stunde fast einen Liter davon trinken. Der Tee sollte die Krankheit besiegen, aber es wurde schlimmer. Mein Bauch schmerzte in periodischen Abständen, die Blutungen wurden so stark, daß ich nach einer Weile in einer Blutlache lag. Meine Mutter war verzweifelt, sie lief weg, um einen Krankenwagen zu bestellen. Innerlich wußte ich, daß ich lieber sterben würde, als mit ihr über die Ursache meines Zustandes zu sprechen. Es dauerte zwei Stunden bis der Krankenwagen kam und mich ins Krankenhaus brachte.

»Zeige ja nicht, daß du laufen kannst. Du tust jetzt so, als ob du im Sterben liegst, sonst helfen sie dir im Krankenhaus nicht und lassen dich liegen«, trichterte sie mir ein.

Ich stellte mich halbtot, was mir in meinem Zustand nicht schwerfiel, und sie trugen mich mit einer Bahre in den Wagen. Ich lag sofort wieder in meinem Blut, das nicht mehr aufhören wollte, zu fließen. Ich konnte Wut, Scham und große Angst aus den Augen meiner Mutter lesen. Natürlich wußte sie Bescheid, und sie ließ mich nicht im Stich. Im Krankenhaus wurde ich operiert, sie nahmen den Fötus aus meinem Körper.

Anfang der 80er Jahre konnte eine Frau in Kenia erst dann die Pille bekommen, wenn sie schon ein Kind hatte. Jungen, kinderlosen Frauen durfte die Pille nicht verschrieben werden. Ich hatte noch kein Kind, und die Pille hätte ich nicht bezahlen können.

Ich bin nicht schwanger, ich bin nicht schwanger ..., hatte ich mir immer eingeredet, wenn ich mit einem

Mann zusammengewesen war. Mehr war mir zum Thema Verhütung nicht eingefallen. Ich wußte auch nicht, mit wem ich darüber hätte sprechen können. Mit meiner Mutter war das unmöglich. Nie war Sexualität und deren Folgen ein Thema zwischen uns gewesen, bedauerlicherweise. Alle denken an Sex und schlafen miteinander. Wenn du aber ein Kind bekommst, das du nicht haben willst, oder Schmerzen, weil dich ein Mann schlägt, bist du damit allein. Sexualität ist ein dunkles Geheimnis, ein großes Tabu. Die offizielle Moral schreibt vor, daß eine Frau als Jungfrau zu ihrem Mann geht. Die Realität sieht für die meisten Frauen in Kenia jedoch anders aus. Die Männer müßten das wissen, sie schlafen doch mit den Frauen und Mädchen. Und die älteren Frauen könnten über ihre Erfahrungen reden, aber sie tun es nicht.

Zurück aus dem Krankenhaus, besuchte mich Tom, der Freund des benachbarten Barbesitzers. Kaum zwei Wochen nach der Abtreibung hatte ich alles vergessen und lag in Toms Armen. Er war ein schöner Mann, und ich zeigte mich gern mit ihm. Treu war ich aber nicht.

Meine Mutter kannte ein paar ältere Huren, die in *Kilindini Harbour*, am Hafen von Mombasa, arbeiteten. Es kam oft vor, daß ich diese Frauen, die wie Tanten für mich waren, besuchte. Natürlich war ich mir damals nicht darüber im klaren, daß sie Prostituierte waren. Ich wunderte mich nur, daß ihre Freundinnen und Nachbarinnen häufig Besuch von Männern hatten. Es waren immer andere Männer, darunter auch Ausländer, die in diesem Haus ein und aus gingen. Als ich wieder einmal dahin fuhr und gerade aus dem Bus ausgestiegen war, pfiff mir jemand hinterher. Ich erblickte einen Mann mit einem häßlichen Gesicht.

»Hallo, wo gehst du hin? Ich möchte dich begleiten. Ich bin Sebe«, stellte er sich vor. Dabei lachte er mich an, und ich konnte seine schönen Zähne sehen. Er hatte einen kräftigen Körper, der mir sofort gefiel.

»Ich gehe nur spazieren, du kannst mitkommen, wenn du willst«, antwortete ich.

»Ich arbeite als Seemann und bin schon auf allen Meeren gefahren«, versuchte er sich interessant zu machen, »ich kann dir meinen Paß mit den Stempeln zeigen. Du kannst mit mir kommen. Ich wohne bei meinem Onkel in der Nähe der Fähre, er ist Fahrer bei der Polizei.«

Da ich nichts vorhatte, ging ich mit ihm, von seinem Paß mit den vielen Eintragungen war ich wirklich beeindruckt. Auch die Wohnung seines Onkels imponierte mir. Im Wohnzimmer stand eine riesige Stereoanlage, wie ich sie bis dahin noch nicht gesehen hatte. Sebe zeigte mir Fotos von philippinischen Frauen, die er auf seinen Reisen kennengelernt hatte. Mehr als die Fotos interessierte mich seine Erscheinung, ich sah, wie gut er gekleidet war, er trug blaue Jeans und ein sauberes Polohemd. In diesem Moment beschloß ich, daß er mein Freund werden sollte. Ich weiß nicht mehr, ob ich sofort mit ihm schlief, vielleicht ein Quicky in der Wohnung des Onkels. Als ob wir schon lange zusammen wären, gingen wir zu den Freundinnen meiner Mutter.

Ein paar Tage später stellte mir Sebe seinen besten Freund vor, dessen Arbeit darin bestand, Autos zu knacken. Es schien ein lukrativer Job zu sein, denn dieser Mann hatte immer Hunderte und Tausende von Schilling in der Tasche und lud uns in die besten Restaurants in Mombasa ein. Ich durfte bestellen, was ich wollte, zum Beispiel Ziegensuppe oder Curryhähnchen, Gerichte, die ich mir sonst nicht leisten konnte. Die Zusammenkünfte mit dem Autoknacker hatten einen Nachteil: Sebe kam mir dann vor wie ein Hund, der seinem Herrchen hinterherläuft, und ich fand ihn weniger beeindruckend.

Meiner Mutter stellte ich Sebe erst nach Wochen vor. Kaum hatten sie sich begrüßt, da merkte ich gleich, daß Mama Nora ihn nicht mochte.

»Meine Mutter mag dich nicht«, sagte ich später zu Sebe, »ich weiß nicht warum.«

»Ich kenne sie, ich habe deine Mutter schon mehrere Male gesehen, wenn sie zur Klinik am Hafen geht.«

Ich war überrascht, ließ mir aber nichts anmerken. Ich wußte, daß sich dort die Prostituierten regelmäßig untersuchen lassen mußten. Wollte Sebe meine Mutter vielleicht nur heruntermachen, weil er gesehen hatte, wie arm sie war? Außerdem gab es auch andere Gründe für eine Untersuchung. Es war das erste Mal, daß ich darüber nachdachte, womit meine Mutter unser Geld verdiente. Den Gedanken, daß sie eine Hure sein könnte, verdrängte ich sofort. Aber es war leider so, die Bestätigung bekam ich ein paar Wochen später.

In der Nachbarschaft wohnte Hannah, ein fünfzehnjähriges Mädchen, für die Mama Nora eine zweite Mutter war. Hannah war schon verheiratet. An einem Nachmittag, als meine Mutter nicht zu Hause war, kam sie zu mir, um mit mir zu reden.

»Miriam, ich muß dir etwas erzählen. Sag es bitte nicht weiter, auch nicht deiner Mutter. Deine Mutter macht Sachen, für die sie sich schämen sollte. Tagsüber sieht sie aus wie eine sorgende Mutter, aber weißt du, was sie nachts macht?« Ihre Entrüstung war gespielt, sie war ein Tratschweib. Ich ließ mich trotzdem von ihren Worten verführen und schüttelte den Kopf, obwohl ich vor Neugierde fast geplatzt wäre.

»Gestern nacht habe ich meinen Mann von der Arbeit abgeholt. Wir liefen durchs Gebüsch, da sahen wir bei einem Haus, das noch nicht fertig gebaut war, wie sich etwas bewegte. Wir dachten, es seien Hunde und gingen näher. Aber was waren das für Hunde? Deine Mutter lag auf einem Brett und ein Mann lag auf ihr. Sie erschreckten sich, als sie uns sahen, aber ich glaube, sie haben uns nicht erkannt.«

»Meine Mutter? Bist du sicher?«

»Ja sicher, aber bitte sag es nicht weiter. Ich wollte nur, daß du es weißt.«

Mir fiel ein, daß meine Mutter an diesem Morgen zum Frühstück viel eingekauft hatte. Ich hatte mich gefreut, daß es etwas Gutes zu essen gab. Am Abend sah es schon wieder schlechter aus, meine Mutter hatte also nur wenige Schilling von dem Mann bekommen. Mir fiel jetzt auf, daß wir immer, wenn meine Mutter abends zu Hause blieb, am nächsten Tag kaum etwas zum Essen hatten. War sie erst spät in der Nacht wiedergekommen, hatte sie stets ein paar Schilling. Ich glaubte Hannah, aber ich redete mit meiner Mutter nie darüber.

Ungefähr zwei Monate nach meiner Abtreibung kam Charles nach Mombasa, bei dem ich bis zu meiner Festnahme in Nairobi gelebt hatte. Ohne Ankündigung stand er eines Morgens vor unserer Tür. Meine Mutter und er kannten sich bereits. Er hatte sie einmal besucht, als ich im Kindergefängnis war.

Charles war nur drei Tage in der Stadt, aber das reichte, um mich komplett neu einzukleiden. Meiner Mutter brachte er Geschenke, eine große Packung Tee, Öl, Zucker, immer griff er zu den größten Packungen, wenn wir im Laden waren. Er war der willkommene Schwiegersohn für meine Mutter, obwohl er schon verheiratet war. Drei Tage wohnte ich mit Charles im Hotel, er war gut zu mir und behandelte mich behutsam wie ein Kind, ich bedankte mich in der üblichen Form bei ihm.

Dummerweise hatte mich ein Freund von Sebe mit Charles in der Stadt gesehen. Als Charles wieder weg war, erzählte mir meine Mutter, daß Sebe eines Abends mit dem Autoknacker gekommen sei und sie beschimpft habe. Der Autoknacker habe große Bündel Geldscheine auf den Tisch gelegt und dabei geschrien: »Wie lange willst du noch, daß deine Tochter anschaffen geht? Ist es das Geld? Hier ist Geld.«

Ich kann mir die Augen meiner Mutter vorstellen, als sie das viele Geld sah.

»Wir können dir das Brautgeld sofort bezahlen, aber dann darf deine Tochter nur noch mit Sebe gehen. Sag deiner Tochter, daß wir das Geld haben und sie nicht zu anderen Kerlen gehen muß«, hatte der Typ meine Mutter angeschrien.

Sie hatten zusammen eine Flasche Whisky getrunken und waren wieder gegangen, natürlich mit dem Geld.

Kurze Zeit darauf war ich erneut schwanger. Vielleicht war es ein Kind von Sebe, den ich aber immer seltener sah. Er war stets dort, wo es Huren und Alkohol gab. Dort konnte er mit seinem Freund und dessen Geld angeben. Wer schöne Huren bezahlen konnte, war ein angesehener Mann. Von Heirat und Brautpreis war zwischen uns nie die Rede. Mein Bauch wurde größer und größer. Ich tat alles, um die Schwangerschaft zu verheimlichen und lief bis zum sechsten Monat nach vorne gebeugt, so konnte ich meinen Bauch verbergen.

Es ist nie der Mann, der beschimpft wird, immer nur die Frau. Viele Mädchen, die schwanger sind, werden von ihren Familien verstoßen, man wirft ihnen vor, die Ehre der Familie verletzt zu haben. Die Angst vor einer möglichen Bestrafung steckte tief in mir. Dabei hatte ich mich nicht für das Kind entschieden, ich wollte nur eine Abtreibung nicht wiederholen. Ein weiteres Problem war, daß ich keinen festen Freund hatte, der auch der Vater sein wollte. Die möglichen Väter Sebe und Charles interessierten sich nicht für das Kind. Ich hatte Sebe davon erzählt und Charles geschrieben. Sebe behauptete einfach, er sei nicht der Vater, Charles hatte meinen Brief noch nicht beantwortet.

Meine Mutter bekam in dieser Zeit oft Besuch von einem jungen Luhya-Mann, von dem sie sehr begeistert war. Er kam aus Kagamega, meine Mutter und er hatten gemeinsame Bekannte. Als ich merkte, daß ihre Beziehung nicht sexueller Art war, machte ich ihn an. Ich war damals im vierten Monat schwanger. Er hatte eine gute Arbeit und lud mich zum Essen ein. Danach gingen wir in ein Stundenhotel, er bestellte ein Zimmer, bezahlte, und wir schliefen miteinander. Als ich im sechsten Monat schwanger war, erzählte ich ihm, daß ich ein Kind von ihm bekomme, und er glaubte mir. Von da an bekam ich jedesmal, wenn wir uns sahen, fünfzig Schilling, das war viel Geld. Er war sehr stolz auf das Kind, das er meinte gezeugt zu haben. Ich brauchte nicht einmal mehr mit ihm zu schlafen, weil er Angst hatte »sein« Kind zu verletzen. Kurz vor der Geburt brach ich den Kontakt zu ihm ab, damit er keinen Verdacht schöpfen konnte. Er hätte sich gewundert, weil das Kind viel früher zur Welt kam. Ich hatte zu keinem Zeitpunkt ein schlechtes Gewissen. Zwei Männer hatten mich sitzenlassen, dafür nahm ich nun von einem Dritten, was mir zustand.

»Miriam, ich möchte, daß du mir die Wahrheit sagst.« Ich war schon im achten Monat, als meine Mutter mich zur Seite nahm. »Bist du schwer?«

Sie wollte nicht direkt fragen, ob ich schwanger sei. Schwanger sein heißt, du hast mit einem Mann geschlafen. Es wäre unsensibel von ihr gewesen, wenn sie so gefragt hätte.

»Bist du schwer? Bitte antworte mir«, wiederholte sie ihre Frage.

Ich brauchte Ewigkeiten, um antworten zu können.

»Ja«, sagte ich.

»In welchem Monat?«

»Ich glaube im sechsten. Warum?« Ich schämte mich nicht wegen der Schwangerschaft, sondern wegen der ungewohnten Worte darüber.

»Ich will es wissen, damit ich etwas Geld zurücklegen kann. Wir werden es brauchen, wenn das Kind kommt. Ich bin nicht böse auf dich.«

Ihre Worte erleichterten mich. Ich hätte heulen können. Seitdem brauchte ich nicht mehr krumm zu gehen, ich fühlte mich von einem schweren Druck befreit.

Meine Mutter schaffte es tatsächlich, von ihrem Verdienst etwas beiseite zu tun. Bis zur Geburt hatte sie mehr als zweihundert Schilling gespart.

»Wenn du Schmerzen bekommst, sag mir Bescheid«, sagte sie, als es schon fast soweit war.

Mama Nora hatte schon vielen Frauen bei der Geburt geholfen. Sie hatte, bevor sie meinen Vater kennenlernte, in einer Krankenstation am Mount Kenya gearbeitet. Viele Leute aus der Nachbarschaft holten sie zu Geburten und gaben ihr zwanzig statt der sechzig Schilling, die sie sonst fürs Krankenhaus bezahlen mußten. Manche brachten auch Lebensmittel als Dankeschön. Dennoch hatten wir beschlossen, daß ich im Krankenhaus entbinden sollte. Meine Mutter sollte nicht dabeisein, weil ich mich vor ihr schämte und nicht wollte, daß sie mein Geschlecht sieht. Jeder Mann konnte mich anfassen und mit mir schlafen, aber meine Mutter sollte mich nicht nackt sehen. In einer Nacht kurz vor der Geburt hatte ich nachts meine Unterhose ausgezogen, weil es sehr warm war. Als ich morgens aufwachte, fand ich mich schön zugedeckt im Bett und war überzeugt, daß ich nicht die ganze Nacht so gelegen hatte. Meine Mutter hatte mich wahrscheinlich zugedeckt und mit Sicherheit vorher mein Geschlecht gesehen. Den ganzen Tag konnte ich ihr nicht in die Augen schauen vor Scham.

»Die Geburt ist sehr, sehr schmerzhaft. Es kann passieren, daß du dir alle Haare vor Schmerzen ausreißt oder deine Haut zerkratzt«, erzählte mir meine Mutter.

Es tat wirklich sehr weh, aber zu keinem Zeitpunkt der Geburt dachte ich daran, mir die Haare auszureißen.

»Es war nicht so schlimm, wie du mir erzählt hast«, berichtete ich meiner Mutter.

»Siehst du, das wollte ich. Hätte ich gesagt, es tut

nicht weh, wärst du entsetzt gewesen. So konntest du froh sein, daß es nicht so schlimm war.«

Sie war eine gute Mutter und freute sich auf ihr Enkelkind. Ich hatte ein kleines Mädchen geboren, dem ich den Namen meiner Mutter gab, so wie es üblich ist in Kenia.

Zwei Tage nach der Geburt wurde ich entlassen. Noch am gleichen Tag hörte ich plötzlich vor unserem Haus meine Mutter schreien. Ich lief hinaus und fragte, was los sei.

»Tina, deine Schwester, hat ein kleines Grab neben der Tür gebuddelt und ein Kreuz darauf gesteckt. Das ist nicht normal.«

Tina hatte sich erschreckt und heulte, ich schaute auf das kleine Grab und wurde nachdenklich.

Zwei Tage später brachte eine ältere Prostituierte aus *Kilindini Harbour* ein junges Paar zu uns. Es waren feine Leute, die nicht in unsere Umgebung paßten. Vor dem Haus besprachen sie geheimnisvolle Dinge mit meiner Mutter, die ich nicht hören sollte.

»Du kannst heute nicht im Bett schlafen, leg dir eine Matte auf den Boden«, sagte meine Mutter, »die junge Frau wird heute nacht in unserem Bett schlafen.«

Ich verstand nicht, was los war.

»Deine Mutter wird der jungen Frau das Kind wegnehmen«, klärte mich die alte Hure auf, als meine Mutter weggegangen war, um Besorgungen zu machen.

»Sie wollen nicht zum Arzt gehen und soviel dafür bezahlen. Deine Mutter wird es billiger machen.«

Kurze Zeit darauf kam meine Mutter zurück und brachte Kakao für mich, Seife und eine Plastikschüssel mit. Sie schickten mich mit Nora nach draußen. Meine

Mutter, die alte Hure und die junge Frau gingen ins Haus.

»Deine Hände sind zu klein«, hörte ich die alte Hure sagen. Kurz darauf ging meine Mutter weg und kam nicht wieder. Ich legte mich auf die Matte im Haus. Als der junge Mann kam und wissen wollte, wo meine Mutter war und wie es weitergehen sollte, stand ich auf und suchte meine Mutter. Total betrunken war sie, als ich sie schließlich in einer Buschbar fand. Mit vielen anderen Frauen saß sie am Tisch, auf dem viele leere Bierflaschen standen. Sie erkannte mich kaum.

»Mutter, was machst du hier? Der Mann und die Frau warten auf dich.«

»Ja, ich komme sofort. Ich muß noch bezahlen«, antwortete sie, und machte dabei eine Bewegung, als würde sie eine lästige Fliege verjagen. Ich lief nach Hause.

Als meine Mutter kam, war sie in einem schrecklichen Zustand. Sie bekam die Zähne nicht mehr richtig auseinander.

»Macht euch keine Sorgen. Für so was braucht man Zeit und Ruhe. Du kannst später wiederkommen«, sagte sie zu dem Mann, der sofort verschwand.

»Mutter, wo hast du das Geld hingetan? Du hast doch fünfhundert Schilling bekommen«, wollte ich am nächsten Tag von ihr wissen.

»Ich habe es nicht mehr. Einen Teil habe ich ausgegeben, den Rest habe ich deinem Bruder Paul geschickt«, antwortete sie ausweichend.

Ich glaubte ihr nicht.

»Gestern standen so viele Flaschen auf dem Tisch. Hast du die alle bezahlt?«

»Miriam, versteh mich. Immer gehe ich in diese Kneipe, und die anderen bezahlen oft für mich. Jetzt hatte ich soviel Geld und wollte das den anderen zeigen. Ich habe alles bezahlt.«

Ich verstand sie und sagte nichts.

Das kleine Grab vor der Tür und die Abtreibung beunruhigten mich. Kaum war ich entbunden und zu Hause, machte meine Schwester ein Grab vor die Tür; der Nabel meiner Tochter war noch nicht getrocknet, da fließt das Blut eines Embryos. Ich hatte Angst um meine Tochter.

Schon am sechsten Tag wurde sie krank, sie hatte einen Nabelbruch und blutete, wir brachten sie ins Krankenhaus. Es dauerte fast zwei Monate, bis der Nabel verheilt war. Zu schaffen machten mir auch ihre häufigen Fieberanfälle; sie war ein richtiges Pechbaby, das ständig kränkelte.

Mombasa und seine Gäste

»Deine Mutter ist doch arm, die Wohnung hat nur ein Zimmer, du schläfst mit deiner Mutter in einem Bett, und dann sind da noch die beiden Kinder. Du weißt doch, was deine Mutter macht, auch wenn sie nie mit dir darüber sprechen wird. Sie braucht das Zimmer für ihre Männer. Komm mit zu den Touristen.«

So direkt hatte meine Cousine Agnes noch nie mit mir gesprochen. Offensichtlich meinte sie es gut und wollte mir helfen.

»Ich bin zu schwarz, die Touristen werden mich nicht mögen«, wehrte ich ab.

»Nein«, sagte sie und lachte, »die Deutschen stehen auf ganz schwarzen Frauen. Du brauchst dir nur die Haare zu flechten. Komm, im Augenblick ist Hochsaison.«

Agnes war sehr chic und modern angezogen, sie sah hübsch aus, wie ein Star. Ich wußte, daß sie Creme benutzte, damit ihre Haut heller wurde. Sie konnte sich das leisten. Mir raste alles mögliche durch den Kopf. Als richtige Malaija, als Hure, sollte ich arbeiten.

Früher hatte ich mit Afrikanern geschlafen, um einen Platz für die Nacht zu haben, für ein Essen und für Geschenke. Das war ein Tausch gewesen, jetzt sollte es eine richtige Arbeit sein. Nein, dachte ich, jetzt soll ich dieses weiße Fleisch von Europäern anfassen. Diese Haut, die der von Schweinen so ähnelt. Diese Vorstellung ekelte mich einen kurzen Moment.

»Die Touristen zahlen gut«, redete Agnes weiter auf mich ein, »wovon willst du sonst leben? Stell dir vor, du kommst eines Tages zu deiner Mutter mit einer großen Tüte voller Lebensmittel. Stell dir vor, wie sie sich freuen wird! Deine Mutter wird stolz auf dich sein, wenn es dir gutgeht.«

Damit überredete sie mich. Später erfuhr ich, daß sich Agnes mit Mama Nora abgesprochen hatte. Weil sie aber meine Mutter war, brachte sie es nicht übers Herz, von mir zu verlangen, als Prostituierte zu arbeiten. Es war gut, daß es Agnes getan hatte. Ich hätte damals nicht verstanden, warum ausgerechnet Mama Nora mich zwingt, diese Arbeit zu machen.

Es wurde langsam dunkel. Agnes mußte weg, weil sie eine Verabredung mit einem europäischen Gast hatte. Ich ging noch am gleichen Abend mit zu ihr. Wir verabredeten, daß ich die ersten Tage als Haus- und Kindermädchen für sie arbeiten und ihren fünfjährigen Sohn Kariuki und meine Tochter Nora beaufsichtigen sollte. In dieser Zeit wollte sie mich auf die zukünftige Arbeit mit den Touristen vorbereiten.

Das mehrstöckige Haus, in dem Agnes ein Zimmer hatte, lag in *Kilindini Harbour*. Dort lebten fast nur Prostituierte und Leute, die im Hafen arbeiteten. Verglichen mit der kleinen Hütte meiner Mutter war ihr Zimmer luxuriös. Sie hatte ein riesiges, blaues Bett mit einem Radio und einem Ventilator am Kopfende, passend dazu eine blaue Couch an der Wand gegenüber. Es gab einen großen Wohnzimmerschrank und natürlich einen vollen Kleiderschrank. Den Boden bedeckte ein rotblauer Teppich. Die Atmosphäre gefiel mir sofort. In der Nacht hörte ich die Schritte der Prostituierten und die Stimmen ihrer afrikanischen und europäischen Freier auf den Straßen und in den Häusern.

»So geht es nicht weiter«, schimpfte Agnes schon nach zwei Tagen, »ich brauche mein Zimmer für meine Arbeit. Ich kann nicht ständig mit meinen Gästen ins Hotel gehen. Wenn ich sie mit in mein Zimmer nehme, dann kriege ich zusätzlich, was sie sonst im Hotel bezahlen. Wir geben die Kinder zu einem Kindermädchen, und du machst die gleiche Arbeit wie ich.«

Ich traute nicht zu widersprechen. Sie hatte das Geld, sie war mein Chef, und ich war abhängig von ihr. Ich war zwar verletzt, aber ich sah keine andere Möglichkeit. Ich wollte nicht zurück zu meiner Mutter, und ich wollte, daß es meinem Kind gutgeht. Dafür mußte ich Nora jetzt abgeben, was mir sehr schwerfiel. Noch am gleichen Tag brachte ich sie zu einer Kinderfrau, die Agnes empfohlen hatte. Diese Frau versorgte mehrere Kinder, von denen die meisten von Prostituierten waren. Die Frauen zahlten damals zweihundertfünfzig Schilling im Monat für die Betreuung. Das Essen mußte extra bezahlt oder vorbeigebracht werden. Ich hatte kein Geld und auch nichts zum Essen dabei. Meine Cousine hatte mir nichts gegeben. Also versprach ich der Frau, daß ich am nächsten Tag das Geld vorbeibringen würde.

Ich heulte beim Abschied. Es war das erste Mal, daß ich mich von meinem Kind trennte und Nora bei einer

Fremden ließ. Konnte ich wissen, ob die Frau gut zu meinem Kind sein würde? Ich heulte und dachte gleichzeitig daran, wie es nun weiterginge. Tausend Gedanken und Fragen schossen durch meinen Kopf. Würde ich es schaffen, Liebe zu verkaufen? War ich attraktiv genug, daß Männer für mich mehr als ein paar Schilling bezahlten? Welche Tricks mußte ich lernen? Hatte ich genug Talent? Ich brauchte das Geld, aber wollte ich so arbeiten wie Agnes? Wenn sie ihr Portemonnaie öffnete, konnte ich nur seufzen. Sie hatte lauter Hunderter in der Tasche. Hundert Schilling, das war für mich damals wie zehntausend Mark heute. Wenn einer zu mir gesagt hätte, hier hast du hundert Schilling, ich hätte es nicht fassen können. Für mich waren fünf Schilling schon sehr viel.

Am späten Nachmittag kam meine Cousine mit einem weißen Gast gutgelaunt vom Essen. Ich guckte mir den Mann an und schüttelte mich innerlich bei dem Gedanken, daß ich ihn berühren mußte. Agnes suchte mir eines ihrer schönsten Kleider aus, ein richtiges Damenkleid und eine Perücke. Ich sollte mich für meine zukünftige Arbeit umziehen. Ich machte mich in der Toilette zurecht, weil der Gast auf der Couch saß. Die Situation war mir peinlich.

»Du gehst zuerst ins Castle Hotel«, fing Agnes an, als sie mir die Perücke aufsetzte, »dort sind immer viele Touristen, such dir einen guten Platz, von wo du alles überblicken kannst. Wenn ein Mann zusammen mit einer Frau sitzt, hast du keine Chance. Den Platz darfst du nicht wechseln, sonst schmeißen sie dich hinaus. Du mußt den Männern in die Augen sehen. Wenn du merkst, da guckt einer immer wieder zu dir, dann rufst du ihn, er soll neben dir sitzen. Wenn du bis elf Uhr noch keinen Freier hast, fährst du mit dem Bus ins Rainbow, wo afrikanische Männer hinkommen, meist Angestellte aus den Hotels, die den großen Chef spielen. Dort wirst du auf alle Fälle einen kriegen. Sie zahlen nicht so gut, aber was soll es!«

Ich konnte mich kaum auf alles konzentrieren. Die Perücke fühlte sich an wie ein Hut und wog schwer auf meinem Kopf. Sie sah aus wie das Haar von Michael Jackson; das war damals Mode. Ich hatte Angst, daß das Haarteil herunterfallen könnte. Ich mußte richtig balancieren. Während ich mich schminkte, kontrollierte Agnes mein Aussehen und wünschte mir viel Glück.

Wenige Meter vor dem Hotel war ich so nervös und aufgeregt, daß ich vor Angst fast stolperte. Ich traute mich kaum ins Hotel. Von außen konnte ich die weißen Männer an den Tischen sitzen sehen. Ich nahm meinen ganzen Mut zusammen und ging hinein, erst einmal zur Toilette, um Zeit zu gewinnen und mir das Lokal anzusehen. Mein erster Eindruck war, daß ich hier nicht erfolgreich sein konnte. Ich dachte schon daran, ins Rainbow zu gehen. Dort würde es viel leichter sein. Aber ich hatte noch die Worte von Agnes im Ohr und redete mir selbst zu, Geduld zu haben und hier zu bleiben. Ich hatte die erste Hürde schon geschafft, ich konnte mich einfach an einen freien Tisch setzen und bis elf Uhr warten. Ich war mir sicher, daß keiner kommen würde, aber egal. Ich setzte mich hin und beobachtete die Szene. Alle wirkten ausgelassen und fröhlich auf mich, besonders die afrikanischen Frauen, die sich um die Touristen bemühten. Ich hingegen war völlig verkrampft und fühlte mich beobachtet. Jetzt saß ich allein an einem kleinen Tisch und durfte den Platz nicht mehr wechseln. Der Kellner kam und fragte, was ich trinken wollte.

»Ich warte auf meinen Begleiter, er wird für mich bezahlen«, sagte ich leise.

Wie lange würde er das glauben, man durfte nicht ohne Getränk im Castle sitzen. Was sollte ich tun? Ich hatte kein Geld für ein Getränk, ich konnte mit meinem Geld nur den Bus ins Rainbow bezahlen. Oder sollte ich doch eine Cola bestellen und drei Stunden daran trinken? Dann würde ich zu Fuß ins Rainbow gehen müssen. Aber das war gefährlich. Ab neun Uhr abends war es besser für eine Frau, nicht mehr allein auf der Straße zu sein. Polizisten kontrollierten dann verstärkt und nahmen Frauen ohne Begleitung fest. Das durfte mir nicht passieren! Bei meinem jetzigen Aussehen war sofort klar, in welchem Metier ich arbeitete. Prostitution war und ist in Kenia verboten, und eine Festnahme gleich am ersten Abend wollte ich nicht riskieren. Ich hatte diesen Gedanken kaum beendet, da sah ich drei Japaner eintreten. Sie blieben an einer Ecke stehen, schauten sich im Laden um und zeigten auf mich.

Ich wußte, was ich zu tun hatte. Beim ersten Mal schaute ich wie zufällig, beim zweiten Mal bemühte ich mich, mit einem freundlichen Lächeln in ihre Richtung zu sehen, beim dritten Mal zwinkerte ich leicht. Sie hatten es verstanden und kamen auf mich zu. Mir fiel ein Witz ein, den man sich damals erzählte, daß die Frauen im Castle alle einen Tick hätten und ständig mit den Augen zuckten; nicht nur bei der Arbeit, sondern auch zu Hause. Die drei Japaner suchten einen schöneren Platz aus und nahmen mich mit an ihren Tisch. Toll, es hatte gleich funktioniert. Mir war fast schwindlig vor Glück. Der kleinste von ihnen, Shima, bemühte sich am meisten um mich. Er fragte, ob ich was trinken wollte und bestellte Bier. Es war kaum eine halbe Stunde vergangen, da fragte er schon, ob ich mit zu ihm kommen würde. War es wahr? Mein Erfolg und das Bier wirkten so belebend, daß ich bald keine Hemmungen mehr hatte, laut lachte und locker war, das Leben schien mir plötzlich so leicht. Natürlich wollte ich mit Shima gehen. Ich hatte noch keine zwei Stunden im Castle verbracht, als wir aufbrachen. Mittlerweile hatten seine Freunde auch Mädchen gefunden. Im Auto mußten wir auf dem Schoß der Männer sitzen. Die Stimmung war ausgelassen, die beiden Mädchen kreischten, ich fühlte mich wohl in ihrer Gesellschaft. Ich würde nur noch mit Japanern gehen, wenn es mit denen so einfach war. Das nahm ich mir vor.

Shima hatte eine schöne Wohnung mit Klimaanlage, es war alles sehr sauber. Er erzählte, daß er für eine japanische Firma in Mombasa arbeitete. Ich setzte mich ins Wohnzimmer. Er brachte mir ein Bier und japanische Nudeln mit einem rohen Ei oben drauf. Ich traute mich nicht abzulehnen und aß es angeekelt. Shima war sehr ruhig, er sagte fast nichts. Das lag zum einen an seiner Art und zum anderen daran, daß er kaum englisch sprach. Wir waren sehr leise, damit die anderen Japaner im Haus uns nicht hören konnten. Schließlich gab er mir ein Zeichen mitzukommen. Er war so klein, daß ich mich kleiner machte, um mich nicht wie seine Mutter zu fühlen. Bei seiner Figur und Größe hätte er wirklich mein Sohn sein können. Später – ich sollte ihn noch oft treffen – bekam ich Kreuzschmerzen von dieser Haltung.

Er streichelte meine Hand und führte mich ins Badezimmer. Dort ließ er Wasser in die Badewanne ein und zeigte mir, wo ich meine Kleider aufhängen konnte. Ich wußte nicht, was er wollte, aber ich war zu allem bereit. Ich zog mich langsam aus und setzte mich in das angenehm warme Wasser. Ich schämte mich, weil er mich dabei anschaute. Nun zog er sich aus und kam zu mir ins Wasser. Ich machte meine Beine auseinander, und er begann, seinen kleinen Penis in mich hineinzudrücken.

Bevor wir ins Bett gingen, gab er mir zweihundert Schilling. Ich traute mich erst am nächsten Morgen, das Geld einzustecken. Es war mein erstes Gehalt. So einfach war es also, Geld zu verdienen. Ich war glücklich. Ich kaufte Milch und eine Flasche für mein Baby, dann trockenen Fisch, Mais, Grieß, frisches Gemüse und Fleisch. Ich brachte alles zur Kinderfrau. Ich war wie ausgewechselt, alle konnten mir die Erleichterung ansehen. Ich wollte von meinem Glück etwas abgeben und bezahlte die Kinderfrau sehr gut. Ich wollte ihre Liebe kaufen, Nora sollte es gut bei ihr haben. Danach ging ich zum Friseur und ließ mir die Haare flechten, mit vielen bunten Perlen. Erst abends war ich zu Hause. Meine Cousine Agnes staunte nicht schlecht, als ich ihr von meinem ersten Arbeitstag erzählte.

»Siehst du, ich hab's dir doch gesagt. Wie hast du denn den Japaner angemacht?«

»Ich brauchte gar nichts zu machen. Er ist von alleine gekommen«, antwortete ich stolz.

»Was? Hast du ein Glück. Dabei bist du doch kein Typ für Japaner. Die Japaner mögen lieber Mischlingsfrauen mit langen Haaren. Wenn du das weitererzählst, werden alle denken, du warst beim Woodoo.«

Ich mußte wirklich großes Glück gehabt haben. Endlich konnte ich mir jetzt auch die Pille leisten. Weil ich schon ein Kind hatte, bekam ich sofort das begehrte Rezept. Meine Glückssträhne hielt an. Fast vier Monate war ich mit Shima zusammen. Wir sahen uns mindestens dreimal in der Woche. Oft lud er mich zum Essen ein. Er sagte nie, wir sehen uns heute oder morgen. Jeden Abend ging ich ins Castle und guckte erst, ob er da war. Wenn er nicht kam, suchte ich andere Männer. Langsam wurde aus der Beziehung zu Shima Freundschaft. Das einzige, was mich störte, war die Art, wie wir miteinander sprachen. Er war sehr ruhig, und wenn er etwas sagte, konnte ich ihn kaum verstehen. Aber ich gewöhnte mich an ihn und sein Geld.

Nach zwei Monaten konnte ich es mir leisten, mit meiner Cousine Agnes zusammen ein kleines Haus in Shanzu zu mieten, nicht weit vom Strand und den großen Touristenhotels entfernt. Endlich hatte ich ein eigenes Zimmer. Shima kaufte mir die ersten Einrichtungsgegenstände: ein Bettgestell mit einer schönen Matratze und ein kleines rotes Radio.

Langsam bekam ich Erfahrung darin, was ich erzählen mußte, um solche Geschenke zu erhalten. Ich überlegte vorher schon, was ich brauchen könnte.

»Oh, ich habe ein schönes Kleid gesehen. Kannst du es mir nicht kaufen?« umschwärmte ich ihn beim nächsten Treffen, und Shima kaufte es mir.

Ich hatte das Gefühl, daß er sein Geld gern für mich ausgab. Trotz der vielen Geschenke gab er mir weiterhin zweihundert Schilling für jede Liebesnacht. Ich brauchte bei ihm nicht wie später bei vielen anderen Männern mit Tricks zu arbeiten. Shima war mein erster und letzter Japaner.

Als Shima zurück nach Japan ging, war ich sehr traurig. Shima war kein schwieriger Mensch, wir hatten uns nie gestritten, und ich brauchte nie um etwas zu betteln. Wenn ich mit ihm zusammen war, fühlte ich mich nicht wie eine Hure. Ich hatte zwischendurch auch Erfahrungen mit Touristen gemacht und festgestellt, daß es mit ihnen oft nicht so einfach war. Es gab viele schwierige Männer, die nicht gut bezahlen wollten. Auf diese Typen hatte ich keine Lust.

Viele Weiße, vor allem die Deutschen, zierten sich und taten so, als wollten sie kein Mädchen. Die Mädchen mußten erst einmal alles versuchen. Wir wußten schon, irgendwann würden wir ihn kriegen, aber bis dahin war es ein harter Job. Wir versuchten, irgendein Thema zu finden, auf das der Mann ansprang: seine Haare, sein schickes Hemd oder ähnliches.

»How are you, Baby?« flüsterte ich einem hübschen Weißen ins Ohr und streichelte dabei seinen Rücken. Seine schönen schwarzen Haare waren mir gleich aufgefallen, als ich das Florida, die beliebte Diskothek für schwarze Frauen und ihre weißen Gäste, betrat.

»You make me crazy«, reagierte er prompt, womit ich nicht gerechnet hatte.

Sollte ich es gleich auf Anhieb geschafft haben? Ich ging mit diesem Mann, der es mir so leicht gemacht hatte, nach Hause. Er gab vor, Amerikaner von einem der kleinen Schiffe zu sein, die öfter im Hafen lagen. Er unterhielt sich die ganze Zeit auf englisch mit mir, so daß ich keinen Verdacht schöpfte. Wir schliefen miteinander. Über den Preis wurde üblicherweise nicht vorher verhandelt, die Männer zahlten morgens soviel, wie sie für richtig hielten. Mein Japaner war eine Ausnahme gewesen, das sollte ich noch öfters feststellen.

»Weißt du was«, sprach der schöne Mann, während

er sich anzog, »ich gehe jetzt zum Schiff und hole dort ein paar Sachen für dich, die ich sonst wegwerfen müßte: einen Kühlschrank, einen Fernseher und Frauenkleider. Du kannst dir was aussuchen. Ich weiß sowieso nicht, wohin mit dem Zeug, o.k.?«

Ich nickte und freute mich darauf. Ich wartete vergebens. Der Mann kam nicht zurück. Er hatte gratis mit mir geschlafen. Ich war seiner Geschichte aufgesessen, weil ich noch unerfahren war. Er hatte mich in jeder Hinsicht getäuscht. In Wirklichkeit war er Araber und lebte schon lange in Kenia. Zwei Jahre später sah ich ihn wieder, da saß er in einer Kneipe mit anderen Arabern und kaute Mairungi. Er hatte den Touristen bloß gespielt. Das war ein beliebtes Spiel bei weißen Afrikanern. Sie suchten sich dumme Mädchen und erzählten ihnen eine Geschichte, die Mädchen gingen dabei leer aus. Der Mann schaute mich an, als ob er sagen wollte, dich kenne ich doch. Ich guckte schnell weg, weil ich mich für meine Naivität immer noch schämte.

Meine Unerfahrenheit führte aber auch zu komischen Situationen. Damals konnte ich kaum darüber lachen, heute finde ich es manchmal lustig.

An einem Abend saß ich wieder im Castle Hotel und schaute mich um. Viele Huren waren ausgesprochen schön und aufreizend gekleidet, mit Glitzer in den Augen und tollen Rastafrisuren. Ich trug Jeans und einfache Sandalen. In der Nähe der Bar sah ich einen Mann alleine sitzen. Seltsam war, daß die anderen Frauen sich nicht um ihn bemühten. Wahrscheinlich hatte er schon alle Huren »gefegt« und wartete auf eine Neue. Warum sollte ich nicht meine Chance nutzen? Ich lächelte ihm aufmunternd zu, stand auf und ging zur Toilette, ganz nah an ihm vorbei.

»Bist du allein?« fragte er mich, als ich zurückkam.

»Ja«, sagte ich, blieb stehen und setzte mein strahlendstes Lächeln auf. Damit hatte ich ihn gewonnen. Er lud mich in ein Bumshotel ein. Dort gab es keine Klimaanlagen, aber immerhin Zimmer mit Ventilator. Er ging ins Bad und duschte sich. Nachdem er fertig war, duschte ich mich. Wieder im Zimmer machte ich sofort das Licht aus und legte mich aufs Bett. Der Mann, der sich mir im Taxi als Uwe vorgestellt hatte, legte sich zu mir. Die Dunkelheit verbarg, daß ich meine Tage hatte. Er legte sich auf mich und schlief mit mir auf die normale Art. Als er morgens aufwachte, wollte er gleich weitermachen. Er streichelte und küßte mich, mit seinem Kopf bewegte er sich langsam nach unten. Er wollte meine Möse lecken, ich kannte diese befremdliche Angewohnheit der Weißen schon. Unter den Huren nannten wir diese Praktik »Knochen abnagen«. Als er wieder auftauchte, sah er aus wie Dracula. Was sollte ich tun? Ich konnte ihm doch jetzt nicht sagen, daß er voller Blut war. Vielleicht würde er mich dann schlagen und nicht bezahlen. Wir gingen nacheinander ins Bad, um uns zu waschen. Als er herauskam, hatte er immer noch das Blut im Gesicht. Ich sagte nichts. Er lud mich zum Frühstück ins Castle ein, und ich suchte einen Weg, wo nicht so viele Leute liefen, weil mir sein Aussehen peinlich war. Im Castle angekommen, bestellten wir Bier und das Frühstücksmenü. Die Frauen und Männer an den anderen Tischen guckten schon komisch. Ich schämte mich und hätte mich am liebsten in Luft aufgelöst. Uwe ging auf die Toilette und kam nicht mehr zurück. Ich wartete sehr lange, sein Frühstück stand unberührt auf dem Tisch. Wahrscheinlich hatte er sein Gesicht im Spiegel gesehen und war durch den Hinterausgang verschwunden. Gottseidank hatte er das Frühstück und die Nacht schon bezahlt.

»Kennst du Wolfgang?« fragte mich meine Cousine wenige Tage nach der Abreise von Shima. »Er hat dich gestern abend in der Buschbar gesehen und ist in dich verknallt. Du kannst ihn haben.«

Meine Cousine machte mich mit ihm bekannt. Wolfgang unterschied sich nicht von den anderen Touristen, er trug kurze Jeans, war groß und sah passabel aus. Noch am gleichen Tag besuchten wir händchenhaltend Fort Jesus, ein altes Fort in Mombasa, um das sich in den letzten fünfhundert Jahren Araber und Portugiesen gestritten hatten. Das Händchenhalten kostete mich einige Anstrengung. In Kenia zeigen afrikanische Paare bis heute nicht, daß sie zusammen sind. Nur die Touristen machen es. Nach unserem Ausflug in die Altstadt von Mombasa nahm er mich mit in sein Hotel. Im Restaurant traute ich mich nicht, etwas zu bestellen. Es waren sehr viele Weiße da, einige Männer und Frauen mit ihren afrikanischen Liebhabern, und ich schämte mich. Natürlich konnte ich mit Messer und Gabel umgehen, das hatte uns mein Vater sehr früh beigebracht. Das war es nicht. Es war dieses Gefühl, eine Weiße spielen zu müssen, so zu tun, als wäre ich eine von ihnen. Das konnte ich an diesem Abend nicht. Ich trank nur etwas, obwohl ich schrecklichen Hunger hatte. In der Nacht schlief Wolfgang mit mir. Vorher sorgte ich dafür, daß es im Zimmer dunkel war. Ich hatte Sex nicht gerne bei Tages- oder hellem Lampenlicht. In dieser Beziehung war ich schamhaft wie die meisten meiner Landsleute.

Am nächsten Morgen gab mir Wolfgang kein Geld. Ich sagte nichts, weil es mir peinlich war, über Geld zu reden. Das Problem war, daß Huren und Freier immer so taten, als wäre die Beziehung eine Freundschaft. Über Geld sprechen bedeutete, diese Illusion zu zerstören. Deshalb war es so schwer. Normalerweise wurde das Geld unauffällig und ohne Kommentar auf den Tisch gelegt, die Touristen kannten die Preise. Es war nicht nötig zu verhandeln. Wolfgang hatte früher bereits kenianische Mädchen gehabt, auch er kannte das Spiel. Ich wußte an diesem Morgen noch nicht, daß Wolfgang ein Geizkragen war. Seine letzte Freundin hatte ihn deswegen verlassen, vorher hatte sie ihn aber noch einmal richtig ausgenommen. Agnes hatte mir die Geschichte erzählt. Die Frau hatte Wolfgang erzählt, daß ihre Mutter schwer krank sei, sie müsse schnell Geld auftreiben, um die Mutter ins Krankenhaus zu bringen usw. Er glaubte ihr und gab ihr achthundert Schilling, und sie verschwand einfach mit dem Geld.

Mehrere Tage waren wir schon zusammen, und obwohl er jede Nacht mit mir schlief, hatte er mir immer noch kein Geld gegeben. Wollte er von mir alles umsonst? Ich mußte mit ihm reden, auch wenn es mich große Überwindung kostete. So erzählte ich ihm am sechsten Morgen von meinem Kind, von meiner Miete und den vielen Ausgaben, die ich hatte, und machte ein trauriges Gesicht dazu. Er gab mir hundertfünfzig Schilling und bat mich, davon schwarze Schuhfarbe und Schnürsenkel für ihn zu kaufen, den Rest könnte ich behalten. Das war eine Frechheit. Hundertfünfzig Schilling für mehrere Nächte, und dann sollte ich von dem Geld noch etwas für ihn einkaufen? Ich überlegte, mir einen anderen zu suchen.

Schließlich hatte ich ihn soweit, daß er mir wenigstens die Miete und den Lebensunterhalt bezahlte, deshalb hielt ich es fast zwei Monate mit ihm aus. Ich begleitete ihn sogar oft zum Fischen an einen nahegelegenen See. Ich mußte zwar um jeden Schilling betteln, aber ich glaubte nicht, bei einem anderen Sextouristen mehr Glück zu haben.

Wenn mir Wolfgang auch wenig Geld einbrachte, lernte ich durch ihn eine Disko kennen, die mein Leben verändern sollte. Als ich zum ersten Mal im Bora Bora war, fühlte ich mich wie im Paradies, die Musik war klasse, es gab hübsche Frauen, die aussahen wie Amerikanerinnen, und eine wunderschöne Lightshow. Das Bora Bora war eine kleine Luxusoase, nicht so wie die anderen Diskos und Nachtclubs, die ich bereits kannte. Der geizige Wolfgang hatte mir tatsächlich den Eintritt ins Bora Bora bezahlt, in die Disco mit der berühmtesten Tanz- und Akrobatikshow in Mombasa, ja sogar in ganz Kenia. Die Mädchen konnten sich den Eintritt ins Bora Bora nur leisten, wenn die Freier für sie zahlten. Ich war so begeistert, daß ich mir wünschte, öfter hier zu sein. Ich stellte mir vor, eine von diesen Frauen zu sein, die hier tanzen durften und sich danach wie Damen mit den Touristen unterhielten.

Es gab eine einzige Möglichkeit für ein Mädchen, umsonst ins Bora Bora zu kommen. Das erfuhr ich noch in der gleichen Nacht. Sie mußte das Tanztraining mitmachen. Ich hatte gehört, daß sie immer neue Mädchen suchten und testeten, ob sie als Nachwuchs für die Show in Frage kamen. Ich wollte es versuchen.

»Ich möchte in Ihrer Show als Tänzerin mitmachen«, stellte ich mich gleich am nächsten Tag vor.

»O.k., du kannst es probieren. Eine gute Figur hast du ja«, sagte die Tanztrainerin.

So einfach war das. Ich begann das Training halbherzig, auch wenn ich jeden Tag da war. Ich rechnete mir keine Chancen aus. Nach einer Weile aber konnte ich schon gut tanzen, und ich begeisterte mich zunehmend dafür.

»Wie lange machst du das Training?« fragte mich der Chef vom Bora Bora nach mehreren Wochen, ein Deutscher, der ab und zu in den Trainingsraum kam und den Mädchen zuschaute. Bislang hatte er mich nicht beachtet.

»Ein bis zwei Monate.« So genau wußte ich es nicht.

»Du tanzt gut. Ich habe dich beobachtet.«

»Mach mal Musik an!« wandte er sich zur Trainerin.

Ich tanzte einen afrikanischen Hoza-Hoza-Tanz und den damals berühmten Motobike-Tanz. Noch am gleichen Abend wurde ich eingesetzt, weil ein Mädchen fehlte. So stieg ich ins Showgeschäft ein. Durch das Bora Bora wurde ich im Milieu bekannt, ich gehörte nun zu einer anderen Klasse von Frauen. Ich war keine billige Hure mehr, ich war jetzt ein Star. Das Fernsehen und jede Menge Zeitschriften berichteten damals über uns. Das Bora Bora war in Kenia so berühmt wie Starlight Express in Deutschland. Das war die erste Show in Kenia, wo die Frauen so tanzten wie in den Shows der europäischen und amerikanischen Großstädte. Alle Frauen träumten davon, im Bora Bora aufzutreten. Alle sprachen von den Bora Bora Mädchen – und ich war nun eine von ihnen! Einmal war ich Covergirl auf der Titelseite einer Frauenzeitschrift, danach zeigten die Leute auf mich und sagten: »Guck mal, die tanzt im Bora Bora.«

Ich verdiente zweitausendfünfhundert Schilling mit meiner Arbeit als Tänzerin, aber ich durfte mit niemandem darüber reden.

»Sag es nicht den anderen, dann wollen die auch soviel haben wie du«, sagte der Chef zu mir.

Es kann sein, daß jede Frau einen anderen Verdienst hatte. Das war ein guter Trick, damit die Mädchen nicht mehr Geld verlangten. Ich weiß aber, daß die jeweilige Freundin des Chefs, damals war das Betty, sechstausend Schilling bekam. Betty war die schönste und beste Tänzerin in der Truppe, sie kam aus einer Familie von Tänzerinnen. Ihre Mutter war schon eine berühmte Bauchtänzerin in Nairobi gewesen. Der Chef hatte immer eine Freundin unter den Tänzerinnen. Sie war dann unsere Chefin und leitete das Training, wenn die Trainerin nicht da war. Fast alle Mädchen im Bora Bora hatten einen festen Freund, entweder einen der Chefs vom African Safari Club oder einen Tauchlehrer, meistens Männer, die Geld hatten. Diese Mädchen brauchten dann nicht mehr anschaffen zu gehen. Leider hatte ich keinen reichen Freund, aber es war auch nicht schwer, nach der Show im Bora Bora einen Freier zu finden.

Unsere Show war gut, das wußte ich. Wenn wir fertig waren, zog ich mich besonders schön an, schminkte mich und setzte mich in der Disko auf einen Platz, von dem aus ich die Männer beobachten konnte. Ich achtete darauf, wer sich nach mir umschaute, und brauchte dann nur noch hinzugehen. Die Anmache war leicht im Bora Bora.

Hier lernte ich auch meinen ersten Stammgast kennen, er hieß Herbert. Ein Stammgast war ein Freund, der immer wieder kam und dir Sachen zum Anziehen aus Europa mitbrachte. Ein Stammgast konnte dich in sein Land einladen, ja, dich sogar heiraten.

Es war nach der Show, ich saß in unserer Ecke und betrachtete die Gäste. Da gab mir Hannah, eine Freundin, die hinter der Bar arbeitete, ein Zeichen. Sie hatte mir schon oft geholfen.

»Guck mal, wo ich gleich die Theke putzen werde, da sitzt ein Mann allein. Er hat noch keine Freundin.«

»Sag ihm, daß er zu mir herüberschauen soll«, sagte ich zu Hannah.

Sie ging und wischte vor einem gutaussehenden Touristen. Er gefiel mir.

Ich konnte sehen, wie Hannah mit ihm sprach und in meine Ecke zeigte, dabei lachte sie. Er schaute zu mir her, ich machte einen Kußmund und brachte ihn damit zum Lachen. Da wußte ich, daß ich ihn gewonnen hatte. Ich ging mit einem Glas Bier in der Hand zu ihm und prostete ihm zu. Dabei legte ich meine Hand um seine Hüfte, was er sich gern gefallen ließ. Er hatte einen Zahn, der länger war als die anderen, diese Unregelmäßigkeit zog mich ungeheuer an. Er lachte mich an, war ausgesprochen freundlich und gutgelaunt und stellte sich gleich vor: Herbert aus Deutschland. Wir redeten sofort drauf los, er konnte kein Englisch und ich nur ein paar Brocken Deutsch in der Sextouristensprache.

»Bist du das erste Mal in Mombasa?« fragte ich ihn auf englisch. Er verstand nur Mombasa und antwortete mit: »Ah Mombasa, bumsbasa.«

Wir flachsten in dieser Form weiter und verstanden uns auf Anhieb. Als ich ihn zum Tanzen aufforderte, folgte er mir sofort. Er würde mir gehören, das spürte ich. Mich störten nicht einmal die gierigen Blicke der anderen Frauen, die ihm zublinzelten, wenn ich nicht hinschaute. Sie konnten schon sehen, daß ich heute Chancen hatte und nicht alleine in meinem Bett liegen würde. Herbert war ein sehr hübscher Mann mit lustigen Augen und einer kleinen Glatze, die ihn älter aussehen ließ. Wir nannten ihn später Sexmachine, weil er das Lied ständig sang und dabei lustige Bewegungen und Geräusche machte.

»Gema Bungalow, bumsi, bumsi?« fragte ich, als es schon fast hell wurde. Mein Begleiter war sofort einverstanden. Wir setzten uns in ein Taxi und fuhren nach Shanzu. Er bezahlte selbstverständlich das Taxi, beruhigt stellte ich fest, daß er sich auskannte, er war nicht zum ersten Mal hier in Mombasa. Aber auch viele neue Freier kannten die Regel: Taxi bezahlen, keine Verhandlungen über Geld, das erst am nächsten Morgen ohne Worte auf den Tisch gelegt wurde usw. Immer wieder staunte ich, daß auch Neulinge und Schüchterne unter den Sextouristen sofort Bescheid wußten.

Am nächsten Morgen legte er mir zweihundert Schilling auf den Tisch. Als ich das Geld sah, war ich enttäuscht, weil viele Männer mittlerweile dreihundert bezahlten.

»Auch wenn du nett bist, wenn ich einen anderen heute abend finde, komme ich nicht mehr zu dir«, dachte ich und war sauer, aber ich sagte nichts.

Ich begleitete ihn händchenhaltend bis zur Autostraße, wo er sich ein Taxi nahm und zu seinem Hotel fuhr. Ich lud ihn trotzdem wieder ein, am Abend ins Bora Bora zu kommen. Wie konnte ich wissen, ob ich einen Ersatz für ihn finden würde. Tatsächlich war er am Abend im Bora Bora und hatte nur Augen für mich. Viele Mädchen versuchten vergeblich, ihn anzumachen.

Jeden Morgen gab er mir zweihundert Schilling, das reichte gerade, um ihn nicht zu verlassen. Berücksichtigt man die Inflation, war das weniger, als mein erster Freier Shima bezahlt hatte. Wir trafen uns nach meinem Training öfter in der Buschbar, ich ließ ihn dort mein Bier und Mairungi bezahlen, so daß ich doch noch auf meine Kosten kam. Bier ist für viele Kenianer wie flüssiges Gold. Gibt dir jemand ein Bier aus, du würdest es nicht gegen Geld eintauschen. Bierflaschen werden auf den Tischen gesammelt wie Trophäen. Bier ist eine Prestigesache. Wenn ich zehn leere Flaschen Bier vor mir stehen habe, bin ich besser als eine, die nur zwei Flaschen geleert hat. In Deutschland kann man immer Bier trinken, es ist normal. In Kenia ist es Luxus.

»Zwei Tusker, ein Pilsener und ein Old!« Wer das laut durch eine Kneipe rufen kann, ist ein König. Mit Bier kaufst du Macht und Ansehen. In Deutschland ist Bier wie Wasser aus der Leitung. In Kenia trinken die Leute gerne auf der Straße, damit es jeder sehen kann. In Deutschland bist du ein Penner, wenn du das machst.

Manchmal lud ich auch Freundinnen ein, mit uns zu trinken, und Herbert mußte bezahlen. Das war meine kleine Rache für seine schlechte Bezahlung. Wenigstens war Herbert treu und kam fast jeden Tag. Nur wenn er auf Safari oder zum Fischen ging, blieb er im Hotel, und ich suchte andere Freier für eine Nacht. Ich hätte ihn verlassen, wäre ein anderer mit mehr Geld gekommen, aber es kam keiner. Ein Pluspunkt für ihn war, daß er mir ein Radio in Aussicht stellte. Das war eine zusätzliche Motivation, die drei Wochen seines Urlaubs bei ihm zu bleiben. Ich hatte zwar schon ein Radio von Shima, aber in dieser Hinsicht war ich unersättlich. Ich konnte das Radio verkaufen oder verschenken. Als Schmiergeld konnten solche Geschenke einmal eine wichtige Rolle spielen.

Ich brauchte ihn auch nicht anzulügen und ihm was von großer Liebe zu erzählen. Er kannte alle Tricks der afrikanischen Frauen und hätte mir sowieso nicht geglaubt. Als er ein paar Monate später wiederkam, brachte er mir Stiefeletten und eine kurze Hose aus Deutschland mit. Herbert mochte mich sehr, und er kam immer wieder zu mir, wenn er in Kenia Urlaub machte.

An die Arbeit als Prostituierte hatte ich mich längst gewöhnt. Kaum ein Jahr hatte es gedauert, bis die Touristen zu einem Teil meines Lebens wurden. Diese Zeit hatte ich gebraucht, um das Milieu kennenzulernen. Erleichtert bemerkte ich, daß wir Huren nicht die einzigen waren, die den Touristen im Tausch gegen unsere Körper oder einer anderen Dienstleistung das Geld aus der Tasche zogen. Alle Männer und Frauen, die am Strand, in den Hotels oder in der Nähe der Touristen lebten, versuchten, diese auszunehmen. Ob sie mit Sex, mit Drogen oder mit anderen Sachen ihre Geschäfte machten, alle wollten sie das gleiche. Auch die Beach Boys, die am Strand Souvenirs verkauften. Wenn eine Oma vorbeikam und einen Liebhaber suchte, versuchten sie, die Frau ins Bett zu kriegen, um damit an ihr Geld, ein kleines Haus oder sonst etwas heranzukommen. In Mombasa waren alle, die mit Touristen zu tun hatten, auf Jagd. Fast alle lockten Touristen, um mit deren Geld zu überleben. Das war auch für mich normal geworden, und ich schämte mich nicht mehr für diese Arbeit. Beruflich war ich eine Tänzerin, die aufgrund ihres interessanten Jobs viele weiße Freunde hatte, das war meine Identität. Ich konnte auch immer offener mit anderen darüber reden und so ihre Informationen und Ratschläge nutzen.

»Wer ist denn der Typ mit dem Schnauzer, der da alleine sitzt?« war eine typische Frage an einen der Barleute im Octopussy Hotel, in dem viele Sextouristen wohnten.

»Ach der, das ist ein Schmetterling, der wechselt ständig die Frauen. Ich habe gehört, daß er nicht normal ist und immer Oralsex will.«

Nach solchen Auskünften wußte ich, woran ich war und ob es sich lohnte, den Mann anzumachen. Ich lernte, immer locker drauf zu sein, immer freundlich zu bleiben, auch wenn der Mann frech wurde. Er war der Boß, und ich spielte die Kleine. Ich lernte, wie ich die Männer nehmen mußte, wie sie angesprochen werden wollten. Natürlich klappte es nicht immer. Wichtig war, flexibel zu sein, da es sein konnte, daß ein Mann ganz anders war, als ich zunächst angenommen hatte. Ich lernte, schnell zu reagieren, schnell umzudenken, mich in die Männer hineinzuversetzen.

Das war der Preis, den ich für ein besseres Leben gern bezahlte. Unsere Wohnung wurde immer schöner, für damalige Verhältnisse war es eine richtige kleine Luxuswohnung. Meine Mutter kam mich oft besuchen, ich konnte in ihren Augen Freude leuchten sehen. Wenn du viel Geld hast, ist deine Familie stolz auf dich, egal woher du das Geld hast. Meine Mutter, ja die ganze Familie wußte, daß ich mit Touristen schlief und das Geld von ihnen bekam. Auch meine Brüder.

»Die weißen Männer wollen meine Schwester, nur sie. Sie hat viele weiße Freunde, die ihr Geld schicken und sie heiraten wollen. Sie geben ihr alles, weil sie hübsch ist«, so sprachen sie über mich. Das Wort Prostitution oder Sexualität fällt nie. Huren sind in ihren Augen nur Frauen, die mit Afrikanern ins Bett gehen für billiges Geld.

»Oh, meine Tochter ist klug. Sie kann gute Geschäfte machen und ist reich«, konnte meine Mutter jetzt überall erzählen.

Um welche Art von Geschäft es sich handelte, interessierte nicht. So war es auch bei meiner Tante Juliana, von der alle erzählten, daß sie mit einem reichen Engländer verheiratet sei. In Wirklichkeit war dieser Engländer ein Tourist, der sie regelmäßig besuchte und dafür mit Geld und Geschenken bezahlte.

Ich veränderte mich natürlich durch die Arbeit, die ich machte, aber ich bin nicht wütend, weil ich damit anfangen mußte. Auch nicht auf meine Mutter, die es so gewollt hatte. Als Kind hatte ich andere Pläne. Ich wollte zur Universität gehen und einen reichen Mann heiraten. Solche Wünsche mögen in Europa in Erfüllung gehen, in Kenia ist das eher unwahrscheinlich. Wenn ich die Prostitution damals mit heute vergleiche, kann ich sogar sagen, daß ich noch Glück hatte. Damals wußten wir nichts über Aids und benutzten keine Kondome. Tatsächlich sprach niemand über diese neue Krankheit, und auch die Männer aus Europa oder Amerika erwähnten sie nicht. Vielleicht hatten sie kein Bedürfnis, sich zu schützen; viel weniger noch werden sie an uns gedacht haben.

Das änderte sich erst Ende der 80er Jahre. Heute müssen die Mädchen mit Kondomen arbeiten, und wenn die Freier keine dabeihaben, was leider immer noch oft der Fall ist, dann müssen die Mädchen dafür sorgen. Da Kondome teuer sind, reduziert sich so ihr Verdienst.

Auch soll es heute schwieriger sein, einen Stammgast zu halten. Die Männer wollen eher Abwechslung. Nach Herbert, der Sexmachine, hatte ich noch viele Stammgäste. Einige schickten mir sogar regelmäßig Geld, weil sie glaubten, daß ich dafür treu sein würde.

»Auch wenn du nicht hier bist, werde ich keinen anderen Mann anschauen. Ich liebe dich«, log ich, wenn ein Mann das hören wollte. Ob er das tatsächlich glaubte, war egal; wichtig waren das Geld, das er schickte, und die Sicherheit, ihn im nächsten Urlaub wiederzusehen. Ich versuchte, immer mehr aus meinen Gästen herauszuziehen, und wendete immer mehr Tricks an.

»Oh, was hast du für eine schöne Kette. Gib sie mir, und ich werde immer an dich denken«, versuchte ich einen Gast zu überreden. Wenn ich Glück hatte und überzeugend war, gab er sie mir auch. Wenn er weg war, dann verkaufte ich vielleicht die Kette. Ich hatte nie Schuldgefühle. Ich mußte versuchen, in kurzer Zeit möglichst viel zu kriegen. Das war mein Geschäft. Da es keine festen Preise gab, kam alles auf das persönliche Geschick an. Es war wie beim Glücksspiel. Ich konnte viel gewinnen oder verlieren. Die Butterflys, die Schmetterlinge unter den Touristen, blieben vielleicht nur ein bis zwei Tage bei einer Frau. Ich wollte einem Freier möglichst viel abknöpfen und ihn dabei möglichst wenig verärgern. Dazu gehörte Fingerspitzengefühl. Kein Wort war mir zu viel, wenn es Erfolg versprach. Als Gegenleistung nannten wir die Männer unsere Freunde, sie waren unsere Boyfriends. Wer gut lügen konnte, war klug. Je klüger, desto schöner konnte das Leben werden. Ich wurde immer klüger.

In der ersten Nacht versuchte ich immer, sehr freundlich zu einem Mann zu sein, so daß er mich unbedingt wiedersehen wollte. Und wenn ich merkte, er war in mich verliebt, dann fing ich an, von meinen Problemen zu erzählen.

»Oh, diesen Monat habe ich noch nicht die Miete bezahlt.« Oder: »Ich habe nicht genug Löffel in der Wohnung. Kannst du nicht mit mir einkaufen gehen? Kaufst du mir ein Kleid, bitte, bitte.«

Wenn ich merkte, daß ihm das sogar Spaß machte, dann versuchte ich es mit einem Radio, einem Fernseher und so weiter. Aber das konnte auch zu einem Problem werden. Möglicherweise hatte ich schon einen Fernseher, den durfte der Freier nicht sehen, also mußte ich ihn verstecken. Zudem schämte ich mich nach vielen Geschenken, noch Geld zu verlangen. Das waren die Vor- und Nachteile eines Stammgastes. Von einem Stammgast konnte ich alles verlangen, auch teure Sachen, aber normalerweise kein extra Geld für Sex.

Nur einmal hatte ich einen Stammgast, der mir großzügige Geschenke machte und trotzdem jeden Morgen Geld gab. Er war schon alt und häßlich, und trug ein Gebiß wie meine Oma. Mit seinen dreiundfünfzig Jahren war er auch nicht viel jünger als sie, sein Körper war dünn und spröde. Ich trank viel Bier, wenn er da war, dann konnte ich ihn besser ertragen. Das Schlimmste war, daß er mich mit seinen klebrigen Lippen immerzu küssen wollte. Ich haßte das. Traditionell gehört das Küssen bei uns nicht in die Öffentlichkeit, aber er wollte mich ständig anfassen.

Als ich das erste Mal mit ihm in die Stadt zum Einkaufen fuhr, wollte ich ein Taxi nehmen, weil ich mich schämte. Er aber wollte lieber mit dem billigeren Bus fahren. Als wir aus der Stadt zurückkamen, knutschte er mit mir vor allen Leuten, das war schrecklich. Alle guckten und lachten. Er wollte zeigen, wie verliebt er in mich war und daß er als alter Knacker noch eine schöne junge Frau haben konnte. Mich interessierte nur sein Portemonnaie, deswegen hielt ich durch. Wenn wir uns trafen, war er glücklich, und für mich begann die Arbeit. Ich spielte ihm etwas vor, streichelte sein Gesicht, seinen Schwanz und dann schnell ins Bett. Ich tat alles dafür, daß es schnell ging. Wenn er fertig war, konnte ich aufatmen. Meine Arbeit war getan.

Es gab Huren, die hatten neben ihren Freiern noch richtige Freunde, meist Schwarze. Ich habe mich immer gefragt, wofür? Warum wollen sie noch einen Mann? Ich wußte damals nicht, daß Sex mit einem Mann auch Spaß machen kann, und glaubte, daß alle Frauen nur Show machen.

Wenn der Freier schnell fertig war, war ich glücklich. Bezahlte er gut, war ich um so glücklicher. Männer, die lange vögelten und wenig dafür bezahlten, nervten mich nur.

Oft saßen wir mit mehreren Frauen zusammen und redeten über Sex. Eines der Mädchen erzählte von einem Liebhaber, der sie so toll vögelte, daß sie ihm morgens dafür ein schönes Frühstück machte.

»Was?« rief ich, »ich soll die Nacht mit einem Mann bumsen, und dann morgens für ihn noch Frühstück machen? Das gebe ich lieber meinem Kind.«

»Das ist so schön, wenn ein Mann dich mit seinem Penis unten streichelt«, setzte eine andere die Unterhaltung fort.

»Ich finde so was pervers«, lachte ich sie aus. Jede versuchte, über möglichst viele Erfahrungen zu berichten und natürlich damit anzugeben.

»Gestern habe ich mit einem Freund geschlafen, da habe ich drei Orgasmen bekommen«, erzählte eine, und ich glaubte ihr nicht. Ich hatte noch nie einen Orgasmus bei einem Mann gehabt. Schöne Gefühle hatte ich nur, wenn ich mich selbst streichelte. Erst viel später lernte ich solche Gefühle auch mit einem Mann zusammen kennen.

Wir machten uns in solchen Gesprächen auch lustig über unsere Freier. Jedem Touristen gaben wir einen Namen. Einer hieß einfach nur »Der Alte«, ein anderer »Dritte Zähne«, der nächste »Schielauge«, »Spitznase« oder »Dicke Eier«. »Der Geizige«, »der mit den großen Ohren«, »der Küsser«, »der Mundstinker« oder »Karottenschwanz«, wir fanden immer etwas Passendes. Wir benutzten diese Namen unter uns, die Freier wußten meistens nichts davon.

»Hast du schon den Wolfgang gesehen?«

»Welchen Wolfgang?«

»Den Karottenschwanz, du weißt schon.«

»Ach der Karottenschwanz, der Typ mit dem großen Mund.«

Dann wußten alle, wer gemeint war. Wenn ich heute einen dieser Männer wiedersehe, in Deutschland oder in Kenia, fällt mir sofort sein Spitzname wieder ein.

Spaß machte es auch, über die unterschiedlichen nationalen Besonderheiten der Freier zu witzeln. Es war komisch, wie sehr unsere Meinungen übereinstimmten:

Die Deutschen meckerten immer und rechneten alles genau aus, ihnen war alles zu teuer. Wenn wir in den

Nachtclub gingen und versuchten, einen Deutschen anzumachen, tat er erst mal so, als ob er nicht wollte, wir kannten das schon. Sie hatten immer zwei Gesichter. Nach außen spielten sie den seriösen Mann, aber wehe sie waren hinter den Bungalows, dann waren sie wie Kinder und wollten von uns alles haben. Die Deutschen tranken gern Bier, mit Bier machten sie sich und uns glücklich. Die Deutschen sind die besten Lecker der Welt. Ich sage das, nachdem ich mich an diese Praktik gewöhnt habe. Also: ein Deutscher kann besser lecken als vögeln. Eine andere Eigenart: sie stöhnen sehr laut.

»Jeder Stoß eines Amerikaners ist ein Schilling«, war eine bekannte Redewendung. Ein Dollar war hundert Schilling. Zehn Dollar also tausend Stöße. Die Amerikaner vögelten gern auf akrobatische Art. Am liebsten war ihnen, wenn du deine Beine auf ihren Schultern hattest. Ihnen war egal, ob dir das wehtat, sie mochten es so. Einige Amerikaner hielten die Frauen beim Vögeln in der Luft. Sie haben sich alle möglichen Stellungen ausgesucht und nahmen für derlei sportlichen Geschlechtsverkehr bevorzugt durchtrainierte Mädchen. Egal, ob die amerikanischen Männer schwarz oder weiß waren, sie hatten Spaß beim Vögeln.

Die Italiener waren gute Gäste, und sie bezahlten anständig. Aber sie waren die Nummer eins im Reden. Bevor ein Italiener die Unterhose runterzog, kanntest du ihn schon in- und auswendig, du wußtest alles von seiner Frau und seinen Kindern. Die Italiener machten den Mund nie zu.

Die Schweizer waren die besten Gäste. Alle Mädchen liebten die Schweizer und waren hinter ihnen her. Wenn eine einen Schweizer hatte, dann wußten wir, die war gut versorgt. Die Schweizer waren treu und kamen wieder, sie bezahlten gut und waren ruhig. Hattest du einen älteren Schweizer, dann war das wie eine Lebensversicherung. Sie machten in der Regel auch keinen Streß.

Leider gab es auch Männer, die auf ungewöhnliche und manchmal ekelhafte Art Sex haben wollten. Sie kamen aus allen möglichen Ländern und wollten im Bett Sachen machen, die wir nicht kannten und nicht mochten, Oralsex zum Beispiel. Wenn ich heute meiner Oma erzählen würde, daß es in Europa üblich ist, daß Frauen ihren Männern die Schwänze lutschen oder Männer den Frauen die Möse, würde sie einen Herzinfarkt kriegen.

In Europa sind diese Praktiken normal und deshalb wünschten sich das viele Touristen von uns. Schrecklich war für mich Analverkehr, den viele Touristen auch verlangten. Daran konnte ich mich nie gewöhnen.

An einem Abend im Bora Bora fielen mir zwei junge hübsche Europäer auf, die noch ohne Begleitung auf der Couch saßen. Ich sah sie von weitem an und überlegte, ob ich mir einen von den beiden nehmen sollte. Sie waren beide jünger als die Männer, mit denen ich üblicherweise zusammen war. Bei sehr jungen Männern wie diesen war ich vorsichtig, für wenig Geld verlangten sie viel Sex, so daß die Arbeit mit ihnen meistens hart war. Da bemerkte ich, daß sie mich anschauten und über mich sprachen. Ich ging zu ihnen, bevor ich mich für einen von beiden hätte entscheiden können, und setzte mich zwischen sie. Es begann die übliche Anmache, das übliche Gelächter, die gewohnte Show.

»Hast du schon mal mit zwei Männern gleichzeitig gebumst?« fragte mich der eine.

»Zwei Männer?« fragte ich peinlich berührt zurück. Ich konnte mir nicht vorstellen, wie das gehen sollte.

»Nein, du mußt nicht mit uns Verkehr machen. Du kannst uns einen blasen.«

An das Geld denkend, stimmte ich zu, obwohl ich unsicher war. Normalerweise ging ich mit einem Gast zum Taxi. Jetzt hielt ich die Hand von zwei Männern und mußte mich mit beiden unterhalten. Es war doppelte Arbeit, beide zufriedenzustellen. Kaum waren wir in meinem Schlafzimmer, zog ich die Vorhänge zu und machte das Licht aus. Einer von beiden aber machte das Licht wieder an, was mir sehr unangenehm war. Ich zog mich langsam aus und legte mich aufs Bett, dabei zitterte ich vor Scham und vielleicht auch Angst, weil ich nicht wußte, was sie mit mir machen würden. Sie knieten sich einer links, einer rechts neben mein Bett, nahmen einfach eine meiner Cremes von der Kommode und schmierten mich damit ein, spritzten mir dann Creme in meinen Körper und versuchten, mit ihren Händen in mich einzudringen. Es tat weh, aber ich dachte an das Geld und beklagte mich nicht. Sie sagten lange kein Wort, bis einer mich nach einer leeren Flasche fragte. Ich ging in die Küche und kam mit einer leeren Colaflasche zurück. Ich weiß nicht, welche Phantasie sie hatten, sie stopften mir die Flasche in meine Möse und versuchten sie ganz tief hineinzustoßen. Sie lachten dabei, als ob jemand einen guten Witz gemacht hätte. Es schmerzte so sehr, daß ich sie irgendwann bat, damit aufzuhören. Danach schliefen sie beide mit mir, erst der eine, dann der andere. Ich lag nur einfach da und ließ es geschehen. Ich war eine Hure, sie spielten die Götter, es tut heute noch weh, wenn ich daran zurückdenke.

Am nächsten Morgen bezahlte jeder von ihnen fünfhundert Schilling, ein guter Preis. Die folgenden Tage hatte ich starke Unterleibsschmerzen.

Ich erinnere mich noch gut an einen Deutschen mit Ohrring und Glatze, den ich auch im Bora Bora kennenlernte. Als ich ihn sah, kam er mir schwul vor. Trotzdem ging ich zu ihm hin in der Hoffnung, daß er mir wenigstens meine Getränke bezahlte. Er war sehr freundlich, und wir unterhielten uns. Er roch ungewöhnlich gut, sein Parfüm war sicher teuer.

»Hast du Strom bei dir zu Hause?« fragte er unvermittelt. Ich schaute ihn verdutzt an, was sollte diese Frage?

»Ich dachte, du machst Licht mit Kerzen und Öllampen.«

»Nein, ich wohne in einem modernen Haus, nicht in einer Hütte«, entgegnete ich halb entrüstet, halb belustigt, »warum fragst du danach?«

»Ich finde Kerzen schön, es ist gemütlicher«, sagte er, und wir sprachen nicht weiter darüber. Kurze Zeit darauf bestellte er ein Taxi, wir fuhren nicht sofort nach Shanzu, sondern erst zu seinem Hotel.

»Warte kurz hier, ich wußte nicht, daß ich heute noch eine schöne Frau treffen würde. Ich habe nicht genug Geld dabei«, sagte er und stieg aus.

Das gefiel mir nicht, ich war beunruhigt. Was wäre, wenn er einfach nicht wiederkommt und mich im Taxi sitzen läßt? Es dauerte lange, bis er zurückkam, ich war erleichtert.

»Ich liebe die romantische Stimmung. Ich habe Kerzen im Hotel geholt. Sie beruhigen meine Seele«, sagte er, als wir in meinem Zimmer waren.

Er nahm mehrere Kerzen aus seiner Jackentasche, zündete sie an und verteilte sie im Zimmer. Warum nicht, dachte ich und ließ ihn machen.

»Nein, laß mich«, befahl er mir, als ich versuchte, ihn anzufassen. Was war los mit diesem Mann? Wollte er nichts von mir? Würde er nicht bezahlen? War er nur gekommen, um hier zu schlafen?

»Wie weit kennst du dich mit der Liebe aus?« fragte er mich. Was meinte er?

»Schwanz rein, Schwanz raus, Schluß«, war alles, was mir zu seiner ungewöhnlichen Frage in der Touristensprache einfiel, »was willst du denn?«

»Ich habe einen besonderen Wunsch«, sagte er, nahm eine Kerze und strich sich damit über seinen Hintern und seine Eier.

Ich gab mir Mühe, so zu tun, als sei das, was er machte, für mich normal. Würde er von mir verlangen, daß ich ihm die Kerze in seinen Hintern stecke? Ich hatte große Lust, ihn einfach rauszuschmeißen.

»Ich möchte, daß du mir den Wachs der brennenden Kerze auf den Rücken tropfen läßt.«

Aha, das war es. Ich ließ mich darauf ein und ließ es tropfen, bis sein Rücken von dem Wachs ganz weiß und hart war. Er stöhnte leise bei dieser Behandlung, und mir machte es sogar Spaß. Ich fing an, meinen Namen und viele andere Worte mit Wachs auf seinen Rücken zu schreiben. Später drehte er sich um, und ich konnte seinen harten Schwanz sehen. Als ich ihm das Wachs neben seinen Schwanz tropfen ließ, fing er an zu spritzen, ich brauchte ihn nicht einmal zu berühren. Er war sehr zufrieden und ich natürlich auch, weil es für mich eine leichte Arbeit gewesen war. Er bezahlte mir vierhundert Schilling. Nach solchen Erfahrungen mit Touristen hatte ich immer das Gefühl, daß viele von ihnen nicht ganz normal waren.

Von afrikanischen Männern kannte ich derartige Sonderwünsche nicht. Zwischen kenianischen Liebhabern wird auch nicht viel herumexperimentiert. Bei uns findest du selten ein Paar, das die Stellung wechselt. Schwanz rein und raus und das oft stundenlang, mehr passiert bei einem afrikanischen Paar im Bett nicht. In den Städten konntest du auch Männer treffen, die schön küssen und streicheln konnten, aber das war eher die Ausnahme. Ob die Frau nach dem Sex zufrieden war, das war nicht das Problem der Männer, es reichte, wenn sie so tat. Der Mann war dazu bestimmt, zum Orgasmus zu kommen und Schluß. Da allerdings gab es wenig Unterschiede zwischen den Sextouristen und den Afrikanern.

Es passierte selten, daß Sex auch Spaß machte, vielleicht mit einem hübschen Touristen, der mich gut bezahlte und bei dem ich mich entspannen konnte. Leider war es sehr schwierig, so einen Mann zu finden. Die Hübschen bezahlten in der Regel wenig, weil sie wußten, daß sie jede Frau haben konnten. Es gab viele Mädchen, die nur hübsche Männer nahmen. Sie glaubten, was Besseres zu sein. Dafür verdienten sie schlechter. Ich konnte mir das nicht leisten. Ich hatte vielleicht in meinem Leben fünf Touristen, die sehr hübsch waren. Und dreißig Prozent waren o.k. Bei fast allen Männern war ich froh, wenn sie fertig waren und endlich einschliefen oder gingen.

Die Amerikaner kommen

Etwas Besonderes war es, wenn die amerikanischen Soldaten kamen. Alle Huren waren dann aus dem Häuschen und freuten sich über die vielen Dollars, die sie verdienen konnten. Frauen aus dem ganzen Land, ja sogar aus Somalia und Uganda kamen nach Mombasa, um mitzuverdienen. Ich lernte die Amerikaner kennen, als ich noch am Anfang meiner Karriere stand und noch nicht sehr viel Erfahrung besaß.

»Wenn die Amerikaner kommen, müssen wir vorbereitet sein. Komm, laß uns zu einem Woodoomann gehen!« forderte mich meine Cousine Agnes auf.

Wir hatten uns in einem Zimmer in der Stadt getroffen, das sie extra für die Amerikaner angemietet hatte. Unser Haus in Shanzu lag zu weit ab, ein Zimmer in der Nähe des Hafens war optimal, um möglichst viele Quickies hintereinander zu machen und viel zu verdienen. Zwischen den Prostituierten gab es nur noch ein Thema: die Amerikaner. Es hatte schon in der Zeitung gestanden, von vierzehntausend jungen Männern war die Rede, die Mombasa überschwemmen sollten. J.F.

Kennedy hieß eines der Schiffe, das die Soldaten von ihren Einsatzorten in Asien aus in den Hafen von Mombasa brachte. Hunderte von Huren machten sich bereit, diese Männer zu empfangen. Wir sprachen nur noch darüber, wo wir hingehen würden, um möglichst viele zu bekommen, freuten uns auf das viele Geld und überlegten, wofür wir es ausgeben wollten. Eine aufgekratzte Stimmung herrschte unter den Frauen, viele kauften sich Cremes, um ihren Teint heller zu machen und damit amerikanischer auszusehen.

»Ich habe immer Pech, die Männer wollen mich nicht«, erzählte Agnes dem Woodoomann und übertrieb in der Hoffnung, daß er ihr ein starkes Mittel für einen durchschlagenden Erfolg bei den Amerikanern geben würde. Der Medizinmann wohnte tief im Busch, in einer ärmlichen Gegend.

»Ich gebe euch diese Kugeln. Bevor ihr zu den Männern geht, müßt ihr davon nehmen, mit Wasser mischen und trinken«, sagte er, nachdem wir ihn gut bezahlt hatten.

Die Kugeln wirkten nur bei meiner Cousine, bei mir leider nicht. Ich wußte noch zu wenig und lief immer hinter den falschen Männern her, solchen, die schon abgesaugt waren, wie wir das damals nannten. Erfahrene Frauen erkannten diese Männer auf den ersten Blick. Wenn ich sah, da war einer allein, dann versuchte ich, ihn anzumachen. Vor denen, die alleine saßen und ruhig aussahen, hatte ich weniger Angst. Aber genau das waren die Falschen. Es war wirklich nicht einfach. Dazu kam, daß ich mich für mein Englisch schämte, weil die Amerikaner einen anderen Akzent hatten, aber auch, weil Englisch für mich eine Fremdsprache war. Das Problem teilte ich mit vielen Afrikanern, in meiner Situation als Hure, die verdienen wollte, war es sehr hinderlich und unprofessionell.

So machte ich meine ersten Erfahrungen mit den Amerikanern mehr als stille Beobachterin. Ich wußte, in welchen Hotels die reichen Amis und wo die einfachen Soldaten anzutreffen waren. Auf reiche Amerikaner spezialisierten sich nur wenige Frauen, weil es kein einfaches Geschäft war, und viel Erfahrung und ein entsprechendes Benehmen erforderte. Ich war oft im Castle Hotel, das war damals ein beliebter Treffpunkt. Dort saßen weiße mit weißen und schwarze mit schwarzen Amerikanern zusammen. Ich hatte den Eindruck, daß diese Trennung von den Schwarzen ausging, sie wollten unter sich sein. Die ruhigeren Frauen machten die Weißen an, die lustigeren und verrückteren Frauen gingen zu den Schwarzen. Schwarze Männer waren bei den Afrikanerinnen beliebter. Mir war das am Anfang ziemlich egal, weil ich bei allen wenig Glück hatte.

Ich erinnere mich nur an einen weißen Amerikaner, den ich überreden konnte. Danach ging ich mit dem Mann zurück ins Castle und blieb bei ihm sitzen. Das war auch falsch, weil die Amis nicht auf Freundschaften, sondern nur auf schnelle Geschäfte aus waren. Wenigstens bezahlte er mir mein Bier. Die Männer spürten einfach meine Unsicherheit, sie merkten sofort, daß ich neu im Geschäft war. Einmal saß ich die ganze Nacht im Sunshine Nightclub, aber keiner wollte mit mir gehen. Meine Cousine konnte ich dabei beobachten, wie sie mit immer neuen Männern das Lokal verließ und neu angekleidet wiederkam, um sich gleich den nächsten zu schnappen.

Als die Amerikaner das nächste Mal in Mombasa an Land gingen, war ich vorbereitet. Ich arbeitete bereits im Bora Bora und konnte mich im Milieu gut bewegen. Außerdem hatte ich viel von Frauen gelernt, die sich auf die Kunst der Anmache verstanden. Meine Freundin Joyce, die heute in der Schweiz lebt, gehörte dazu. Sie kam mit allen Männern klar, egal wie schwierig sie waren. Wenn sie einen Freier sah, ging sie sofort auf ihn zu und sagte ein paar witzige Sachen. Sie konnte jeden Mann haben, obwohl sie nicht sehr schön war. Von Joyce lernte ich viel. Ihre Sprachspielchen und ihre lockere Art zu reden ahmte ich nach, meine amerikanischen Liebhaber waren begeistert.

Normale Marines zahlten zwischen zehn und zwanzig Dollars, das waren mehr als tausend Schilling, ein Kapitän zahlte für abendliche Begleitung und eine Nacht sogar bis zu hundert Dollar. Wenn ich heute noch mal anfangen müßte, würde ich nur Kapitäne nehmen. Damals war ich zufrieden mit zwanzig Dollars. Schwanz rein und wieder raus und Geld her. Und tschüs!

Die Amis machten den Chef und die afrikanischen Frauen waren ganz verrückt. Ich ließ mich von dem Fieber anstecken. Die Frauen wollten schnelle und gute Geschäfte, die Männer schön ficken. Beide Seiten waren verrückt. Ich machte es wie die meisten Mädchen und versuchte, in den ersten Tagen so viele Männer wie möglich zu kriegen. Nach ein paar Tagen hatten die Soldaten genug Sex. Es war dann reine Glückssache, wenn einer noch wollte.

Wenn die Amerikaner da waren, hatten es die Europäer schwer. Es hieß, wenn du drei Amis am Tag hattest, brauchst du eine Woche lang keinen Deutschen mehr zu suchen. Wenn die Amis da waren, saßen die

Deutschen allein in den Bars, und nur wenige Mädchen wollten mit ihnen gehen. Und wenn die Amis weg waren, brauchten wir erst mal eine Pause. Die Europäer waren sehr eifersüchtig auf die Amis. Aber sie bezahlten auch viel schlechter und sahen untrainierter aus. Viele hatten einen Bierbauch und waren schon älter. Die Amis waren jung und schlank, hatten muskulöse Hände und ihr Blick war selbstbewußt. Die Europäer hatten Angst vor den Amis. Wenn du einen Deutschen anmachtest und in der Nähe saßen noch Amis, dann wollte er nicht mit dir gehen, weil er wußte, du läßt ihm keine Zeit, denn du willst schnell zu den Amerikanern zurück. Ein europäischer Mann wollte eine Frau am liebsten für den ganzen Abend haben.

Pech hatten die Frauen, deren Stammgäste aus Europa gerade da waren. Sie konnten es sich nicht erlauben, zu den Amerikanern zu gehen, oder sie mußten es heimlich tun, ein oder zwei Quickies mit den Amis ließen sich schon mal dazwischenschieben. Leider hatte auch meine Freundin Joyce ihren deutschen Freund da. Dieter war ein sehr großzügiger Mann und gab viel Geld für Joyce aus. Dafür bewachte er sie wie ein Hund.

»Wenn du mich wegen der Amerikaner verlassen willst, wirst du es bereuen. Was zahlen die schon? Überleg es dir gut«, sagte er zu ihr, und sie überlegte es sich.

An einem Abend im Castle Hotel traf ich beide. Joyce schaute sich ständig um und lächelte einige Amerikaner freundlich an. Sie sah aus wie ein Koyote, dem man gegrilltes Fleisch zeigt, aber er kommt nicht dran. Sie hätte zu gern beim Geschäft mit den Amis mitgemischt. Aber sie blieb ihrem Dieter und seinem Portemonnaie treu.

Abends ging ich oft ins Florida, eine Diskothek, wo es auch Zimmer gab, in die man sich mit einem Freier zurückziehen konnte. Das Florida war ein guter Ort, um schnell mit einem Mann Sex zu haben, vielleicht sogar mit einem, dessen Frau sich gerade auf der Tanzfläche amüsierte und die von dem Treiben ihres Mannes nichts ahnte. Wenn die Amis da waren, herrschte in diesen Bumsräumen Hochbetrieb. Normalerweise konnte sich immer nur ein Pärchen dort aufhalten. Aber wenn die Amerikaner da waren, war alles anders.

Einmal bin ich mit einem weißen Amerikaner in ein solches Zimmer gegangen, es war nicht mal billig gewesen. Als ich die Tür aufmachte, konnte ich erst nicht glauben, was ich sah. Überall lagen Pärchen in den verschiedensten Stellungen, allein auf dem Bett vier Paare, und sogar auf dem Boden vögelten sie. Ich schloß die Tür und sah, daß ein Pärchen auf dem Bett gerade fertig war. Da legte ich mich auf die gleiche Stelle. Ich schämte mich nicht, weil es alle so machten. Als ich aufstand, war ich überall naß, am Rücken, am Kopf; Anfang der achtziger Jahre benutzte noch niemand Kondome.

Es war gut, daß Agnes und ich wie beim letzten Mal ein Hotelzimmer gemietet hatten, so war ich nicht auf das Florida angewiesen. Manchmal kam es zu kleinen Staus, und ich mußte mit einem Freier warten, bis Agnes wieder herauskam und umgekehrt. Ansonsten verlief alles reibungslos, stressig war nur die Unsicherheit, wie viele Dollars sie dir geben werden. Ich versuchte immer, es den Männern möglichst gut zu machen, damit sie mehr zahlten. Es war ein Spiel, bei dem es viel zu gewinnen gab.

Wenn die Amerikaner da waren, konntest du überall,

hinter jedem Busch, in jedem Matatu, mindestens einen entdecken. Die Frage war immer, ob er schon gevögelt hatte oder nicht.

Es waren auch für Taxifahrer gute Zeiten, die trick-sten ebenso, erzählten den Amerikanern am hellen Tag, daß die Nachtclubs schon offen seien, sie fuhren sie aus der Stadt raus und setzten sie irgendwo ab. Die Nacht-clubs waren natürlich noch zu, und die Amis standen herum. Dann brauchten sie wieder ein Taxi, um zurück in die Stadt zu kommen.

Mein Tag war sehr anstrengend. Ich stand damals gegen zwölf Uhr auf und frühstückte. Gegen zwei Uhr ging ich zum Training ins Bora Bora. Zwischen Trai-ning und Show war ich in der Stadt und suchte Amis, um elf Uhr nachts fuhr ich zurück ins Bora Bora und tanzte. Wenn ich keine Amerikaner im Club finden konnte, fuhr ich mit dem Taxi wieder in die Stadt und verbrachte dort die Nacht.

An einem Abend, es war nach der Show, wurde ich von fünf Soldaten an den Tisch gerufen. Unter ihnen waren drei Mexikaner, die schon lange in den USA leb-ten. Ich war das einzige freie Mädchen und setzte mich zu den Männern, jetzt hatte ich die Qual der Wahl. Ich versuchte herauszufinden, wer mir am meisten Geld ge-ben würde. Alle waren interessiert und packten mich an. Das mochte ich nicht, weil Männer, die eine Frau vorher schon befummeln, oft nur mit ihr spielen und sie schlimmstenfalls davonjagen.

»Wir haben uns überlegt, wir wollen alle fünf mit dir vögeln«, sagte einer.

»O.k., warum nicht? Aber einer nach dem anderen«, war mein Antwort.

Wir machten aus, daß jeder zwanzig Dollars zahlte.

Eine Zeit für jeden Fick hatten wir dummerweise nicht ausgemacht. Wir nahmen einen kleinen Peugeot als Taxi. Vorne saß ich mit dem Fahrer und hinten die fünf Amis. Die Askaris im Bora Bora schüttelten mit dem Kopf, als wir losfuhren, ich lachte ihnen ins Gesicht. Ich wollte das Geld. Ich nahm sie alle mit in meine Wohnung und ging mit dem Erstbesten ins Schlafzimmer, die anderen mußten im Wohnzimmer warten. Der erste fing an zu vögeln und wollte nicht mehr aufhören. Es dauerte mindestens eine Stunde, bis er fertig war. Dann kam der zweite, es war das gleiche.

»Ich schaffe nicht mehr«, sagte ich zu den anderen. Sie waren nicht böse und gingen. So hatte ich nur vierzig Dollars verdient, und wahrscheinlich waren sie es, die mich mit Filzläusen angesteckt hatten. Ich mußte mir ein paar Tage später alle Haare rasieren.

Abschied von meiner Tochter

Als die Amerikaner wieder weg waren und das Leben ruhiger wurde, zog Agnes aus, um in der Schweiz einen ihrer Stammgäste zu heiraten. Ich verdiente mit meiner Arbeit im Bora Bora und mit den Freiern soviel, daß ich die Wohnung allein bezahlen konnte. Ich hatte sogar noch Geld übrig und konnte meiner Mutter etwas geben für ein kleines Geschäft, in dem sie Kokosnußwein und Spiritus verkaufte. Damit erfüllte ich ihr einen großen Wunsch. Zusätzlich gab ich ihr Geld zum Leben. Es war mehr, als sie in einem Monat als ältere Hure verdienen konnte. Ich hoffte sehr, daß sie mit meiner Hilfe nicht mehr mit Männern gehen mußte.

In dieser Zeit, als es mir immer besser ging, verschlimmerte sich der Gesundheitszustand meiner Tochter Nora, und ich entschied, sie von der Kinderfrau weg und zu meiner Mutter zu bringen. Meine Tochter hatte oft schlimme Fieberanfälle, weshalb sie immer wieder ins Krankenhaus gebracht werden mußte.

»Deine Tochter hat wieder Fieber, sie hat kaum Luft gekriegt, sie ist im Krankenhaus«, kam meine Mutter einmal verstört zu mir. Ich fuhr sofort los. Im Krankenhaus bekam ich einen großen Schreck. Um das Bett meiner Tochter standen viele Ärzte, ich konnte Nora kaum sehen. Eine Sauerstoffmaske verdeckte ihr kleines Gesicht. Zitternd ging ich näher, Nora hatte ihre Augen seltsam nach oben verdreht. Nora war schon lange ein Sorgenkind. Nach den Windpocken war ihr Gesundheitszustand immer schlechter geworden. Vorher hatte sie schon nur mit fremder Hilfe stehen können, danach konnte sie kaum noch alleine sitzen.

Auffällig war, daß Nora nie lachte. Sie sah süß aus, aber sie guckte immer ernst, als habe sie kein Gefallen am Leben. Einige Ärzte sagten, sie habe Gelbfieber, andere tippten auf Malaria. Vielleicht hatte sie auch Leukämie, jeder Arzt sagte etwas anderes. Ich weiß bis heute nicht, warum sie so leiden mußte.

»Es sind die bösen Geister, im Krankenhaus werden sie ihr nicht helfen können. Wir müssen sie zu einem Medizinmann bringen«, schlug meine Mutter noch am gleichen Tag vor. Ich aber entschied, daß Nora im Krankenhaus bleiben sollte.

Als es Nora wieder besserging, besuchte meine Mutter mich oft mit ihr in Shanzu.

Als ich Nora das letzte Mal sah, wollte sie sich von mir nicht anfassen lassen und lief immer am Rand ihres Gitterbettchens entlang vor mir davon. Dabei war sie sehr ernst. Ich freute mich, daß sie überhaupt auf den Beinen stand und so lebendig war.

»Sie wollte nicht mit dir schmusen, damit dir die Erinnerung an sie nicht weh tut. Sie wollte dir den Abschied leichter machen«, tröstete mich meine Mutter später.

Der letzte Tag im Leben meiner Tochter war schrecklich für mich. Er begann damit, daß unser Chef im Bora Bora alle Tänzerinnen zur Ganjoni-Klinik am Hafen schickte, damit man uns auf Geschlechtskrankheiten hin untersuchte.

Die Klinik kannte ich schon. Ich wußte, daß die Huren von *Kilindini Harbour* dort regelmäßig zur Untersuchung hingingen. Jetzt sollte auch ich einmal in der Woche zum Kikapu gehen, damit ich weiter im Bora Bora arbeiten konnte. Kikapu war unser Spitzname für den kontrollierenden Arzt, es bedeutet Korb und ist ein anderes Wort für Möse. Kikapu untersuchte mich und machte einen Abstrich.

»Du hast dich nicht ordentlich gewaschen, du bekommst eine Spritze«, sagte er nach einem kurzen Blick durchs Mikroskop. So ein Pech, jetzt würde ich meine Untersuchungskarte nicht bekommen. Ich war nicht geschlechtskrank, ich hatte nur nach dem letzten Verkehr mit einem Freier die Spermien nicht richtig weggewaschen. In der kommenden Woche sollte ich mich wieder untersuchen lassen, dann erst würde ich den Stempel erhalten. Ich schämte mich, weil ich als einzige eine Spritze bekommen hatte.

Nach der Untersuchung fuhren wir zurück ins Bora Bora und probten unsere Show im Clubraum. Plötzlich sah ich eine Frau, die mit der Trainerin sprach und dabei aufgeregt auf mich zeigte.

»Da steht eine Frau und heult. Sie will zu dir«, sagte die Trainerin.

»Was ist denn los?« fragte ich die junge Frau.

Ich erkannte sie jetzt erst. Sie war das Kindermädchen meiner Mutter.

»Nora ist tot«, sagte sie nur.

»Welche Nora, meine Mutter oder meine Tochter?«

fragte ich, ohne nachzudenken. Es war komisch, aber ich dachte sofort, besser meine Tochter als meine Mutter. Als Frau kannst du noch eine Tochter bekommen, eine Mutter hast du nur einmal.

»Deine Tochter«, sagte die Frau.

Ich zog mir schnell etwas an und lief mit zur Bushaltestelle. Tränen rannen mir übers Gesicht, in mir krampfte sich alles zusammen. Wir fuhren mit dem Bus in die Stadt. Die Fahrt kam mir wie eine Ewigkeit vor, und ich fing laut an zu heulen. Die Leute redeten schon über mich. Einige versuchten, mich zu trösten, andere machten sich lustig.

Beim Arzt sagten sie uns, daß meine Mutter das Kind bereits zum Beerdingungsinstitut gebracht habe. Wir rannten wieder los, ich hatte auf einmal große Sehnsucht nach meiner Mutter. Schon von weitem sah ich sie allein an der Straße stehen. Ich riß mich zusammen. Mama Nora sollte ihre Tochter nicht weinen sehen. Ich ging auf die andere Straßenseite, wir sahen uns in die Augen. Ihr Blick wollte mich beruhigen. Ich mußte weinen.

»Mein Baby, mein Baby, wo ist meine Tochter?« rief ich.

Meine Mutter faßte mich am Arm und führte mich unter einen Baum.

»Hast du meine Tochter schon abgegeben? Warum hast du nicht auf mich gewartet?« fragte ich.

»Es gab keine andere Möglichkeit. Hätte ich sie mit nach Hause genommen, dann hätten wir sie morgen früh beerdigen müssen. Ich habe mein Enkelkind verloren und du, meine Tochter, bist auch schon halbtot. Versuche stark zu bleiben!«

Ihre Worte und ihre Ruhe trösteten mich. Wir setzten

uns auf eine Mauer, und Mama Nora erzählte mit leiser, trauriger Stimme, was an diesem Tag passiert war.

Schon am Morgen war sie früh vom Schreien meiner kleinen Tochter aufgewacht. Nora hatte hohes Fieber. Meine Mutter überlegte, was zu tun war, und entschied, das Kind zu einem privaten Arzt zu bringen, wo die Behandlung besser war als im öffentlichen Krankenhaus. Man mußte den Arzt zwar selbst bezahlen, aber die öffentlichen Krankenhäuser haben in Kenia keinen guten Ruf. Du weißt nie, ob die Ärzte dort Lust haben, sich mit dir zu beschäftigen. Böse Zungen behaupten sogar, daß man aus einem öffentlichen Krankenhaus nur selten wieder lebend herauskommt. Mama Nora hoffte, daß der Privatarzt meiner Tochter helfen könnte. Als sie mit Nora und dem Kindermädchen in der Praxis ankam, waren viele Leute dort, und sie mußten warten. Und gerade als meine Mutter an der Reihe war, machte der Arzt Mittagspause. Meine Mutter wurde aufgefordert, am Nachmittag wiederzukommen. Zwei Stunden später war Nora die erste Patientin, die untersucht wurde. Meine Mutter erzählte dem Arzt von den Krankheiten und Behandlungen meiner Tochter. Der Arzt untersuchte sie und stellte eine Vergrößerung der Leber fest.

»Ich werde ihr eine Spritze geben. Danach wird es ihr bessergehen«, sagte er.

Die Spritze mußte meine Mutter sofort bezahlen, zweihundert Schilling war der Preis.

»Die Spritze hat eine starke Wirkung. Bring sie an die Luft! Es wird ihr gleich bessergehen«, sagte der Arzt, während er Nora die Spritze verabreichte.

Kaum eine Minute später, meine Mutter war noch im Behandlungszimmer, verdrehte Nora die Augen, und meine Mutter fing an zu heulen.

»Hör auf zu schreien! Leg das Kind hierhin, und wasche es!« schrie der Arzt meine Mutter nervös an.

Sie tat, was der Arzt gesagt hatte, und rieb die schwitzende Nora mit einem Tuch ab, aber sie konnte ihr nicht mehr helfen, Nora starb unter den Händen meiner Mutter. Der Arzt gab meiner Mutter und dem Kindermädchen Beruhigungstabletten, er wollte keine heulenden Frauen, die seine Arbeit störten. Aber meine Mutter war so wütend, daß sie ihm die Tabletten ins Gesicht schleuderte.

»Ich kam mit einem gesunden Kind, jetzt ist sie tot«, weinte sie.

Bis heute weiß ich nicht, woran meine Tochter gestorben ist. Vielleicht hatte der Arzt ihr eine Überdosis gegeben, oder sie hatte eine Allergie gegen das Mittel.

»Sollen wir dir ein Taxi bestellen? Wenn du das Kind heute noch zum Beerdigungsinstitut bringen willst, mußt du dich beeilen. Sie machen bald zu«, riet eine der Praxishelferinnen meiner Mutter, als sie sich wieder etwas gefaßt hatte.

Meine Mutter wollte nicht soviel Geld ausgeben, außerdem hoffte sie, daß das Kind doch nicht tot sei. Mit Nora im Arm lief sie den weiten Weg zum Beerdigungsinstitut. Dort war der Angestellte sehr unfreundlich zu ihr, im Hintergrund konnte sie Leichen nackt auf dem Boden liegen sehen.

»Soll ich mein Enkelkind hier schlafen lassen in diesem Raum mit diesem frechen Mann?« überlegte sie kurz.

»Gib das Kind her. Wenn du nicht willst, dann geh!«

Meine Mutter faßte Nora noch einmal an, sie war noch warm. Was sollte sie tun, das Kind mitnehmen oder hierlassen? Ich kann mir vorstellen, daß das eine schwere Entscheidung war. Sie gab das Kind schließlich ab und wartete auf mich und das Hausmädchen.

Als meine Mutter mit ihrem Bericht fertig war, und ich mich etwas beruhigt hatte, gingen wir nach Hause. Unsere Nachbarn hatten schon von dem Unglück gehört. Sie waren sehr rücksichtsvoll und fragten uns nicht direkt, sondern sprachen mit dem Kindermädchen über das, was passiert war.

In der Nacht lag ich im Bett und stellte mir vor, daß alles nur ein böser Traum gewesen sei. Am Morgen würde meine Mutter mit Nora auf dem Arm zu mir kommen und alles wäre gut. Als ich aufwachte, wußte ich, daß ich nicht geträumt hatte.

Schon in den frühen Morgenstunden kamen viele Nachbarn, um zu helfen. Eine Frau brachte Bananen, schälte und kochte sie, eine andere besorgte einen Kassettenrecorder und Musik, der Nachbar meiner Mutter stellte ein Stück Land für das Grab zur Verfügung. Es war, als folgten die Leute einer geheimen Regieanweisung.

Kurz darauf gingen wir zum Beerdigungsinstitut, das Kind mußte gewaschen und für den Sarg vorbereitet werden. Mehrere Freundinnen meiner Mutter kamen mit, um zu helfen. Die Frauen gingen hinein und taten, was zu tun war, während ich draußen wartete. Sie wollten, daß ich Nora erst sah, wenn sie sauber und schön angezogen im Sarg lag. Meine Mutter blieb bei mir.

Vor dem Gebäude beobachteten wir einen Landrover, der mit Bananenblättern beladen war.

»Was bringen die jetzt, eine Kuh?« fragte meine Mutter, die mich ablenken wollte.

Auf dem Wagen lag ein Mann, der ertrunken war. Er war aufgedunsen, die Fische hatten seine Haut abgefressen. Er sah schrecklich aus. Die Arbeiter behandelten ihn respektlos und schmissen ihn vom Wagen. Da erinnerte ich mich an einen Freund meiner Tante, der auch in einem solchen Institut arbeitete und davon verrückt geworden war. Er hatte einmal erzählt, daß die Arbeiter dort mit den Leichen wie mit Puppen spielen. Sie nehmen ein hübsches Mädchen und einen häßlichen Mann und bringen beide zusammen.

»Oh, was bist du für ein schönes Mädchen«, lassen sie den Mann sagen.

»Bitte laß mich, ich habe keine Zeit«, ahmen sie eine Mädchenstimme nach.

»Auch wenn du schön bist, jetzt bist du hier und mußt mit mir ficken.«

Dann legen sie die männliche Leiche auf die weibliche und bewegen sie, als ob sie miteinander schlafen. Die Leute, die im Beerdigungsinstitut arbeiten, sind nicht normal, ich kann das nur bestätigen. So war es auch hier. Einer der Männer trat den Ertrunkenen in die Seite.

»Und du, was hast du in dem See gesucht? Guck mal, wie du aussiehst. Du machst hier alles dreckig«, rief er dem Toten zu.

Mit solchen Beobachtungen waren meine Mutter und ich beschäftigt, bis sie meine Tochter herausbrachten. In einem mit roten Schleifen und Blumen geschmückten Auto brachten sie den Sarg zum Haus meiner Mutter im Stadtteil Jomvu, wo sie am nächsten Tag beerdigt werden sollte. Im Haus öffneten sie den Sarg, damit die Trauergäste meine Tochter ein letztes Mal sehen konnten. Sie sah aus wie ein schlafendes Engelchen, ganz in weiß und mit einem kleinen Marienbild im Arm. Meine hübsche kleine Tochter.

Mittags kamen viele Freunde und Nachbarn aus Shanzu, um sich von Nora zu verabschieden und mich und meine Mutter zu trösten. Die Frauen machten sich nützlich und halfen bei der Zubereitung des Essens.

»Du brauchst dich um nichts zu kümmern und mußt keine Leute für die Arbeit suchen. Miriam ist Tochter und Schwester für uns. Sag uns, was wir tun können!« sagten sie zu meiner Mutter.

Eine Beerdigung wird bei uns wie ein Fest gefeiert, das eine Woche und länger dauern kann. Es wird viel gesungen, Gotteslieder, aber auch Diskolieder, und es gibt viel zu essen und zu trinken. Die Leute erzählen Geschichten, witzige und traurige. So fällt der Abschied von den Toten leichter.

Ich erinnere mich an eine Beerdigung in Kagamega, wo noch ein typischer Brauch der Luhya herrschte. Sie stellen sich auf einen Berg und schreien so laut, daß es die Leute weithin hören können. Es kann sein, daß die schon zwei Tage vorher gehört haben, daß jemand krank ist, dann wissen sie sofort, was die Schreie bedeuten. Die einen gehen in die Scheune und mischen dort Bohnen mit Mais, andere schneiden eine Bananenstaude. Die ganze Familie trifft sich und plant, was gekocht wird. Die Frauen aus dem Dorf kommen zusammen, schlafen im Haus des Toten und versorgen die Gäste. Die weiblichen Trauernden fangen, sobald sie im Haus sind, an zu heulen, ihre Tränen dürfen nicht abgewischt werden. Sie singen, weinen und schreien, in welchem Verhältnis sie zu dem Toten gestanden haben: »Oh, mein Bruder, du bist doch mit mir aufgewachsen, wieso bist du gestorben? Zu wem soll ich jetzt gehen, wenn ich in Not bin, wer wird mir helfen, wenn ich krank bin? Du warst immer so großzügig zu mir.«

Die anderen hören aufmerksam zu.

»Du hast immer eine Zigarette für mich gehabt. Du hast mich immer mit Salz versorgt, ich mußte nie essen ohne Salz, wer wird mir jetzt geben, was ich brauche?«

Manche gehen zur Wand und schlagen ihren Kopf dagegen, um so ihre Trauer zu zeigen. Und niemand kommt und sagt, hör auf zu weinen. Jede erzählt eine andere Geschichte.

Die Männer zeigen keine Tränen. Sie planen, wo der Sarg hinkommt, wer ihn trägt, welche Kuh oder welche Ziege geschlachtet wird.

Bei einer Beerdigung, und das ist bei allen Volksgruppen so, können die Leute sehen, wer die Freunde der trauernden Familie sind. Wer kommt, um zu helfen, wer tröstet mich? So war es auch bei der Beerdigung meiner Tochter.

Nach dem Training kamen viele meiner Kollegen und Kolleginnen aus dem Bora Bora. Sie hatten Geld für die Feier gesammelt. Nicht nur die Tänzerinnen und Tänzer, auch die anderen Angestellten im Club hatten an mich gedacht. Nur ein Mädchen, Angela, eine Konkurrentin von mir, hatte nichts geben wollen, erzählten sie mir. Sie soll gelacht haben, als sie vom Tod meiner Tochter erfuhr, und sie soll erzählt haben, daß sie einen Woodoo für den Tod von Nora gemacht habe. Damit wollte sie den anderen Mädchen Angst machen. Sie war krankhaft eifersüchtig und hatte ständig Angst, daß man ihr die Freier ausspannen könnte. Ich war einmal mit einem Gast zusammen, den sie für sich beanspruchte, so daß sie immer noch böse auf mich war.

»Das nächste Mal, wenn ich einen Gast habe, darf

ihn keiner anrühren, oder ich werde euch schaden«, hatte sie damals geschrien.

Am Abend kamen Freundinnen mit ihren weißen Freiern, um in der Nacht vor der Beerdigung bei mir zu sein. Die weißen Männer waren sehr höflich und halfen ebenfalls, wo sie konnten. Sie machten Feuer, schleppten Kisten mit Getränken, und ich glaube, daß es ihnen Spaß machte, das Leben abseits der Touristenwege kennenzulernen. Einer von ihnen half beim Kartoffelnschälen, was viele Afrikaner zum Lachen brachte, weil richtige Männer so etwas nicht tun. Die Weißen lockten viele Schaulustige an, die ich nicht kannte, und die sich unter die anderen Gäste mischten. Alle wollten die Europäer sehen, die, so machte es die Runde, mit riesigen Lastwagen voller Colaflaschen und Bier angekommen seien. Das war natürlich übertrieben. Es waren vielleicht insgesamt fünf Weiße auf der Beerdigung.

Viele Trauergäste blieben die Nacht über bei uns. Ich legte mich irgendwann aufs Bett, konnte aber nicht schlafen. Die Sonne war schon aufgegangen, als Onkel Nguyu, ein Bruder meiner Mutter, mich holte.

»Miriam, du mußt aufstehen! Die Männer, die das Grab machen, sind schon da«, sagte er, »du mußt das Grab zeichnen.«

Ich machte mich fertig und ging nach draußen. Das Grab sollte auf dem Grundstück des Nachbarn liegen, nur ein paar Meter von dem Haus meiner Mutter entfernt. Ich nahm einen Stab und zeichnete die Umrisse des Grabes für meine Tochter. Dabei mußte ich in der Mitte stehen. Ich hatte das Kind in meinem Körper getragen und mußte jetzt den Ort zeigen, wo es für immer schlafen sollte. Dabei fühlte ich mich so, als würde ich sie mit dieser Geste noch einmal verlieren.

Kurz bevor der Sarg geschlossen wurde, bekam ich einen Weinkrampf, und als ich den Kopf hob, um Nora einen letzten Blick zu schenken, war der Sarg schon zu. Dabei hatte ich mir vorgenommen, Nora noch einmal richtig anzuschauen und mich so von ihr zu verabschieden. Als der Sarg nach draußen getragen wurde, mußte ich vorangehen. Ich fühlte mich sehr müde in diesem Moment.

Was dann geschah, weiß ich nicht mehr. Vielleicht hatte mich jemand beiseite genommen, als sie den Sarg hinunterließen. Wie in Trance erlebte ich die Beerdigung. Ich fand mich erst wieder, als ich ein paar Stunden später mit anderen Gästen tanzte, da konnte ich schon wieder lachen. Ich wollte ein zweites Kind haben, der Gedanke daran machte mich stark.

Wir feierten insgesamt acht Tage und Nächte. Wenn einer müde wurde, legte er sich auf eine Matte in die Ecke. Nach vier Tagen wurde es anstrengend, weil wir merkten, daß viele nur noch wegen des Essens kamen und uns ausnutzen wollten. Es hatte sich herumgesprochen, daß es reichlich und gut zu essen gab. Die Leute kamen von sehr weit her, viele von ihnen kannten wir nicht einmal. Sie gaben zehn Schilling und aßen für hundert.

An einem Tag kam ein Mann, den niemand kannte. Er schmiß den Teller weg, der ihm gereicht wurde, und schrie: »Ich esse den Reis nicht, das Fleisch und die Kartoffeln hat schon jemand herausgenommen. Das will ich nicht.«

Das war nicht die einzige Frechheit. Es gab Leute, die keinen Kokosnußwein trinken wollten, wenn die Weißen mit einer Kiste Bier da saßen. Sie wollten auch Bier und machten Theater, wenn sie keines bekamen.

»Du freust dich, daß dein Enkelkind gestorben ist. Jetzt sagt keiner mehr Oma zu dir. Jetzt bist du wieder jünger«, schimpfte eine betrunkene Frau. Ich sehe noch heute meine Mutter vor mir, wie sie aufsprang und ein Messer holte, mit dem sie die Frau bedrohte. Andere Frauen hielten meine Mutter fest, um sie von Schlimmerem abzuhalten.

»Ich bin bereit, mein ganzes Leben im Gefängnis zu verbringen, aber ich lasse mir so was nicht sagen, noch dazu von einer Freundin.«

Meine Mutter war so wütend, wie ich sie noch nie erlebt hatte. Die beiden kannten sich seit den Mau-Mau-Unruhen. Diese Frau kam Jahre später zur Beerdigung meiner Mutter und bot an, sie zu waschen, was nur die besten Freundinnen und Verwandten tun. Da ich mich an ihre bösen Worte erinnerte, schickte ich sie wieder weg.

Wieder schwanger

Einen Monat nach dem Tod meiner Tochter kam meine ältere Halbschwester Alice zu mir und bat mich um Hilfe. Sie war im achten Monat schwanger und wußte nicht, wohin mit sich und dem Kind. Tante Juliana, bei der sie die letzten Monate in Nairobi verbracht hatte, hatte sie zu mir nach Mombasa geschickt. Wie hätte ich ihr meine Hilfe verwehren können? Natürlich ließ ich sie bei mir wohnen. Ich freute mich auf ihr Kind, das bald kommen sollte.

»Du kannst bei mir bleiben und dein Baby hier bekommen. Was ich verdiene, reicht für uns alle«, bot ich ihr großzügig an und war stolz darauf. Meine Schwester, die ich bislang immer nur kurz gesehen hatte, konnte die Kleider meiner Tochter, die Windeln, alles von mir haben; ich kaufte ihr sogar noch Sachen dazu.

Das Kind von Alice war kaum geboren, als ich auch wieder schwanger wurde. Vielleicht lag das an der Medizin, die mir meine Mutter von einem Woodoomeister kurz nach der Beerdigung besorgt hatte: ein scheußlich riechendes Zauberwasser, daß ich innerhalb einer Woche trinken sollte. Die Medizin sollte mir vergessen helfen und Glück bringen.

Ich war damals mit einem meiner Stammgäste zusammen. Immer wenn Klemens fertig war, machte ich eine Kerze, damit die Spermien noch tiefer in mich hineinlaufen konnten. Natürlich erzählte ich ihm nichts von meinem Kinderwunsch. Klemens war ein zierlicher Mann mit einer Zahnlücke zwischen den Schneidezähnen, was mir sehr gut gefiel, ein frecher und witziger Kerl, immer braungebrannt und gutgelaunt.

Als Väter kamen aber auch noch andere Männer in Frage: Herbert, die Sexmachine, Manchi Baridi (auf deutsch: Kaltwasser), ein Manager aus dem Malayka Beach Hotel, und Jürgen, genannt Jerry, aus Hannover.

Kaltwasser war ein Mann, dem es reichte, wenn er nur neben mir liegen konnte. Als ich das erste Mal mit ihm schlief, versuchte ich die ganze Nacht verzweifelt, einen Tropfen Samen aus ihm herauszubekommen, weil ich glaubte, daß er mich nur dann bezahlen würde. Aber er bezahlte auch ohne Samenerguß, Sex war ihm nicht so wichtig. Er mochte mich und wollte, daß ich diesen Job nicht mehr machen sollte. Er war ein sehr nachdenklicher Mensch, wir haben vielleicht nur zweimal richtig miteinander geschlafen. Ich erinnere mich gut an sein schönes Auto und sein Parfüm, das nicht zu einem Mann paßte, dem Sex nicht wichtig war. Er könnte auch der Vater von David sein.

Weil ich es nicht wußte, schrieb ich allen vier Männern von meiner Schwangerschaft. Alle, bis auf Herbert, reagierten mit Ausflüchten und hielten mir vor, daß ein anderer es gewesen sein mußte. Nur Sexmachine reagierte menschlich. Er eröffnete mir sofort ein Konto und überwies mir jeden Monat einen festen Betrag. Später ließ Herbert einen Bluttest machen, und dabei stellte sich heraus, daß er nicht der Vater war.

Klemens wollte von da an nichts mehr von mir wissen. Er behandelte mich wie ein Stück Dreck und nahm sich sofort eine andere Frau. Mittlerweile war mir völlig egal, wer der Vater war.

Weil ich darüber so glücklich war, erzählte ich sofort allen im Bora Bora von meiner Schwangerschaft. Ich hätte besser den Mund gehalten. Einmal ist es nicht üblich, von der eigenen Schwangerschaft zu erzählen, damit die Leute nichts Schlechtes von dir denken und auch, damit niemand einen Woodoozauber machen und dem Kind damit schaden kann. Zum anderen wußte ich, daß mein Chef Theater machen würde, weil er eine dicke Tänzerin nicht gebrauchen konnte.

Wie ich vermutet hatte, war er sauer.

»Du bist eine meiner besten Tänzerinnen. Was willst du mit einem Kind?«

»Meine Tochter ist gestorben. Ich möchte wieder ein Kind«, antwortete ich trotzig.

»Du hast noch viel Zeit. Ich besorge dir einen Arzt, der wird es wegmachen.«

Ich saß da und traute mich nicht, ihm zu widersprechen. Ich nickte, ohne ihn anzuschauen.

Zwei Tage später sollte mein Kind abgetrieben werden, es sollte in der Wohnung meines Chefs geschehen. Er wollte mich persönlich in Shanzu abholen. So wichtig war ihm die Sache. In seinen Mercedes durfte sonst kein Mädchen einsteigen. Ich war also jetzt etwas Besonderes. Als ich ihn zum verabredeten Zeitpunkt kommen hörte, versteckte ich mich bei einer Nachbarin.

»Sag ihm, daß ich bei meiner Mutter bin«, hatte ich meinem Hausmädchen noch zugerufen.

Abends ging ich voller Angst ins Bora Bora, ich wußte nicht, wie mein Chef reagieren würde. Sofort mußte ich in sein Büro, er war sehr wütend auf mich.

»Wo warst du? Ich wollte dich heute abholen. Ich versuche, etwas für deine Zukunft zu tun, und du verschwindest. Was wolltest du bei deiner Mutter?« Er sah mich durchdringend an.

»Ich mußte zu meiner Mutter, um sie um Erlaubnis zu fragen. Ich darf das Kind nicht wegmachen lassen«, log ich.

»O.k., es ist deine Schuld, dann wirst du das Baby kriegen. Ich will deinen Bauch nicht sehen, zieh ihn ein beim Tanzen. Und wenn du nicht mehr tanzen kannst, dann kannst du für immer gehen.«

Nach fünf Monaten war mein Bauch zu sehen, und ich konnte nicht mehr alle Tänze tanzen. Im siebten Monat mußte ich aufhören. Ich war zu dick und hatte Angst, daß dem Kind etwas passieren könnte. Mein Chef war in den letzten Wochen immer sauer auf mich gewesen. Seinen scharfen Blick konnte ich nicht mehr ertragen. Heute würde ich sagen: mit seiner Vollglatze und den goldenen Kettchen am Hals und am Arm sah er aus wie ein Zuhälter in einem deutschen Fernsehfilm. Einmal fragte mich sogar ein deutscher Freier, wieviel wir an unseren Zuhälter abgeben müßten. Das hätte uns noch gefehlt. In Kenia organisieren die Huren ihren Job selbst.

»Du kannst gehen. Ich will dich nicht mehr sehen.« Mehr sagte mein Chef nicht, als ich mich von ihm verabschiedete.

Als ich nach Hause kam, saß Alice dort mit ein paar Freunden, sie trug ein Kleid von mir, daß mir jetzt nicht mehr paßte. Als ich mir ein Bier aufmachen wollte, war der Kühlschrank leer. Ich war sauer. Schon ein paar Wochen ging das so. Mein Kindermädchen sorgte für ihren Sohn, sie machte sich hübsch mit meinen Sachen und ging mit afrikanischen Männern, die sie nicht bezahlten. Langsam wurde mir das zuviel.

Am nächsten Tag sprach ich sie an: »Alice, du gehst mit Männern, die wissen, daß sie dir kein Geld geben müssen. Nie würden sie ein anderes Mädchen finden, daß kein Geld von ihnen haben will.« Alice blickte zu Boden.

»Ich muß die Wohnung, Strom, die Raten für den Kühlschrank, einfach alles bezahlen«, setzte ich fort, »bald bekomme ich das Kind. Wie soll es dann weitergehen? Warum nimmst du kein Geld von den Männern, warum willst du nur von mir leben? Ich habe meine Arbeit im Bora Bora verloren und werde bald kein Geld mehr haben.«

Während ich redete, veränderte sich Alices Gesichtsausdruck.

»Du bist gemein. Du willst mich auf die Straße schicken. Du bist nicht besser als Tante Juliana. Ich gehe!«

Sie nahm eine große Tasche und packte ihre Sachen. Noch am gleichen Tag zog sie aus. Danach mußte sie auch als Prostituierte arbeiten, eine andere Möglichkeit gab es nicht. Ich verstehe nicht, warum sie so böse auf mich war. Wir hätten uns die Arbeit teilen und weiter zusammenleben können. Danach sah ich Alice oft, weil sie nicht weit weg von mir wohnte, aber sie grüßte mich nie. Du darfst mir nicht die Wahrheit oder meine Fehler sagen, das ist ein wichtiges Prinzip, nach dem bei uns viele Menschen leben. Tust du es doch, dann werden sie sehr böse und wenden sich enttäuscht von dir ab.

Kurze Zeit später hörte ich auf zu arbeiten. Ich wollte diesen Dreck, den sie in mich hineinspritzten, nicht mehr haben. Wir benutzten damals noch keine Kondome. Mein Kind war mir wichtiger als das Geld der Männer, außerdem hatte ich Angst, daß etwas passieren könnte.

Meinen alten Chef sollte ich noch oft sehen, weil er der Freund von Vicky, einer Nachbarin, war. Ich hörte ihn manchmal lachen, er benahm sich wie ein kleiner Gott, wenn er Frauen besuchte. Von Vicky forderte er, daß sie den Kontakt zu mir aufgeben sollte, weil er Angst hatte, ich könnte sie anstecken. Ich war verletzt, als ich davon hörte. Ich fühlte mich in dieser Zeit oft allein.

Ich war hochschwanger, da kam eines Tages meine Mutter heulend an.

»Miriam, das Grab deiner Tochter ist eingesunken. Das ist ein schlechtes Zeichen.« Angst stand in ihren Augen.

»Jetzt muß ich viel Geld ausgeben, um ein Schaf zu schlachten, ich muß Leute einladen und feiern, damit die bösen Geister verschwinden.«

Ich schaute auf meinen Bauch und dachte an das Kind. Dann fuhr ich mit ihr nach Jomvu.

»Wie, du bist wieder schwanger, und dann machst du das Grab deiner Tochter ohne Fenster und Türen?« schimpfte ein alter Mann aus der Nachbarschaft mit mir. Es waren mehrere alte Männer da, um die bösen Geister zu verjagen. Meine Mutter ließ noch am gleichen Tag ein Schaf schlachten.

»Du mußt Öffnungen an der Zementdecke lassen.

Wenn du das nicht machst, wird dein nächstes Kind auch sterben«, drohte mir ein anderer.

Ich fing an zu weinen. Was er mir sagte, war eine Art von Woodoo, ein Fluch. In Europa würde man solche Bemerkungen schnell vergessen und einfach tun, was man will. Aber in Afrika geht das nicht. Also tat ich alles, was sie von mir verlangten, ließ das Grab neu richten und hoffte, daß keine ungünstigen Einflüsse mein Leben beeinträchtigten.

Gegen Jahresende sollte mein Baby kommen, ich wünschte mir ein Neujahrskind. Die Jahreswende feierte ich bei meiner Freundin, der lustigen Joyce. Sie wohnte nur einige hundert Meter entfernt und war die einzige, die mich so akzeptierte wie immer. Schon Weihnachten hatte ich mit ihr und ihrem großzügigen Gast Dieter verbracht. Ich ging oft zu ihr, weil sie immer etwas zu trinken da hatte. Bei uns sagte man damals, eine hochschwangere Frau müsse viel Alkohol trinken, damit sie das Kind ohne Schmiere auf die Welt bringt. Der Kühlschrank von Joyce war immer voller Bier, und ich durfte mir so viel davon nehmen, wie ich wollte. Am Silvesterabend merkte ich, daß meine Unterhose ganz naß war und ständig Flüssigkeit aus mir herauslief. Die Fruchtblase war schon geplatzt, aber ich wußte nicht, was ich tun sollte. Erst zwei Tage später ging ich ins Krankenhaus.

Es war Mitternacht, und meine Wehen hatten schon eingesetzt. Ich sah, wie die Hebammen das Bett vorbereiteten. Beim ersten Mal hatten sie mir einen Einlauf gemacht. Darauf verzichteten sie jetzt, ich weiß nicht mehr warum. Ich fragte aber noch, ob ich vorher zur Toilette gehen dürfe.

»Willst du das Kind herauskacken?« schrie die Hebamme, und da es mir zu peinlich war, hielt ich den Mund.

Die Geburt war sehr schwer, weil die Wehen nicht stark genug waren. Als die Preßwehen kamen, machte ich ins Bett.

Das Kind wurde in diese Scheiße hineingeboren. Es war kaum draußen, da merkte ich schon, wie die beiden Hebammen komisch guckten. Sie wirkten nervös. Sie sagten mir, daß es ein Junge sei. Ich hatte mir doch ein Mädchen gewünscht. Ich wurde sauer, weil sie mich und das Kind so seltsam ansahen. Ich ging zur Toilette, um mich zu säubern. Erst als ich zurückkam, schaute ich mein Baby das erste Mal richtig an. Ich stellte nichts Ungewöhnliches an ihm fest. Es hatte ein hübsches Gesicht und auffallend große Augen. Ich traute mich kaum, meinen kleinen Sohn anzufassen. Ich nahm vorsichtig seine kleinen Hände und erschrak. Er hatte Häute zwischen den Fingern. Wie die Füße einer Ente oder die Flügel einer Fledermaus, im Kino hatte ich so etwas schon gesehen. Oder wie ein Kind von einem anderen Stern. Ich sah zum Fenster hinaus und dann wieder auf das Kind. Es lag zufrieden und freundlich da, schaute in meine Richtung. Ich habe keine Schuld, konnte ich in seinen großen Augen lesen.

»Das Kind wird operiert. Das sieht man später kaum noch«, beruhigte mich eine Ärztin.

Gegen zehn Uhr kam meine Mutter. Ich sah ihre Aufregung im Blick. Sie wollte sofort ihr Enkelkind sehen. Sie guckte das Baby an und sagte spontan »Mussolini« zu ihm. Sie hatte ihm einen Spitznamen gegeben. Ich weiß nicht, warum ausgerechnet Mussolini. Bis heute nennen sie ihn in Kenia so. Ich war bekannt als die

Mutter von Mussolini. Meine Mutter nahm das Kind auf den Arm und sah sehr glücklich aus.

»Mach dir keine Sorgen, das kann man doch heutzutage operieren«, beruhigte sie mich, »es gibt viele Leute, die so was haben.« Dabei hatte sie gar keine Ahnung von solchen Dingen. Noch am gleichen Tag verließ ich zusammen mit meiner Mutter das Krankenhaus.

Beim Stillen meines kleinen Sohnes, den ich David nannte, gab es Probleme. Vielleicht, weil ich verwirrt war über seine komischen Hände. Ich hatte das Gefühl, daß meine Milch nicht ausreichte, als brauchte ein Kind mit Schwimmhäuten zwischen den Fingern mehr zu essen. Wenn niemand es bemerkte, gab ich ihm heimlich von meinem Essen dazu: Fisch, Orangensaft und andere Sachen. Er sollte einmal groß und stark werden. Davon bekam er einen schlimmen Durchfall, und ich mußte mit ihm ins Krankenhaus. Dort steckten sie uns gleich in Quarantäne. Es hatte mehrere Cholerafälle gegeben, und sie vermuteten, daß auch David sich angesteckt hatte. Im Wartesaal sah ich eine Mutter mit ihrem kranken Kind kommen. Es starb noch, während wir warteten. Ich war wie betäubt. Würde ich wieder ein Kind verlieren? Die anderen Kinder auf der Station sahen schrecklich aus, viele von ihnen waren unterernährt. Mein David sah kräftiger aus als manches einjährige Kind. Ein kleines Mädchen, das in dieser Zeit starb, erinnerte mich an meine Tochter. Die heulenden Mütter standen hilflos herum. Standen auch wir auf der Todesliste? David hatte schon nach einem Tag keinen Durchfall mehr, ich fühlte immer stärker, daß ich den Ort mit ihm verlassen mußte. Ich hatte Angst. Aber erst nach einer Woche ließen sie uns endlich gehen. Als ich mit David das Krankenhaus verließ, spürte ich, daß mein Junge lange leben würde.

An den Alltag mit dem Kind gewöhnte ich mich schnell. Wenn ich David anschaute, fand ich ihn sehr hübsch. Er hatte wunderschöne Augen und lange Wimpern. Ich beschloß, ihn nie einer Kinderfrau zu überlassen und ihn bei mir zu behalten. In den Monaten nach der Geburt ging ich oft mit ihm zum Arzt, die Operation, die Entfernung der Häute, mußte vorbereitet werden.

In dieser Zeit sprach ich mit meinem alten Chef im Bora Bora. Ich wollte wieder tanzen.

»Du bist zu fett für meine Show, such dir eine andere Arbeit. Nur wenn du wieder ganz dünn bist, gebe ich dir eine Chance«, schnauzte er mich an.

Ich tat in den folgenden Wochen alles, um meine alte Figur wiederzubekommen und trainierte jeden Tag, aber das reichte ihm nicht. Dabei war ich nicht dick, nur ein bißchen breiter als früher. Noch zweimal versuchte ich es vergeblich, dann gab ich auf.

Zum Glück machte gerade eine neue Diskothck auf, das Starion. Sie suchten erfahrene Tänzerinnen für die Show und stellten mich sofort ein. Als Tänzerin und Trainerin, das war eine harte Arbeit. Bald hatte ich meine alte Figur wieder. Der Chef vom Bora Bora wurde endgültig mein Feind, als er hörte, daß ich in einer anderen Diskothek tanzte und dort für die Choreographie zuständig war. Ich erhielt Hausverbot im Bora Bora.

Das Starion gehörte dem African Safari Club. Dahinter steckten reiche Deutsche und Schweizer, die noch heute viele Hotels und Diskotheken in Kenia besitzen.

Die Chefs waren Weiße, aber die Afrikaner machten die Knochenarbeit, so wie es in der Kolonialzeit üblich war. Die Gäste aus den Safari Club Hotels kamen umsonst ins Starion, das war natürlich eine große Konkurrenz für das Bora Bora. Mich machte die Trennung vom Bora Bora traurig. Ich hatte dort besser verdient und vermißte meine Freunde.

Wenigstens war das Starion ein guter Platz, um Touristen kennenzulernen. Es tat noch weh, als mein erster Freier sich einmal zu fest an mich drückte, aber der Ekel, den ich zeitweise während meiner Schwangerschaft und noch kurz nach Davids Geburt beim Zusammensein mit einem Freier empfand, war schon wieder verflogen. Das Leben mußte weitergehen, und ich wollte, daß es ein gutes Leben wäre.

Bald darauf waren auch die Amerikaner wieder da. Ich hatte nun doch ein gutes Kindermädchen für David gefunden, so daß ich mir um ihn keine Sorgen machen mußte.

Für die Amerikaner hatte ich mir etwas Besonderes ausgedacht. Nach dem Training zog ich mir eine knallenge Jeans an, so daß man meine Figur gut sehen konnte, dazu ein weites Shirt, das mir einmal ein Freier geschenkt hatte.

»Only sleep with the best«, stand mit großen Buchstaben auf dem Rücken. Das Hemd hatte eine unglaubliche Wirkung auf Männer. Die Amis waren verrückt nach mir. Alle quatschten mich sofort an, was nicht einmal gut für mich war. Ich konnte nicht mehr unterscheiden, wer wirklich mit mir schlafen und wer nur mit mir spielen wollte. Ich war fest entschlossen, mir die Reichsten auszusuchen. In einer einschlägigen Kneipe schaute ich mich genau um, dabei entdeckte ich einen Mann mit X-Beinen und mit Goldkettchen behangen. Er sah nicht schlecht aus. Im Gegenteil, andere Frauen bemühten sich bereits um ihn. Zweimal lief ich so an ihm vorbei, daß er die Aufschrift auf meinem T-Shirt sehen mußte.

»He, willst du mit mir kommen?« fragte ich ihn und blieb vor ihm stehen.

»Nein, du kommst mit mir. Wie heißt du?«

»Miriam.«

»Ich bin Marcel.«

Seine Stimme war sehr angenehm. Marcel blieb fast eine Woche und gab mir jeden Tag hundert Dollar. Das war ungeheuer viel Geld, dafür durfte ich mich mit keinem anderen Mann treffen. Bei der guten Bezahlung fiel mir das nicht schwer.

Marcel war ein Typ, der ständig vögeln konnte. Selbst wenn ich schon eingeschlafen war, machte er weiter, auch wenn ich ganz trocken war. Ich war kaum aufgewacht, lag er schon wieder auf mir. Er vögelte zuviel, aber sonst war er sehr nett.

Mit seinem Geld konnte ich Davids erste Operation bezahlen. Dafür würde ich mich am liebsten heute noch bei Marcel bedanken. Gerade in dieser Zeit dachte ich oft, daß Gott mich sehr lieb haben mußte. Marcel wollte mich sogar heiraten. Bevor er abfuhr, versprach er mir wiederzukommen. Wenige Monate später war das Schiff wieder da. Es kam aus Somalia. Ich sprach Freunde von ihm an, die ich beim letzten Mal kennengelernt hatte

»Sie haben ihn in die USA zurückgeschickt. Marcel konnte nicht mehr arbeiten. Er hat zuviel Kokain genommen«, erklärten sie mir. Das machte mich sehr traurig. Ich hörte nie wieder von ihm.

Meine jüngere Schwester Tina kam eines Tages zu mir nach Shanzu, als ich mich gerade auf den Weg zum Tanztraining machen wollte.

»Miriam, Paul ist da, sein Hemd ist blutverschmiert«, berichtete sie atemlos, »er sagt, daß sein Vater ihn aus der Wohnung geworfen hat.«

Was sollte ich tun? Wenn ich das Training verpaßte, mußte ich fünfzig Schilling bezahlen, die würde man vom Lohn abziehen. Aber die Geschichte war so aufregend, ich wollte Paul unbedingt sehen. Ich vergaß einfach das Training und fuhr mit Tina zu meiner Mutter ans andere Ende von Mombasa, nach Jomvu. Seit Jahren hatte ich Paul nicht mehr gesehen. Als wir ankamen, war mein Bruder gerade bei einem Nachbarn. Ich war sehr neugierig und wollte die ganze Geschichte erfahren.

Paul erzählte, daß er wie ich oft die Prügel meines Vaters zu spüren bekommen hatte. Irgendwann sei er so geschlagen worden, daß er einfach davonlief. Einen Monat fand er Unterschlupf bei einem Pastor, der ihm sogar Geld gab, um seine Reise nach El Doret fortzusetzen, wo Verwandte von uns lebten. Von da zog es ihn weiter nach Nakuro und schließlich nach Mombasa. Drei Monate hatte er für die Reise nach Mombasa gebraucht. Weil er kein Geld hatte, mußte Paul unterwegs immer arbeiten. Einmal hütete er die Ziegen eines Bauern, ein anderes Mal arbeitete er in der Küche eines Restaurants. Er war ärmer als eine Frau, die mit Männern schlafen konnte, um das nötige Geld zu verdienen.

Als Paul nach Mombasa kam, wußte er nicht, wo er hingehen sollte. Er kannte die Anschrift meiner Mutter nicht und hatte keine Ahnung, wo sie wohnen könnte. Zwei Wochen lang lebte er auf der Straße, bis ein Zufall, oder besser gesagt, eine Laune, ihm den Weg zeigte. Überall fragte er nach Mama Nora, keiner wußte, wer das war. Er versuchte es mit Mama Tina, vielleicht hatten sie ihr den Namen der jüngsten Tochter gegeben. Aber auch damit blieb er erfolglos. Nachdem er all seine Hoffnung aufgegeben hatte und schon entlang der Schienen lief, um schnell aus der Stadt herauszugelangen, kam er in eine Gegend, die ihm gefiel. Er beschloß, seinen Weg zu unterbrechen und sich den Stadtteil anzuschauen.

»Kennst du eine Kikuyu, die Mama Nora heißt und eine kleine Tochter hat?« fragte er einen Wasserverkäufer, der mit seiner Schubkarre unterwegs war. Er hatte die Frage einfach aus Gewohnheit gestellt.

»Ja, ich kenne sie. Wer bist du?«

»Ich bin ihr Sohn.«

»Komm, ich bringe dich zu deiner Mutter.«

Mein Bruder wußte nicht, ob er dem Mann trauen konnte. Als sie bei meiner Mutter ankamen, erkannte Paul sie sofort, aber sie wußte nicht, wen sie vor sich hatte. Sie hatte ihn zu lange nicht gesehen, fast fünfzehn Jahre nicht. Er war ein junger Mann geworden. Meine Mutter war gerade dabei, Wäsche zu waschen, sie wunderte sich über den Besuch und ließ sich bei ihrer Arbeit nicht stören.

»Mama, erkennst du mich nicht? Ich bin Paul.«

Als er das sagte, sah sie seine Zähne. Er hatte schon immer einen abgebrochenen Zahn gehabt. Ihre Überraschung muß groß gewesen sein. Schade, daß ich in diesem Moment nicht dabei war.

»Komm, ich habe eine größere Wohnung, du kannst bei mir wohnen«, lud ich meinen Bruder ein, als er seine Geschichte zu Ende erzählt hatte. Meine größte Sorge dabei war, daß er erfahren könnte, wovon unsere Mutter lebte. Da ich ihr nicht mehr soviel Geld geben konnte wie früher, ging sie wieder mit Männern.

Was mein Bruder über mich dachte, war mir egal, aber er sollte nicht schlecht von seiner Mutter denken. Wahrscheinlich wissen heute alle, wie meine Mutter lebte, aber wir Geschwister redeten nie darüber. Es fällt schwer, die Wahrheit über die eigene Mutter zu hören, und noch schwerer, sie auszusprechen.

Paul wohnte ein halbes Jahr bei mir, ich tat alles für ihn, bezahlte ihm sogar die Schule, weil er seinen Schulabschluß noch nicht gemacht hatte. Er war nie besonders schlau gewesen und hatte schon mehrmals ein Jahr wiederholen müssen. Die Schule und der Unterhalt von Paul kosteten mich so viel Geld, daß ich die nächste Operation von David nur mit Mühe bezahlen konnte.

Irgendwann fiel mir auf, daß Paul nie Hausaufgaben machte. Wenn ich vom Training oder von der Arbeit nach Hause kam, saß er vor dem Fernseher oder hörte Musik, nicht einmal reden konnte ich mit ihm. Das machte mich sauer. An einem Abend stellte ich einfach den Fernseher ab, in den er stumpf hineinglotzte. Paul schaute mich nur fragend an und ging weg, ohne ein Wort zu sagen.

Am nächsten Tag beauftragte ich mein Kindermädchen, Paul zu beobachten. Mein Verdacht bestätigte sich: Paul ging nicht zur Schule, sondern traf sich mit anderen Jungs am Strand. Jetzt wußte ich, wie er sich die Zeit mit meinem Geld vertrieb.

»Du kannst dir das Geld woanders holen. Von deiner Mutter oder von deiner Schwester Alice. Ja, hol dir das Geld bei ihr. Von mir bekommst du keinen Schilling mehr. Ich weiß, daß du nicht zur Schule gehst«, schrie ich ihn an, als er am Wochenende das Schulgeld für den nächsten Monat verlangte. Ich war so wütend und hätte ihn am liebsten rausgeschmissen. Die Schule und seine Uniform hatten mich sehr viel Geld gekostet, und er hatte mich nur angelogen.

Überhaupt machte Paul viele Probleme. Ich hatte ihm eine Luftmatratze gekauft, auf der er in der Küche schlafen konnte. Aber er wollte unbedingt im Wohnzimmer auf der Couch schlafen. Das war allerdings nicht möglich, weil ich mich oft mit Freiern in diesem Raum aufhielt. Häufig kam er einfach ins Wohnzimmer und guckte mich und die Freier böse an. Ich verlor einige Gäste, weil sie Angst vor meinem Bruder hatten. Er lachte über Leute, die arbeiteten, und schien es selbst nicht nötig zu haben. Er war ein richtiger kenianischer Macho. Er soll es auch heute noch sein. Er spricht immer über Deals, die er macht, und ich möchte nicht wissen, was das für Deals sind. Eines Tages konnte ich seine Anwesenheit nicht länger ertragen und warf ihn aus der Wohnung. Eine Unverschämtheit hatte er sich zum Abschied noch einfallen lassen. Er drohte mir, ein Leopardenfell in meiner Wohnung zu verstecken und mir die Polizei auf den Hals zu hetzen.

»Zwanzig Jahre wirst du dafür hinter Gittern leben müssen«, schrie er. Ich nahm ihn nicht ernst. Ein paar Tage später standen auf einmal fünf Zivilpolizisten vor meiner Tür und wollten meine Wohnung durchsuchen. Sie fanden Gott sei Dank kein Leopardenfell.

In dieser Zeit hatte ich noch anderen Ärger. Mein Chef im Starion wollte, daß Mädchen, die in der Show tanzten, nicht mehr mit den Touristen schliefen. Wir sollten nach der Show die Gäste animieren zu trinken, aber dann nicht mit ihnen ins Bett gehen. Ich war entsetzt. Das war eine unmögliche Forderung. Ich versuchte, mit dem Chef darüber zu reden.

»Ich kann von dem Geld für die Show nicht leben, ich habe ein Kind, wovon soll ich mich und mein Kind ernähren?«

»Ich möchte meine Showmädchen sauber haben«, sagte er und ließ sich nicht umstimmen.

»Dann höre ich auf zu tanzen, es geht nicht anders«, auch ich blieb hart und kündigte.

Stammgast Moritz

Silvester 1985/86. An einem meiner letzten Abende im Starion lernte ich Moritz, einen Schweizer, kennen. Ich hatte mich fein und nicht wie eine Hure gekleidet, weil ich diesen Abend feiern wollte. Als eine schöne, normale Frau wollte ich ins Neue Jahr gehen. Für mich ist der Beginn eines neuen Jahres wie eine Gebetsstunde, eine religiöse Zeremonie.

Gegen halb zehn Uhr kam ich ins Starion, es war noch viel Zeit bis zur Show. Eine Kollegin saß mit ihrem Schweizer Freier und dessen Freund an einem Tisch. Warum sollte ich allein sitzen und die Getränke selbst bezahlen? Ich setzte mich einfach zu ihnen und forderte den Freund ihres Freiers zum Tanz auf, er hieß Moritz. Da er groß und dick war, hatte ich zunächst kein besonderes Interesse an ihm. Mit steigendem Bierkonsum aber wurde ich lockerer. Ich redete ununterbrochen und fühlte mich sehr wohl, dabei genoß ich die bewundernden Blicke von Moritz, der mich mit viel Respekt behandelte. Ach, dachte ich, warum sollte ich diesen netten Menschen, der mich anhimmelte, stehenlassen? Er zahlte jedes Bier, das ich trank, das war schon ein Zeichen, daß er sehr interessiert an mir war. Meine Kollegin erzählte mir, daß Moritz schlechte Erfahrungen mit seiner letzten afrikanischen Frau gemacht hatte, sie sei ihm zu geldgierig gewesen. Er sei ein guter Mensch, der den Frauen gerne half, auch wenn er nicht jede Nacht bezahlte. Der Abend mit all seinen Umarmungen und Glückwünschen für das Neue Jahr brachte uns schließlich zusammen, und ich nahm ihn mit nach Hause.

Anfangs ekelte ich mich vor ihm, weil er so schwer und dick war, aber das ließ schnell nach. Bei uns sagt man, der Schwanz eines dicken Mannes wird von seinem Fett aufgesaugt und ist klein. Bei Moritz war das leider umgekehrt.

Am nächsten Morgen fuhr er mit dem Taxi zu seiner Ex-Freundin und holte seine Sachen. Als er zurückkam, strahlte er. Ich glaube, daß er sehr zufrieden mit mir war. Er schenkte mir sein Vertrauen, das spürte ich sofort. Ich wußte, daß er sich für mich entschieden hatte, weil ich am Abend zuvor nicht wie eine Nutte ausgesehen hatte. Was würde er von mir erwarten?

Nachdem er seine Sachen eingeräumt hatte, suchte Moritz ein geeignetes Versteck für seine Schecks. Er hatte Schecks im Wert von insgesamt dreißigtausend Schweizer Franken dabei. Ich konnte kaum atmen, als er das Scheckheft vor meiner Nase blätterte.

»Ich will ein Mädchen, das nicht nur auf mein Geld aus ist. Ich komme zweimal im Jahr nach Kenia, immer sechs Wochen bis drei Monate und möchte dann mit der gleichen Frau zusammensein. Ich möchte, daß du diese Frau bist. Ich kann die Miete und das Essen bezahlen«, sagte er und nahm mich in den Arm. Er ging einfach davon aus, daß ich nicht nein sagen würde.

Ich freundete mich schnell mit der Idee an, die richtige Frau für ihn zu sein. Ich hatte schließlich ein Kind. Wir können Mutter, Vater und Kind spielen, dachte ich, und das gefiel mir. Moritz erzählte mir, daß er in der Schweiz tagsüber als Ingenieur und abends als Taxifahrer für einen Sexclub arbeitete. Deswegen hatte er soviel Geld und konnte sich lange Urlaube in Kenia leisten.

»Viele Frauen, die bei uns arbeiten, kommen aus Kenia. Wer weiß, wer sie dorthin gebracht hat. Ich habe dort einen guten Job und werde anständig bezahlt. Und da ich im Haus meiner Mutter lebe und keine Miete zahlen muß, nur eine kleine Abgabe für das Essen, kann ich mein Geld für Kenia sparen.«

Er bezahlte die Miete, den Lebensunterhalt für mich, mein Kind und das Kindermädchen. Dafür brauchte er nicht mehr im Hotel zu wohnen. Für ihn war das wie geschenkt. Besser konnte er es nicht treffen. Ich war seine dritte afrikanische Frau. Die erste hatte einfach einen anderen genommen, die zweite hatte ihn ausgetrickst und betrogen, jetzt war ich an der Reihe. Es machte mir auch nichts mehr aus, daß er so häßlich war mit seinen dicken roten Backen, seinen rotblonden Haaren und seiner mächtigen Statur.

Zwei Tage nach dem Einzug von Moritz hatte David Geburtstag. Der neue Gastvater kümmerte sich um alles. Er kaufte Bierkästen für die Nachbarschaft, bestellte Kuchen; er besorgte Tee, Milch und Fleisch. Stolz zog er mit seinen afrikanischen Sandalen los. Ich glaube, daß er überall ein wenig betrogen wurde, aber das machte ihm nichts aus. Es war schön für mich zu sehen, daß er sich wohl fühlte und sich auf dem Fest sofort unter meine Verwandten mischte. Er grillte das Fleisch, lachte mit allen Leuten und bediente die Gäste. Ich war eine Frau, die sich keine Sorgen mehr machen mußte. Moritz verwöhnte mich und David, der schon bald Daddy zu ihm sagte. Dafür spielte ich die dankbare junge Frau, die ihn liebte. Und das fiel mir nicht schwer, weil mein Leben durch Moritz sehr einfach wurde. Ich hatte nicht mehr den Streß, mir jeden Tag einen anderen zu suchen und mit anderen Prostituierten um die Freier streiten zu müssen. Er wollte nicht, daß ich mit anderen Männern ins Bett ginge, und ich tat es auch nicht.

In der ersten Zeit war das Leben aufregend, später wurde es zum Alltag, und ich begann mit der Vorsorge für schlechtere Zeiten. Wann immer ich konnte, nahm ich von seinem Geld und brachte es zur Bank. Konnte ich wissen, wie lange die Beziehung zu ihm halten würde? Ich war sehr geschickt dabei, nahm immer nur kleine Summen, selten mehr als hundert Schilling am Tag, meistens Geld, das er in seiner Jacken- oder Hosentasche vergessen hatte. Manchmal auch Geld aus seinem Portemonnaie, das er mir bereitwillig für Einkäufe überließ. Ich sammelte dieses Geld für die Zeit, wenn er nicht mehr für mich da sein würde. Zu keinem Zeitpunkt hatte ich ein schlechtes Gewissen, höchstens Angst, daß er mich einmal beim Klauen erwischen würde. Ich wußte, daß ich ihm mehr gab, als ich ihm schadete.

David verstand sich mit Moritz ausgesprochen gut. Er war wie ein Vater für ihn und lernte mit ihm kiswahili, unsere Sprache. Seine Erziehungsmethoden allerdings lehnte ich ab. Er gab David oft Ohrfeigen und zwang ihn zu essen, auch wenn er keinen Hunger hatte. Es gefiel mir nicht, aber ich ließ ihn machen, weil ich mich nicht traute, mit ihm darüber zu reden.

Als sein Urlaub zu Ende war, schickte er mir jeden Monat fünftausend Schillinge, das war das Doppelte von meinem früheren Verdienst im Bora Bora. Ich versuchte, weitgehend mit diesem Geld und dem Geld anderer Stammgäste zu leben. Auf die täglich wechselnden Freier konnte ich verzichten. Außerdem mußte ich mich nach seiner Abreise erst vom Sex erholen.

Es dauerte kaum ein halbes Jahr, da war Moritz wieder da und nahm seine Rolle als Familienvater und Ehemann erneut ein. Ich brachte ihn nach kurzer Zeit mit einem Schweizer vom African Safari Club zusammen, weil ich mir mehr Zeit ohne ihn und ihm eine gute Gesellschaft wünschte. Vielleicht war das ein Fehler. Der Landsmann von Moritz aus dem African Safari Club lebte seit zwanzig Jahren hier und kannte alle Tricks. Moritz traf ihn oft und ließ sich von ihm beibringen, wie man mit einer afrikanischen Frau umzugehen habe. Die neuen Erkenntnissen wandte er dann bei mir an. Er verhielt sich immer mehr wie ein Chef und wollte mir schließlich sogar vorschreiben, wer mich besuchen durfte und wer nicht. Ich fing an, mich zu wehren.

»Auch wenn du bezahlst, du lebst in meiner Wohnung. Du bist hier, solange wir uns verstehen. Es ist meine Wohnung. Und die Leute, die ich mag, werden immer hierherkommen, auch wenn du sie nicht willst«, sagte ich zu ihm, als es mir langsam zuviel wurde.

Heftige Streits folgten in immer kürzeren Abständen.

Moritz verbrachte die Nächte in Diskotheken, ich blieb lieber zu Hause. Wenn Moritz mit seinem Motorrad in die Stadt fuhr, setzte ich mich später oft auf mein kleines Mofa, das er mir geschenkt hatte, und fuhr in die Buschbar. Dort traf ich mich manchmal mit früheren Freiern.

Einmal hätte mich Moritz fast erwischt. Ich hatte mich mit Siggi, einem älteren Mann aus Frankfurt, in der Buschbar getroffen. Siggi störte es nicht, daß ich einen festen Freund hatte. Wir unterhielten uns fröhlich, während die anderen schon neidisch guckten.

»Du hast einen Mann zu Hause, und jetzt sitzt du hier auch mit einem, du hast es gut«, las ich in ihren Blicken. Da hörte ich von weit her das Motorrad von Moritz. Ich hatte gerade Zeit, die nötige Distanz zu Siggi herzustellen.

»Es war nicht schön in der Stadt, ich hatte keine Lust mehr. Kann ich mich dazusetzen?« fragte Moritz höflich, bevor er Platz nahm.

»Natürlich kannst du hier sitzen«, lachte ich ihn an und stellte Siggi vor.

»Siggi kommt aus Frankfurt. Ich habe ihm ein gutes Mädchen besorgt, eine die nett zu ihm ist«, erzählte ich Moritz, und er schöpfte keinen Verdacht.

Drei Tage später wollte ich mit Siggi nach Nairobi fahren. Ich mußte mir etwas einfallen lassen.

»Ich werde mit meiner Schwester nach Nairobi fahren und meine Tante besuchen«, log ich Moritz an, der mir glaubte und etwas Geld mit auf die Reise gab. Morgens fuhr ich mit meiner Schwester Alice, mit der ich mich mittlerweile wieder gut verstand, zur Bushaltestelle. Natürlich hatte ich das Geld von Moritz sofort zur Bank gebracht. In Nairobi würde ich keinen Schilling aus der eigenen Tasche bezahlen. Dort war Siggi mein wandelndes Portemonnaie, und er bezahlte gerne für mich und meine Schwester.

Als ich meinen Vater das erste Mal nach vielen Jahren wiedersah, war Moritz dabei. Ich hatte beschlossen, meine Familie in Kagamega zu besuchen, weil ich wollte, daß David seinen Großvater kennenlernt. Natürlich wollte ich meinem Vater auch zeigen, wie gut es mir mit meinem europäischen Freund ging. Über seinen Neid würde ich mich freuen. Moritz war begeistert von der geplanten Reise.

Mein Vater lebte inzwischen das ganze Jahr über im Dorf, weil sie ihn in Pension geschickt hatten. Das hatte seinen Grund. Da er als guter Freund unseres Präsidenten Moi bei der Sicherheitspolizei gearbeitet hatte, war es vielen Leuten seinetwegen schlecht ergangen. Eines Morgens hat er einen anonymen Brief gefunden, daß er innerhalb von vierundzwanzig Stunden die Wohnung verlassen müsse, sonst würden sie ihn und die Familie umbringen. Man fand nie heraus, wer diese Drohung geschrieben hatte, aber man nahm sie an höherer Stelle sehr ernst. Moi suspendierte meinen Vater vom Dienst und schickte ihn zurück nach Kagamega.

Meine Verwandten begrüßten uns mit großer Freude, so daß ich heute noch gern an diese Begegnung denke. Auch mein Vater riß sich fast ein Bein aus, als er hörte, daß seine Tochter mit ihrem weißen Mann gekommen sei. Wir hatten einen Tag vorher ein Telegramm geschickt, das aber nie im Dorf ankam. Als sie unser in der Stadt gemietetes Auto sahen, dachten alle, daß mein Halbbruder Simon, der mittlerweile in den USA lebte, kommen würde. Erst als wir im Dorf waren, erkannten sie mich.

»Oh, du siehst gut aus. Wie ich mich freue, dich zu sehen. O Miriam, erzähl mal, wie es dir geht«, begrüßte mich Hannah, die Frau meines Vaters. Es war komisch, meine Stiefmutter so freundlich zu erleben, als hätten wir uns immer gut verstanden. Ihr Verhalten war mir peinlich, und ich wußte nicht, worüber ich mit ihr reden sollte. Nicht viel anders war es, als mein Vater kam. Er war freundlich, aber mir fielen schnell keine Worte mehr ein, die ich mit ihm tauschen konnte. Dafür redete er um so mehr, wollte er doch auf seine vermeintlich reiche Tochter den besten Eindruck machen und sich bei Moritz einschmeicheln.

»Das Geld, das du heute auf die Bank bringst, ist in ein paar Jahren nichts mehr wert. Du mußt es heute investieren. Du mußt Häuser bauen. Häuser verlieren nicht ihren Wert. Ein Haus ist wie ein Klumpen Gold«, riet mein Vater uns nach dem Essen. Er bemühte sich sehr um mich und Moritz und wollte nicht aufhören, mir gute Ratschläge zu geben. Ich ließ ihn in dem Glauben, daß ich auf einem ungenutzten Haufen Geld sitze, das war meine kleine Rache. Und trotzdem wurde ich die Beklemmung wegen vieler Erinnerungen nicht los. In der Nacht schliefen wir im Haus meines Bruders Jack, weil ich auf keinen Fall in der Nähe meines Vaters sein wollte. Das Mißtrauen und die Angst waren geblieben.

Am nächsten Morgen fuhr Moritz meinen Vater zu einer lokalen Versammlung der Regierungspartei KANU. Mein Vater war in der Region Vorsitzender dieser Partei.

»Dein Vater war sehr stolz, als wir am Versammlungsort ankamen. Er benahm sich, als sei ich sein weißer Fahrer«, lachte Moritz, als er zurückkehrte. »Wir sollen ihn später wieder abholen.«

Mein Bruder Jack, David und ich fuhren mit, als Moritz ihn wieder abholte. In der Bar neben dem Versammlungsort hatte mein Vater dann seinen großen Auftritt.

»Das ist Miriam, meine Tochter. Und das ist mein Schwiegersohn Moritz ...«, rief er stolz und merkte gar nicht, daß er seinen Enkel vergessen hatte. Ich haßte ihn dafür. Schon bei der Ankunft fiel mir auf, daß er sich für David nicht interessierte.

Wir blieben nur zwei Tage in Kagamega, dann reisten wir unter einem Vorwand wieder ab.

Lustig an dieser Reise waren eigentlich nur die Verdauungsstörungen von Moritz. Während der Busfahrt von Kagamega nach Nairobi pfurzte er andauernd. Er war zwei Tage nicht auf der Toilette gewesen, weil er sich vor den bei uns im Dorf üblichen Toilettenlöchern ekelte und auch Schwierigkeiten hatte, sich zu bücken. Ich hörte mir die Kommentare der anderen Fahrgäste an, die den Geruch, den Moritz verströmte, wegwedelten, und mußte viel lachen. Als wir in Nairobi ankamen, konnte Moritz es nicht länger aushalten und machte noch im Bus in die Hose. Als er mir sagte, was passiert war, war ich entrüstet. Sollten wir jetzt, nur damit Moritz sich umziehen konnte, ein Hotelzimmer nehmen und viel Geld dafür ausgeben? Moritz hatte eine bessere Idee. Nachdem wir ausgestiegen waren, kramte er eine frische Jeans aus dem Koffer und zog sich zwischen zwei parkenden Autos um. Die Scheiße wischte er mit der alten Jeans ab. In diesem Moment kam ein Askari um die Ecke und wollte wissen, was er dort machte.

»Ich ziehe mich um«, versuchte Moritz auf englisch zu erklären.

»Soll ich die Polizei rufen?«

»Nein, bitte keine Polizei!« bettelte Moritz.

»Dann gib mir deine Jeans!«

Der Askari nahm die beschissene Hose und lief mit ihr davon. Als Moritz mir die Geschichte erzählte, konnte ich kaum aufhören zu lachen. Bis Mombasa hielt meine fröhliche Stimmung. Ich stellte mir vor, wie der Askari stundenlang in einem Fluß stand, um die Hose zu reinigen. Diese Vorstellung entschädigte mich für die unangenehme Begegnung mit meinem Vater.

Moritz blieb noch über einen Monat in Mombasa. Wir lebten wie ein altes Ehepaar. Moritz war viel mit anderen Leuten zusammen, mittlerweile kannte er die halbe Stadt. Er war sehr naiv und glaubte allen Leuten. Besonders toll fand er, daß alle so freundlich zu ihm waren. Weil ich diese Freundlichkeit kannte, befürchtete ich, daß sie ihm das Geld aus der Tasche zogen und für mich dann nichts mehr übrigblieb. Ich erzählte ihm viel über die Kenianer und ihre Motive und versuchte so, ihn von bestimmten Leuten fernzuhalten, zum Beispiel von den Beach Boys, die ihre Geschäfte am Strand machten. Moritz ließ sich von meinen Warnungen nicht beeindrucken. Außerdem redete er zuviel. Wahrscheinlich wußte schon ganz Mombasa, wo mein Haus stand. Ich hatte Angst, daß die Leute uns irgendwann bestehlen würden, und war sehr vorsichtig. In Kenia ist schwer zu unterscheiden, wer wirklich dein Freund ist und wer nur von dir profitieren will. In Mombasa drehte sich aufgrund der reichen Touristen alles um Geld und materielle Vorteile, die sich aus freundschaftlichen Kontakten ergaben; das kannte ich selbst nur zu gut.

Wir hatten ständig Auseinandersetzungen, und Moritz schlief nicht mehr so oft mit mir. Später hörte ich, daß er zu anderen Frauen ging. Solange er mich deshalb nicht verlassen würde, war mir das egal. Schließlich hatte ich ja auch manchmal Kontakt zu alten Stammgästen. Von einem hatte ich Moritz sogar erzählt.

»Er bezahlt sechshundert Schilling am Tag. Überleg mal! Warum soll ich auf das Geld verzichten und es einer anderen Frau überlassen? Er hat mir sogar einmal einen Fernseher geschenkt und wird mir auch jetzt alles kaufen, was ich möchte. Ich kann ihn nicht enttäuschen«, argumentierte ich, und Moritz war erstaunlicherweise einverstanden.

Das einzige Problem war die Eifersucht dieses Stammgastes, dessen Name ich nicht mehr erinnere. Er wollte Moritz nicht sehen und nichts von ihm hören. In diesen drei Wochen schlief Moritz bei einer Nachbarin, tagsüber kam er zu mir. Er kam in der Regel nur, wenn der Stammgast im Hotel war. Manchmal aber machte er sich einen Spaß daraus, händchenhaltend mit meiner Nachbarin zu erscheinen, wenn mein Stammgast da war. Das konnte sehr lustig sein. Insgesamt aber waren diese Wochen für mich sehr anstrengend, weil ich mich vor dem Mann ekelte. Und noch bevor er wieder abreiste, waren wir so zerstritten, daß er mit der Faust auf den Tisch schlug und mit mir Schluß machte. Er ließ mich zurück mit dem Gefühl, ein dickes Sparbuch weggeworfen zu haben. Ich lief hinter ihm her und versuchte, ihn zu beruhigen, aber dafür war es zu spät. Er zerriß vor meinen Augen ein Foto von mir.

»O.k., du willst mich nicht mehr. Wenn du eine andere Frau suchst, sag mir Bescheid, und ich bringe dir eine gute«, schlug ich vor.

Tatsächlich ließ er sich darauf ein, und ich vermittelte ihm eine junge Frau aus der Nachbarschaft. Die Beziehung dauerte allerdings nicht lange, und er kam zu mir zurück, weil er immer noch sehr in mich verliebt war.

»Ich habe jetzt einen anderen Mann, der jeden Tag zu mir kommt«, erzählte ich ihm, »das mußt du akzeptieren.«

Er akzeptierte es, ohne zu murren. Er hatte wohl keine Lust auf weitere Abenteuer mit Afrikanerinnen, die ihn ausnahmen. Manchmal schlief dieser Stammgast sogar auf der Couch, während ich mit Moritz im Schlafzimmer lag. Ich war stolz und zufrieden, daß ich jetzt mit beiden Männern zusammen sein konnte, ohne ihnen etwas vorzumachen. Moritz brachte diesen Stammgast sogar noch zum Flughafen.

Wahrscheinlich war Moritz nicht mehr eifersüchtig, weil er selbst mit anderen Frauen ins Bett ging. Damals hörten wir zum ersten Mal von der schlimmen Krankheit Aids und von der Aidsstation im Krankenhaus, in die man die Leute einsperrte, und daß man sich nur mit Kondomen davor schützen kann. Ich machte mir Sorgen und warnte Moritz.

»Ich habe gehört, daß du mit vielen Frauen zusammen bist. Wenn du unbedingt mit anderen Frauen ins Bett gehen mußt, dann bitte nur mit Kondom«, verlangte ich von ihm.

»Nein, es stimmt nicht. Hör nicht auf die Gerüchte. Ich bin nur mit dir zusammen«, versuchte er, mich zu überzeugen, bis er nach Stunden endlich zugab, daß er mit anderen Frauen zusammengewesen war. Danach stritten wir noch mehr.

»Ich möchte ein Kind von dir«, sagte ich einmal, »laß uns doch heiraten.« Schon lange wünschte ich mir insgeheim, daß Moritz mich mit nach Europa nehmen würde. Aber er wollte mich nicht in der Schweiz, er wollte mich nur für seinen Urlaub in Kenia.

»Du bist doch sehr hübsch, ich laß dich sogar mit anderen Männern zusammen sein. Ich denke nicht daran, dich zu heiraten.«

Damit verletzte er mich sehr, was seltsamerweise ein zärtliches Gefühl in mir für ihn aufkommen ließ. Ich konnte mir auf einmal nicht mehr vorstellen, ohne ihn zu leben. Ob aus Liebe oder wegen seines Geldes, das fragte ich mich nicht. Ich brauchte ihn einfach. Ich tat meine Pflicht und er seine. Es gab viele Vögel auf den Bäumen und viele Fische im Wasser, aber ich wollte Moritz, weil er mir half, besser zu leben. Moritz war trotz unserer Auseinandersetzungen und ohne daß ich viel darüber nachgedacht hatte, der Garant für ein gutes Leben geworden. Ich brauchte keine neuen Männer zu suchen, mußte die ewig gleichen Spielchen nicht mitmachen, mich nicht mehr mit den ewig gleichen Fragen quälen: Werde ich ihn bekommen? Wieviel wird er mir geben? Wird er wiederkommen? Tief in mir spürte ich eine große Unlust, wenn ich daran dachte. Auch wenn nicht alle Tage mit Moritz glücklich waren, und ich nicht gern mit ihm schlief, war ich ihm sehr dankbar und wollte, daß er bei mir blieb.

Heinz

»Wenn dein Unterleib juckt, als ob dich jemand kratzt, dann erinnern sie dich: jetzt ist es Zeit, ein Baby zu machen«, erzählte Mama Rachel, meine neue Nachbarin, in unserem ersten Gespräch, ohne daß ich sie danach gefragt hatte. Mama Rachel war sehr aufgeschlossen und hatte immer einen Rat. Kaum war sie mit ihrem Mann nebenan eingezogen, hatte sie sich schon in mein Leben eingemischt. Sie war auch neugierig.

»Kind, wenn du Probleme hast, du kannst mir alles erzählen«, versuchte sie mich zu locken. Sie war auffällig, hatte lange Fingernägel, wie ich sie noch nie gesehen hatte. Bestimmt hatte sie früher auch als Prostituierte gearbeitet. Sie erzählte immer von ihrem früheren Leben im Überfluß. Wir rauchten die gleiche Zigarettenmarke und kamen uns schnell näher. Wenn ich mal keine Zigaretten hatte, schickte ich David, um welche zu holen, oder sie kam zu mir, wenn sie welche brauchte. David – er war damals fast zwei Jahre alt – faßte sofort Vertrauen, für ihn war Mama Rachel wie eine Oma. Sie gab ihm zu essen, während ich noch schlief, sie verwöhnte ihn regelrecht. Es war gut, Mama Rachel zu kennen; sie sollte in Auseinandersetzungen mit Behörden noch oft sehr wichtig für mich werden.

Moritz war wieder in der Schweiz und beeindruckte uns mit Geschenken, die er einem Schweizer Ehepaar mitgegeben hatte. Für David, der bald Geburtstag hatte, war jede Menge Spielzeug dabei, ich bekam fünfhundert Franken und eine tolle stonewashed Jeans, der letzte Schrei in Kenia. Das mußte gefeiert werden. Also beschloß ich, in meinen neuen Klamotten zur Buschbar zu gehen. Ich bestellte ein Bier nach dem anderen und war stolz, daß ich selbst bezahlen konnte.

Meine Schwester Alice und Lilian, eine Freundin, gesellten sich hinzu und ließen sich gern von mir einladen. Bei uns schaut keiner auf deine Uhr, sondern ob du dir viel Bier leisten kannst oder nicht. Hast du sogar eine Flasche Whisky vor dir stehen, dann ist dir der Respekt der Leute sicher. Ohne Zweifel giltst du als reich, wenn auch manchmal nur für kurze Zeit. Heute wollte ich mir den Luxus erlauben und großzügig sein.

Vor uns saßen zwei betrunkene Männer. Der eine sah wie ein Soldat aus, der andere arbeitete als Kellner im Starion, ich kannte ihn gut. Sie fingen an, sich mit Wilhelmina, einer Prostituierten, die mit am Tisch saß, zu streiten.

»Du bist sowieso eine Hure. O.k., ich habe dich gefickt und die zwanzig Schillinge, die du haben wolltest, hast du gekriegt. Was willst du?« rief der Soldat ihr abfällig zu. Als der Kellner vom Starion sich einmischen wollte, protestierte ich. Wilhelmina tat mir leid, weil sie eine schwere Hautkrankheit hatte, außerdem hatte ich schon einige Bierchen getrunken und fühlte mich stark.

»Was mischst du dich ein, Joseph? Halt dich da raus. Du hast doch nichts mit ihr gehabt«, schrie ich ihn an.

Das bewirkte, daß der Soldat zu Wilhelmina ging und ihr eine Ohrfeige verpaßte. Im gleichen Moment fing meine Schwester an zu schreien: »Das ist nicht in Ordnung, wie kannst du sie schlagen?«

Da ging er zu meiner Schwester und knallte auch ihr seine Hand ins Gesicht. Mir reichte es, ich konnte mich nicht mehr kontrollieren. Ich nahm eine noch ungeöffnete Flasche Bier und haute sie dem Soldaten gegen die Rippen. Der Mann kippte um und wurde ohnmächtig. Sofort brach Tumult aus.

»Du hast ihn umgebracht. Ruft die Polizei«, schrien die Leute.

Kurze Zeit später kam die Polizei und nahm alle, bis auf Alice, die rechtzeitig abhauen konnte, fest. Selbst Lilian, die nicht ein Wort gesagt hatte, mußte mitkommen. In einem Landrover wurden wir abgeführt. Ich dachte an meine Schwester Alice, und fühlte mich von ihr im Stich gelassen. Auf der Wache ergriffen die Polizisten sofort die Partei des Soldaten. Das machte mich so wütend, daß ich eine Mauer hätte umwerfen können.

»Er haut zwei Frauen, und nur weil er beim Militär ist, darf er gehen. Das kann nicht sein!« rief ich außer mir.

Einer der Polizisten versuchte, mich zu beruhigen: »Komm, es ist ja alles nicht so schlimm. Wir sprechen mit dem, und dann ist alles in Ordnung.«

Wir beruhigten uns langsam und ließen uns abführen. Plötzlich schubsten sie uns in eine Zelle. Ich versuchte, dagegen anzukämpfen, aber leider ohne Erfolg. Später wollte der Officer mit mir sprechen, und ich wurde in sein Büro gebracht. Der Mann löste eine große Wut in mir aus. Als ich ihm ins Gesicht schlagen wollte, waren die anderen Polizisten entsetzt und hielten mich fest. Einen Polizeichef zu attackieren ist so, als ob du Moi, unseren Staatspräsidenten, hauen würdest. Mir war das an dem Tag egal. Einer der Männer schlug mir mit der Faust ins Gesicht, so daß meine Augen tränten und ich für eine Weile nichts mehr sah. Dann brachten sie mich in die Zelle zurück.

Über einen Bekannten meiner Mutter, der früher einmal Polizist gewesen war, kam ich bereits am nächsten Tag ohne Hinterlegung einer Kaution frei. Ein Anruf dieses Mannes hatte genügt. Eine Gerichtsverhandlung fand trotzdem statt. Nun gab es zwei Möglichkeiten: wir konnten zugeben, daß wir uns gegenseitig geprügelt hatten und würden dafür drei Monate ins Gefängnis müssen, oder wir konnten darauf beharren, daß wir nichts getan hatten, und so für einen Freispruch kämpfen. Fast vier Monate dauerte es, bis das Gericht entschieden hatte. Mama Rachel half auf ihre Art, ein für meine Freundinnen und mich günstiges Urteil herbeizuführen.

»Ihr müßt Geld geben. Die Leute hier sind hungrig. Wenn du ihnen Geld zeigst, dann geht alles in Ordnung. Ich kann das für euch erledigen. Guck mal, du hast Glück, du bist mit einem Weißen zusammen, und Lilian hat den Chef vom African Safari Club zum Freund, ihr habt Geld. Wilhelmina ist eine arme Prostituierte, die nur mit Afrikanern geht, sie wird nichts abgeben können ...«, versuchte Mama Rachel uns von ihrer Dienstleistung zu überzeugen. Mama Rachel redete und redete, und ich gab ihr schließlich das Geld, das sie haben wollte, um uns vor der Gefängnisstrafe zu bewahren. Für Mama Rachel war es angeblich ein leichtes, bei allen wichtigen Leuten vorzusprechen. Mama Rachel hatte Erfolg, und wir wurden freigesprochen. Insgesamt hatte sie achttausend Schilling für ihre Deals von mir und Lilian bekommen. Wieviel sie davon für sich behalten hatte, wollte ich lieber nicht wissen.

Sehr enttäuscht war ich von vielen Bekannten aus der Nachbarschaft und aus der Buschbar, die sich über mein Mißgeschick gefreut hatten. Viele kamen scheinheilig zu mir nach Hause, um zu fragen, wie die Sache stand. In Wirklichkeit suchten sie nach sensationellen Neuigkeiten, um über mich zu tratschen.

In dieser Zeit begann ich mit meiner Gymnastik im Bamburi Beach Hotel. Ich arbeitete schon seit einiger Zeit nicht mehr als Tänzerin und war dicker geworden. Oft saß ich gelangweilt zu Hause, von vielen Freundinnen aus dem Milieu hatte ich mich entfernt, weil ich kaum noch als Hure arbeitete. An Moritz dachte ich selten, außer wenn ich den Kontostand kontrollierte, oder wenn Geschenke von ihm kamen. Schließlich hatte er immer wieder abgelehnt, mich zu heiraten. Ich freute mich nicht mehr auf seine Besuche und hielt nach anderen Männern Ausschau.

Auf den Aufpasser vom Studio, einen Mischling, hatte ich ein Auge geworfen. Er sah gut aus, war groß, kräftig und sehr sympathisch. Der sollte mein Freund sein, hatte ich mir überlegt. Wir hatten schon angefangen, miteinander zu flirten, da lernte ich Heinz kennen.

Mit mir waren noch einige andere Huren auf Freierjagd, die nur so taten, als ob sie trainierten. Außerdem durften sie als Benutzerinnen des Studios später an der Bar des Hotels sitzen. Sie hatten dort meist bessere Chancen, einen Mann anzumachen, als in der Disko. Ich saß gerade lustlos auf einem der Trainingsgeräte, als zwei blonde Touristen den Raum betraten. Ich betrachtete sie aus den Augenwinkeln. Die Männer sahen gar nicht übel aus. Ich war nicht die einzige, die das registrierte, und spürte die Spannung der anderen Huren, die auf Beute lauerten. Einer der beiden ging an ein Gerät neben meinem und fing an, darauf herumzuhampeln. Was suchte der hier? Der wollte doch keine Gymnastik machen? Normalerweise kannten die Europäer die Geräte, aber dieser Mann stellte sich sehr dumm an. Eine Weile schaute ich ihm zu, dann entschloß ich mich, ihm zu helfen.

»Was du machst, ist nicht richtig. Soll ich dir zeigen, wie du es machen mußt?« fragte ich ihn auf englisch.

»Das ist nicht so wichtig«, antwortete er auf deutsch und schaute mich etwas nervös von der Seite an.

Ich nutzte die Gelegenheit und begann ein Gespräch in meinem schlechten Deutsch, das ich in den letzten Jahren gelernt hatte. In wenigen Minuten wußte ich, daß er Heinz hieß, aus Deutschland kam und das erste Mal in Kenia war. Drei Tage war er bereits hier und sicher schon vergeben, spekulierte ich. Was soll's?

»Willst du mit mir nach dem Training in die Bar gehen?« fragte ich ihn einfach, und er stimmte sofort zu.

Später in der Bar merkte ich schnell, daß für Heinz Geld kein Problem war. Innerhalb kürzester Zeit hatte ich mehrere Flaschen Bier bestellt, die er ohne Zögern bezahlte. Ich fühlte mich leicht und beschwingt und wollte diesen Mann haben.

»Sollen wir uns heute abend treffen? Ich kann wiederkommen. Ich habe Lust, in die Disko zu gehen.«

Er war auch diesmal sofort einverstanden, und wir verabredeten uns für zehn Uhr vor dem Breakers, der Disko im Bamburi Beach Hotel.

»Gib mir Geld für ein Taxi, damit ich kommen kann!«

»Ich bezahle, wenn du kommst«, antwortete er frech.

Zu Hause legte ich mich hin. Ich schickte mein Kindermädchen zu einer guten Freundin, die als Taxifahrerin arbeitete, um sie für den Abend zu bestellen. Sollte Heinz doch nicht da sein, würde ich mit ihr keinen Ärger bekommen und könnte die Fahrt später bezahlen.

Kurz vor zehn Uhr holte sie mich ab und fuhr mich zum Bamburi Beach Hotel. Als wir dort ankamen, konnte ich Heinz erst nicht erkennen. Er trug weiße Jeans, der Reißverschluß war kaputt und stand weit offen. Neben ihm standen noch ein Mann und eine Frau. Heinz fummelte in seinem Portemonnaie nach Geld für das Taxi. Bei der Begrüßung merkte ich, daß er betrunken war. Er sprach seltsam langgezogen und hemmungslos, seine Gesten wirkten übertrieben. Nachdem er das Taxi bezahlt hatte, gingen wir in die Disko, selbstverständlich bezahlte er meinen Eintritt.

»Was trinkst du?« wollte er wissen, als wir an der Bar standen.

Sollte ich immer nur Bier trinken, überlegte ich kurz. Konnte es nicht auch mal etwas Besseres sein? Außerdem war ich sehr schick angezogen, trug Kleider aus der Schweiz und sah nicht aus wie die anderen Huren.

»Ich möchte einen Gin Tonic, bitte!«

»Bestell ruhig, ich komme gleich«, sagte er und ging zur Tanzfläche, um mit drei Mädchen zu tanzen, die er offensichtlich schon kannte.

Zwischendurch ging er mit einer zur Bar, trank mit ihr was, dann sah ich ihn wieder auf der Tanzfläche. Auf einmal konnte ich ihn nicht mehr entdecken. Er war spurlos verschwunden. Als ich mein drittes oder viertes Getränk bestellte, wurde ich unruhig. Was sollte das? Wollte er mich hier sitzenlassen? Wer bezahlte meine teuren Getränke? Die Kellner würden mir die Zähne ausschlagen, wenn ich ihnen kein Geld geben würde. Ich roch zwar nach Geld und spielte die große Dame, hatte aber nicht einen einzigen Schilling dabei.

»Ich kenne ihn. Ich war einen Tag mit ihm zusammen. Er hat viel Geld und ist sehr beliebt bei den Frauen. Er bezahlt achthundert Schillinge für die Nacht.«

Kathrin, eine Freundin, die heute in Trier lebt, hatte sich zu mir gesetzt. Ihre Worte beruhigten mich nicht, aber ich hatte beschlossen, auf Heinz zu warten.

Als er zurückkam, es waren mehr als drei Stunden vergangen, stellte er sich sofort zu mir, als ob nichts gewesen wäre. Ich rieb mir innerlich die Hände. Ich hatte ihn noch nicht verloren, auch wenn er, wie er mir später erzählte, mit einer der Huren am Strand gebumst hatte.

»Bezahl bitte meine Getränke, ich möchte nach Hause!«

»Willst du nicht noch mit mir in die Bar gehen?« lud Heinz mich ein und ging zur Toilette.

Als er zurückkam, hatte er es sich anders überlegt.

»Geh mit mir aufs Zimmer!« forderte er mich auf, und ich ging mit. Heinz war mein erster Freier, der Kondome benutzte. Das war im November 1987, als in Kenia viel über Aids geredet wurde. Wir sagten Mdudu, auf deutsch Würmer, zu dieser Krankheit. In Kenia schämen sich die Leute bis heute, das Wort Aids auszusprechen, Mdudu klingt harmloser.

»Wenn du Mdudu hast, wirst du immer dünner, und dann stirbst du«, hieß es. Viel mehr wußten wir nicht über Aids. Auch in der Ganjoni-Klinik, in der wir uns regelmäßig untersuchen ließen, klärte man uns nicht auf. Wir redeten über die Krankheit, zeigten auf Leute, die angeblich Aids hatten, aber Genaues wußten wir nicht. Frauen mit vielen Männern sollten eher erkranken. Einige Huren sprachen davon, daß man sich mit Kondomen davor schützen könnte. Aber vor wem sollten wir uns schützen? Die Touristen sahen nicht krank aus. Daß ein Mensch, obwohl er nicht abgemagert und krank erschien, bereits infiziert sein konnte, kam uns nicht in den Sinn. Deswegen benutzten Heinz und ich auch nur in den ersten Tagen Kondome. Wir sahen schließlich beide sehr gesund aus, außerdem waren die Kondome, die Heinz aus Deutschland mitgebracht hatte, schnell aufgebraucht.

Als er am nächsten Morgen wegging, hatte ich nicht einen Schilling verdient. Das war meine Schuld, weil ich mich nicht als Nutte, sondern als normale afrikanische Frau vorgestellt hatte. Ich wollte von ihm nicht als Hure genommen werden, und hatte ihm erzählt, daß ich einen Schweizer als festen Freund und von diesem ein Kind habe. Natürlich versprach ich mir einen Vorteil von dieser Version. Trotzdem dachte ich wehmütig an die achthundert Schilling, die er laut Kathrin anderen Huren bezahlt hatte.

Nach der dritten Nacht reichte es mir. Ich hatte einen weißen Mann zum Freund und mußte von meinen Ersparnissen leben, da stimmte etwas nicht. Auf dem Weg zur Bushaltestelle bat ich Heinz um dreihundert Schilling. Zweihundert brauchte ich allein, um bei einer Nachbarin, die billige Parfümproben verkaufte, meine Schulden zu begleichen. Sie hatte mir Poison verkauft, den Duft, den alle Huren in Mombasa damals haben wollten.

Heinz hatte kein Geld dabei und wollte mich auf den Abend vertrösten.

»Nein, du mußt mir jetzt etwas geben. Ich muß für mein Kind etwas zu essen kaufen«, forderte ich.

Heinz sah das ein und lieh sich bei einem Taxifahrer vom Bamburi Beach Hotel dreihundert Schilling. Seitdem trickste ich mit ihm wie mit meinen anderen Stammgästen. Ich erzählte ihm von meiner Miete, die noch nicht bezahlt sei, dem leeren Kühlschrank, lauter solche Sachen. Wenn er mir etwas gab, ließ ich ihm zwei bis drei Tage Zeit und überlegte mir eine neue Geschichte, um an Geld und Dinge heranzukommen. Mein Glück war, daß Heinz sehr großzügig sein konnte. Immer wenn ich es mir wünschte, fuhr er mit mir zum Einkauf in die Stadt. Mit ihm konnte ich Sachen aussuchen, die ich mir selbst nie gekauft hätte. War er beim Shopping nicht dabei, war ich geizig und legte das Geld, das ich von ihm bekommen hatte, zurück. Einmal gab er mir sechshundert Schillinge für ein neues Kleid. Er litt unter der Hitze und hatte keine Lust, mit mir in die Stadt zu fahren. Ich brachte das Geld zur Bank, zog ein schönes, fast neues Kleid aus meinem Kleiderschrank und präsentierte es Heinz noch am gleichen Abend. Er fand das Kleid sehr schön und lobte mich für meinen guten Geschmack. Heinz war offensichtlich reich, das imponierte nicht nur mir.

Das Mädchen, das mit Heinz an unserem ersten Abend gevögelt hatte – ihr Name war Asisa – versuchte noch oft, Heinz wiederzugewinnen. Auch wenn ich dabei war, zwinkerte sie ihm zu und leckte sich die Lippen, um ihn anzumachen. Aber Heinz wollte nicht mehr, er wollte lieber eine feste Freundin. Asisa gab irgendwann auf und konzentrierte sich auf andere Männer.

In meiner Wohnung in Shanzu war Heinz nur einmal, er flüchtete gleich in der ersten Nacht, weil er ohne Klimaanlage nicht schlafen konnte. Ich hatte ihm den Ventilator direkt vor die Nase gestellt, aber das reichte ihm nicht. So schliefen wir im Bamburi Beach Hotel, und er bezahlte die Zulage für eine zweite Person.

Heinz war überall beliebt. Wenn wir zusammen am Strand spazierten, kamen alle und begrüßten ihn. Er war immer lustig und vergnügt und steckte alle mit seiner guten Laune an. Ich war stolz, daß ich mit ihm zusammen war. Wenn die Beach Boys zu hartnäckig an uns klebten, um uns ihre Souvenirs zu verkaufen, kniete Heinz nieder und fing an, wie ein Moslem zu beten. Dann waren die Leute so verwirrt und gleichzeitig beunruhigt, daß sie uns schnell in Ruhe ließen. Von den Beach Boys kaufte er manchmal Marihuana, der Hotelsafe war voll davon. Ob er das Zeug auch in Deutschland rauchte?

Manchmal nahm ich David mit zum Fitneßstudio und ließ Heinz auf ihn aufpassen. Sie verstanden sich überraschend gut und waren gleich wie Vater und Sohn. Sie machten Witze und lachten viel. Wahrscheinlich hatte David Moritz bereits vergessen.

Und dann passierte, womit ich so schnell nicht gerechnet hatte: Heinz machte mir nach der zweiten Woche unserer Bekanntschaft einen Heiratsantrag. Es war an einem Abend, an dem ich ein schönes weißes Kleid trug. Mit etwas Phantasie sah es aus wie ein Hochzeitskleid. Heinz schaute mich immer wieder bewundernd von der Seite an.

»Willst du mich heiraten und mit mir nach Germany gehen?« fragte er irgendwann unvermittelt.

Das hatte mich noch nie ein Gast gefragt. Mein erster Gedanke galt Moritz, der mich aufgefordert hatte, einen anderen Mann fürs Heiraten zu suchen. Ich hatte plötzlich das Gefühl, nur noch mit einem Bein in Afrika zu stehen, und triumphierte. Heinz meinte es ernst, das spürte ich. Im nächsten Augenblick wurde ich skeptisch: Warum sollte ich mich freuen und dann wieder enttäuscht werden? So überlegte ich eine Weile hin und her, bis ich ihm schließlich glauben wollte.

In den letzten Tagen vor seinem Abflug sprachen wir ständig von unserem gemeinsamen Leben in Europa. Ich schwärmte davon, dort als Kindergärtnerin zu arbeiten, das war damals mein großer Traum. Er versprach, eine Arbeit für mich zu suchen. Es machte viel Spaß, ein neues Leben auszumalen.

Heinz hatte mittlerweile großes Vertrauen zu mir. Wenn wir zusammen waren, gab er mir das Portemonnaie. Ich ging sehr verantwortungsvoll damit um und paßte auf sein Geld auf. Ich wollte ihn auf keinen Fall enttäuschen.

Ein paar Tage nach seinem Heiratsantrag flog er zurück nach Deutschland. Er versprach mir, bald Geld für die Tickets zu schicken, damit ich ihn in Deutschland besuchen konnte. Wieder wußte ich nicht, ob ich ihm glauben sollte.

»Einer ist doch wie der andere. Es war schön mit ihm, aber nun ist der Traum vorbei«, dachte ich nach seinem Abflug und war ganz traurig. Nie hätte ich geglaubt, daß er schon einige Tage später anrufen würde.

Ich hatte in all den Jahren viele Weiße kennengelernt, häßliche und schöne, dumme und schlaue, junge und alte. Sie hatten mein Bild, daß ich schon als Kind von den Weißen hatte, kaum verändert. Ein Weißer ist ein Weißer, ein guter Mensch, der nicht negativ denkt, der Glück im Leben hat und den man respektieren muß. Auch wenn viele Freier mir nicht gefielen, dachte ich über Weiße nur Positives. Auch bei dem häßlichsten Freier suchte ich nach etwas, das diesen Menschen für mich anziehend und erträglich machte. Mit vielen mußte ich es schließlich drei Wochen oder länger aushalten. Heute denke ich manchmal, die Zeit mit den Freiern in Mombasa war eine verlorene Zeit, aber damals machte ich mir solche Gedanken nicht, genausowenig war Liebe oder meine eigene Sexualität für mich ein Thema. So kann ich auch nicht sagen, ob ich Heinz damals liebte. Ich brauchte die weißen Männer, um zu überleben, wie ein Auto Benzin braucht, um zu fahren.

Was ich mir von Moritz und später von Heinz wünschte, war eine Familie für David und weitere Kinder. Als Afrikanerin war ich mit dreiundzwanzig Jahren schon alt, ich mußte jetzt einfach einen Mann und einen Vater für meine Kinder finden. Und dieser Mann sollte Europäer und kein Afrikaner sein.

In einem neuen Land

Wie kann ein Flugzeug acht Stunden fliegen, ohne einmal aufzutanken? Diese Frage beschäftigte mich während des Flugs nach Europa. Wie sollte das gutgehen? Das war meine größte Sorge in den ersten Stunden. Moritz, meinen langjährigen Stammgast aus der Schweiz, der wenige Tage vor meinem Abflug nach Kenia gekommen war, hatte ich schon vergessen. Er war in meinem Haus in Shanzu geblieben und glaubte an meine Rückkehr in ungefähr drei Wochen. Aber das kümmerte mich jetzt nicht mehr.

Als ich am Morgen aufwachte, flogen wir schon über Europa. Die Erde sah von oben betrachtet grau und traurig aus. Ich fühlte mich wie in einem Traum, der ganz neu und ungewohnt war.

In Frankfurt mußte ich die Fluglinie wechseln. Ich hatte mehrere Stunden Aufenthalt und wollte Heinz anrufen. Das hatten wir so ausgemacht. Zunächst wollte ich mein kenianisches Geld wechseln, aber keine Bank wollte das Geld haben. Wie sollte ich jetzt telefonieren? Ich sah einen Mann, der den Boden putzte, und bat ihn auf englisch, mir eine Mark zu geben. Er guckte mich nur böse an, ohne zu antworten. Der unfreundliche Mann nahm schließlich seinen Besen und ließ mich stehen. Ich schaute ihm verdutzt hinterher. Hatte er mich nicht verstanden? Hatte er keine Mark? Ich ging zum nächsten Telefon und versuchte es vergeblich mit kenianischen Münzen.

Mittlerweile war ich so verkrampft, daß ich mich nicht mehr traute, noch andere Leute anzusprechen. Ich vermißte die Freude in den Gesichtern der Leute, die mir begegneten; Freude, die in ihren Augen leuchtete, wenn sie in Kenia Urlaub machten. Die Menschen liefen eilig und mit versteinerten Mienen an mir vorbei.

In Frankfurt sah ich zum ersten Mal Laufbänder und Rolltreppen. Von den laufenden Treppen hatte ich schon gehört. Als ich vor dem Laufband stand, wußte ich nichts damit anzufangen. Es waren in jenem Moment keine anderen Menschen in der Nähe, so daß ich nicht begreifen konnte, was zu tun war. Ich lief parallel zum Band, vollgepackt mit Taschen und David auf dem Arm. Nach einer Weile sah ich, wie andere gemütlich auf dem Laufband an mir vorbeiglitten. Jetzt wußte ich, wie es funktionierte. Kurz darauf, ich war schon müde, sah ich meine erste Rolltreppe. Ein Pfeil zeigte nach oben, Gate A42, dort mußte ich hin. Hilfesuchend stand ich da und schaute nach einem anderen Weg. Von oben bedeuteten mir zwei Männer in Uniform, auf die Rolltreppe zu gehen.

»Gibt es hier einen Aufzug«, rief ich ihnen auf englisch zu, »oder eine Treppe?«

»Nein, das ist der einzige Weg«, sagten sie. Ich stellte mich mutig auf die erste Stufe und fühlte mich so stark nach vorne gezogen, daß ich fast hinfiel.

»Was werden Sie in Deutschland machen?« fragten die beiden Beamten, als ich oben ankam. Ich hatte ihnen meinen Paß sofort unaufgefordert in die Hand gedrückt.

»Ich bin gekommen, um zu arbeiten«, sagte ich und dachte dabei an Mama Rachel. Die beiden guckten mich schweigend an. Das beunruhigte mich so sehr, daß ich schnell meinen Einladungsbrief von Heinz herauszog. Mit einem Stempel der Ausländerbehörde seiner Stadt. Das war meine Rettung. Sie ließen mich weitergehen.

Es war schon neun, als ich auf die Uhr blickte. Die Fahrgäste für den Lufthansa-Flug nach Düsseldorf waren noch nicht aufgerufen worden, obwohl das Flugzeug um diese Zeit abfliegen sollte. Das machte mich nervös. Hoffentlich saß ich nicht im falschen Warteraum. Erst viel später wurde es langsam voll. Einen schicken Mann neben mir fragte ich auf englisch nach der Uhrzeit. Dabei stellte sich heraus, daß meine Uhr zwei Stunden vorging. Der Mann war nett und erklärte mir, daß ich die Zeitdifferenz zwischen Kenia und Deutschland nicht berücksichtigt hatte. Ich war erleichtert, und da der Mann sehr freundlich war, faßte ich wieder etwas Mut.

Bevor ich in die Maschine einsteigen durfte, mußte ich hinaus aufs Rollfeld und mein Gepäck identifizieren. Noch nie in meinem Leben hatte ich so gefroren. Es war kälter als in meinem Kühlschrank in Shanzu. Nach drei Minuten fühlte ich mich wie ein Eisklumpen. Meine Zähne klapperten. Danach ging alles sehr schnell. Bevor ich mich vom Kälteschock richtig erholt hatte, stand ich nach einem kurzen Flug im Düsseldorfer Flughafengebäude in einer großen Halle und wartete auf meinen Koffer. Müde schaute ich mich um, während David aufgeregt hin- und herlief. Da sah ich Heinz durch eine Glasscheibe, wie er mir zuwinkte. Ich habe ihn zuerst nicht erkannt. In Kenia hatte er viel jünger ausgesehen. Er trug eine dicke Lederjacke und eine Ledermütze, sein Gesicht sah geschwollen aus. Auf der Lederjacke waren Aufkleber. Im ersten Moment verglich ich ihn mit Idi Amin. Paßte ich überhaupt zu diesem Mann? Ich hatte superenge stonewashed Jeans an, mit meinen sechzig Kilo war ich schlank und sah sehr sexy aus.

Bis ich meinen Koffer vom Band nehmen konnte, hatte ich Zeit genug, noch mehrere Male durch die Scheibe zu Heinz zu schauen. Langsam entdeckte ich in ihm den Mann wieder, den ich in Kenia kennengelernt hatte. Er hatte eine breite, muskulöse Brust und schlanke Beine. Als er mich umarmte, sah er sympathisch aus, er begrüßte mich mit seiner schönen Stimme. Ich war erleichtert, ein Irrtum war ausgeschlossen, ich mochte ihn wieder.

Wir fuhren über riesige Autobahnen zu ihm nach Hause. Es gab keine Tiere und keine Menschen am Straßenrand. Nur riesige Häuser und Gebäude und viele tolle Autos. Heinz saß nicht selbst am Steuer, sondern sein Bruder. Die Straßen waren so sauber wie es in Kenia nur die Fußböden der Reichen sind. Heinz erzählte, daß der Wagen ihm gehörte und er ihn seinem Bruder bloß geliehen habe, er wollte die Hände für mich freihaben. Erst später erfuhr ich, daß Heinz weder einen Wagen noch einen Führerschein besaß.

Als ich aus dem Wagen stieg, spürte ich wieder die Kälte. Es war ein grauer, verregneter Tag, wie ich es noch oft erleben sollte. Der erste Blick in die Wohnung war überwältigend. War dies das Paradies? Ich staunte über die vielen Teppiche und die weißen Gardinen. Es war alles sehr sauber und aufgeräumt. Im Schlafzimmer entdeckte ich ein schönes französisches Bett mit einer weichen Decke.

Es war Wochenende, und Heinz hatte viel Zeit für mich. Während ich all die Eindrücke aufnahm und die Gegenstände dieser Wohnung bewunderte, kochte Heinz das erste deutsche Essen für mich: Rouladen mit Klößen und Rotkraut. Und natürlich Wein. Es war ein tolles Essen. Nie hätte ein Mann in Kenia mir so etwas gekocht. Ich war sehr glücklich.

Zwei Tage dauerte dieses Glück, da mußte Heinz wieder arbeiten, ich sollte mit David alleine in der Wohnung bleiben. Heinz tat mir leid, daß er bei so einem Wetter - es war kalt und schneite - zur Arbeit gehen mußte. Einen Schlüssel hatte er mir dagelassen, aber was sollte ich damit? Nie werde ich in diesem kalten Land nach draußen gehen, dachte ich. Ich hatte den Strand von Mombasa und die heiße Sonne noch vor Augen.

Es sollte der bisher langweiligste Tag werden. Keine Nachbarin war da, die an meine Tür klopfte, die Sprache im Fernsehen verstand ich nicht. Ich kam mir wie eingesperrt vor. David tat mir leid, er vermißte sicher seine Freunde und konnte noch nicht verstehen, warum wir hier waren.

Heinz kam abends zurück. Er sah verändert aus; ich erschrak.

»Was ist los mit dir?«

»Ich bin müde von der Arbeit«, antwortete er.

In Wirklichkeit war er betrunken. Noch nie hatte ich ihn so gesehen. Sein Mund stand unkontrolliert offen, er hatte Ringe unter den Augen, er schwankte. Etwas später guckte er aus dem Fenster, gestikulierte wild und tat so, als ob er mit jemandem redete.

»Ich gehe runter zu einem Nachbarn und helfe kurz, einen Kühlschrank in die Wohnung zu tragen«, sagte er und verschwand. Das war gegen acht Uhr. Ich wartete und wartete, Heinz kam erst nach Mitternacht zurück. Ich hörte die Klingel und machte die Tür auf. Heinz stand total betrunken vor mir, in der Hand hielt er einen Flachmann. Er ging, ohne mich anzusehen, ins Wohnzimmer und setzte sich vor den Fernseher.

»Willst du was essen?« fragte ich ihn und ging in die Küche. Als ich zurückkam, war er weg. Ich fand ihn mit Straßenkleidern und Schuhen im Bett, und versuchte, ihn zu wecken. Vergeblich. Jetzt hatte ich einen betrunkenen und schnarchenden Mann neben mir liegen. Vor Angst konnte ich kaum schlafen. Viele Gedanken und Fragen rasten mir durch den Kopf. Sollte das jetzt jeden Tag so sein? Sollte ich abhauen? Einen anderen Mann in Deutschland suchen? Sollte ich zurück nach Kenia gehen? Ich dachte an die letzten Worte meiner Mutter: »Tochter, wenn die Milch überkocht, was machst du dann?«

»Ich werde sie vom Feuer nehmen, aber was meinst du damit?«

»Wenn du ein Problem mit deinem zukünftigen Mann hast, denk nicht gleich an einen neuen Mann. Überall gibt es Probleme. Lauf nicht weg, sondern rede mit ihm darüber und suche nach Lösungen. Probleme sind nicht das Ende einer Beziehung.«

Beim Abschied hatte ich meiner Mutter kaum zugehört, aber in dieser Nacht fielen mir ihre Worte ein und ich heulte hemmungslos. Heinz bekam davon nichts mit.

Am nächsten Morgen stand er auf, als wäre nichts passiert. Bevor er zur Arbeit ging, sagte er mir, daß ich kochen sollte, er wollte gegen fünf Uhr zurück sein. Er zeigte mir die Richtung, in der Geschäfte lagen und gab mir Geld.

Kurze Zeit später machte ich mich mit David auf den Weg. Es war das erste Mal, das ich deutsches Geld in der Tasche hatte. Ich hatte keine Vorstellung, wie die Läden hier aussehen, und lief wie eine Blinde an den Geschäften vorbei. Vor einer Bäckerei blieb ich stehen und bewunderte die Auslagen im Schaufenster. So viele Sorten Brot. Das Wasser lief mir im Mund zusammen. Ich ging hinein und fragte auf englisch nach Zwiebeln und Öl. Sie verstanden mich nicht. Ich versuchte es noch einmal auf deutsch. Verkäuferinnen und Kunden im Laden bemühten sich um mich, jemand mußte mich verstanden haben, denn auf einmal zeigten alle in die gleiche Richtung. Schräg gegenüber war ein Supermarkt. Als ich die Bäckerei dankend verließ, spürte ich die Blicke der Leute im Rücken. Ich hob meinen Kopf, der schon schamhaft nach unten fallen wollte. Ich überquerte die Straße und betrat den Laden und war wieder überwältigt. So viele schöne Sachen! Und so aufgeräumt lag alles in glänzenden Regalen. Hier mußten der liebe Gott mit seinen Engeln wohnen. So gut ging es den Weißen! Ich kaufte Zwiebeln, nahm statt Öl Essig und bezahlte. Erst zu Hause merkte ich, daß ich mich vertan hatte. Ohne Öl konnte ich nicht kochen, ich fühlte mich aber zu unsicher, um noch einmal loszugehen.

Als ich mich hinlegen wollte, um auszuruhen, klingelte es an der Wohnungstür. Wer sollte das sein? Es war erst zwei Uhr nachmittags. Wer könnte uns besuchen? Heinz würde erst um fünf Uhr kommen. Als ich die Tür aufmachte, traute ich meinen Augen nicht. Da stand ein freundlicher älterer Herr und an seinem Arm hing Heinz. Heinz war wieder betrunken, er hatte seine Arbeitskleidung noch an und sabberte wie ein kleines Kind.

»Was, was ...?« fragte ich und schnappte nach Luft.

»Heinz ist hingefallen. Es war nicht möglich, ihn wieder auf die Beine zu stellen. Der Meister hat mich mit ihm nach Hause geschickt«, antwortete der Mann, offensichtlich ein Arbeitskollege von Heinz, während er mich entschuldigend anguckte. Heinz arbeitete damals bei einer Maschinenbaufirma, die vorzugsweise Spätaussiedler einstellte und schlecht bezahlte.

Heinz brabbelte etwas von Medikamenten, die er genommen und nicht vertragen habe. Ich wußte nicht, was ich machen sollte, und rief bei seinem Bruder an. Am Apparat war Uschi, die Schwägerin von Heinz. Sie versprach mir zu kommen. Zwanzig Minuten später war sie da.

»Trinkt er zuviel?« fragte ich vorsichtig. Sie verneinte. Ich wollte ihr glauben. Bei uns gab es kein Wort für Alkoholiker, und ich kannte auch niemanden, der sich jeden Tag betrank. Vielleicht, weil in Kenia Alkohol für normale Leute viel zu teuer war. Die Männer trinken bei uns am Ende des Monats, wenn sie Geld bekommen haben oder wenn gefeiert wird, auf Hochzeiten und Beerdigungen. Ich ließ mich von Uschi beruhigen. Wenn ich heute darüber nachdenke, werde ich immer noch wütend. Warum hat sie mir damals nicht die Wahrheit gesagt? Während Heinz seinen Rausch ausschlief, schrieb ich einen langen Brief an meine Mutter und schickte sie zu Pater Joseph, damit er für mich betete. Ich wollte, daß die bösen Geister endlich Ruhe geben.

Mit diesen Sorgen verstrich meine erste Woche in Deutschland. Langsam wurde ich mutiger und ging jeden Tag mit David spazieren. Die Angst, mich zu verlaufen, hatte ich schnell verloren. Wir wohnten damals in einem ruhigen Stadtteil, aber es war trotzdem nicht möglich, David alleine draußen zu lassen, es gab zu viele Autos. In Kenia hatte David den ganzen Tag allein oder mit anderen Kindern draußen verbracht. David war zweieinhalb Jahre alt und diese Freiheit gewohnt. Hier war er von morgens bis abends nur mit mir zusammen, wir waren wie aneinandergekettet. Das war für uns beide ungewohnt.

Als Heinz mir einen Platz zeigte, wo kleine Kinder unter der Aufsicht ihrer Eltern spielen konnten, war ich glücklich. Ich freute mich für David, er würde schnell Freunde finden, noch am gleichen Tag ging ich mit ihm zu diesem Spielplatz. David war sofort begeistert und stürmte auf die anderen Kinder zu. Ich blieb am Rand stehen und schaute mich um. Ich war nicht die einzige Frau. Sollte ich zu den anderen Müttern gehen und einfach eine von ihnen ansprechen? Ich hielt mich zurück, weil ich ihre Zurückhaltung spürte. Die Frauen wirkten verkrampft, jede war auf ihr Kind konzentriert. Sie sprachen auch nur mit den eigenen Kindern. Ich konnte ihre Worte nicht verstehen, aber am Tonfall konnte ich erkennen, daß sie böse waren.

Was ich sah, paßte nicht zu den Bildern, die in meinem Kopf existierte. In Kenia hätten alle Frauen zusammengestanden und palavert. Keine hätte nach ihrem Kind geguckt. Was ich hier aber sah, war mir fremd. David war noch zu jung, um solche Vergleiche anzustellen. Er lief unbekümmert zu einem Kind, das mit kleinen Eimern und einer Schippe im Sand spielte. Er nahm sich einen Eimer und fing an, ihn mit Sand zu füllen. Das andere Kind zerrte an dem Eimer, den David nicht mehr hergeben wollte, und fing an zu weinen. Ich sah, wie David versuchte, dem Kind etwas zu erklären. Natürlich auf kiswahili. Kurz darauf kam eine Frau zu David und nahm ihm das Spielzeug weg. Ich konnte kaum weiteratmen vor Schreck, geschweige denn, irgend etwas tun. Ich hatte David kurz vor unserer Abreise ein kleines Fahrrad gekauft, alle Kinder aus dem Dorf hatten damit gespielt. Es gehörte allen und war natürlich nach drei Wochen kaputt. Aber das war normal. Wenn Eltern in Kenia ihren Kindern etwas kauften, hatten alle Kinder im Dorf etwas davon. David kannte es nicht anders. Er ließ sich von der unfreundlichen Mutter nicht einschüchtern und ging immer wieder zu dem anderen Kind.

»Ich nehme den Eimer und du nimmst den!« sagte er auf kiswahili. Das Kind heulte weiter und zog an dem Spielzeug. Die Frau begann zu schimpfen. Ich ging zu David und zerrte ihn weg. Dabei versuchte ich, ihm zu erklären, was ich selbst nicht verstand. Ich war mittlerweile genauso verkrampft wie die deutschen Mütter, und beobachtete David ständig in der Hoffnung, daß er nicht wieder etwas falsch machen würde. Die anderen Frauen ließen uns nicht aus den Augen. Es war sehr unangenehm. Es kam mir vor, als wollten sie seine Reaktionen einschätzen, um ihre Kinder vor ihm zu schützen. Diese waren wie kleine Erwachsene, die sich ängstlich bemühten, alles richtig zu machen, und wenn sie nicht zurechtkamen, gleich zu ihrer Mutter liefen.

David hingegen war laut und spontan, er hatte die Angewohnheit, überall Kinder und Erwachsene zu grüßen und anzusprechen. Egal wo, überall erregte er Aufmerksamkeit und stand im Mittelpunkt. Ich hatte das Gefühl, er paßte nicht in diese Gesellschaft. Das tat sehr weh.

Wenige Tage später freundete ich mich mit einer Italienerin an, die ein behindertes Kind hatte und oft zum Spielplatz kam. Wir besuchten uns gegenseitig und fühlten uns dann beide nicht mehr so allein. Als ich ihren Mann – einen Inder – kennenlernte, war ich neidisch. Er kam gerade von der Arbeit und begrüßte uns sehr freundlich. Zärtlich strich er mit der Hand über das Gesicht seiner Frau. Wenn Heinz nach Hause kam, war er mißmutig und wollte nur seine Ruhe haben.

An meinem zweiten Wochenende in Deutschland waren wir bei Freunden von Heinz eingeladen.

»Zieh dir was Schönes an«, forderte er mich auf, »wir werden gleich abgeholt.«

Ich war froh, aus der Wohnung zu kommen und Leute kennenzulernen. Ich zog mir die schönsten Sachen an. Alles noch Geschenke von Moritz. Unten wartete bereits ein Mann auf uns. Im Auto merkte ich, daß Heinz in einer anderen Sprache mit ihm redete.

»Was sprecht ihr da?« fragte ich ihn.

»Wir tun nur so, als ob wir reden.« Die Männer lachten. Am Bahnhof hielten wir an, Heinz kaufte ein paar Flaschen Alkohol und fing noch im Auto an zu trinken.

»Was trinkst du?«

»Das ist bloß Wasser.«

Heinz und der andere Mann, der sich mir nicht vorgestellt hatte, machten sich weiter lustig über mich. Sie sagten mir nicht, wo wir hinfuhren, und auch nicht, warum sie anders sprachen als die Deutschen. Nach einer halben Stunde hielten wir an, ich folgte den Männern bis zu der Wohnung unserer Gastgeber. David hatte keine Probleme und mischte sich gleich unter die Kinder, die draußen spielten. Ich beneidete ihn. Wir setzten uns ins Wohnzimmer. Der Tisch war schon gedeckt. Jeder hatte drei Gläser vor sich, eins für Bier, eins für Sekt und eins für Schnaps. Den ganzen Abend redeten sie in dieser fremden Sprache. Es war Polnisch. Die Leute, die ich später noch öfter sehen sollte, kamen alle aus Oberschlesien und waren Verwandte und Bekannte von Heinz. Heinz war wie sie Spätaussiedler aus Polen.

Niemand machte sich die Mühe, mit mir zu sprechen. Sie wußten, daß ich nur wenig deutsch konnte, und übersahen mich lieber. Es war ihnen wahrscheinlich zu anstrengend, sich mit mir zu unterhalten. Wenn ein Fremder nach Kenia kommt, bemühen sich alle um ihn und stellen Fragen. Wenn mit Worten keine Verständigung möglich ist, dann mit Händen und Füßen, wie man hier so schön sagt. In Kenia wollen sie, daß die Fremden sich wohl fühlen. Hier, glaube ich, bemühte sich niemand darum. Heinz beachtete mich kaum und trank, als sei alles kein Problem.

»Bitte hör auf, trink nichts mehr«, bat ich ihn, als er schon zu meinem Glas griff.

»Ach, ich hab doch noch gar nichts getrunken«, bekam ich zur Antwort. Dann sah ich, wie er seiner Nachbarin an den Busen faßte. Sie nahm seine Hand weg und zeigte auf mich.

»Dort sitzt deine Freundin«, sagte sie langsam auf deutsch, damit auch ich es verstehen konnte. Heinz stand brummend auf und ging zur Toilette. Ich merkte, wie er sich anstrengen mußte, um gerade zu stehen. Nach einer Weile kamen die Kinder lachend ins Wohnzimmer.

»Da sitzt einer auf dem Klo und pinkelt in die Hose«, riefen sie.

Heinz hatte weder die Klotür geschlossen noch seine Hose aufgemacht. Der Mann, der uns geholt hatte, zog ihn aus der Toilette und verschwand mit ihm in einem anderen Zimmer. Der Vorfall war mir sehr peinlich.

»Das ist kein Problem, Heinz wird schlafen, und dann geht es ihm wieder gut«, sagte der Mann zu mir und setzte sich wieder an den Tisch. Ich vermute, daß alle wußten, daß Heinz zuviel trank, sich aber nicht einmischen wollten. Zehn Minuten später kam Heinz ins Wohnzimmer und fiel wie ein gefällter Baum gegen eine Glastür. Ich wußte nicht, was ich sagen oder machen sollte. Endlich fuhr uns der Mann nach Hause. Unterwegs wurde Heinz ausfallend.

»Komm, wir gehen in'n Puff!« Ich kannte das Wort aus Kenia. So endete meine erste Einladung in Deutschland.

Kurz darauf wurde David krank. Er hatte hohes Fieber. Ich wußte nicht, wo das nächste Krankenhaus oder ein Arzt war, den ich rufen konnte. Es war schon spät. Ich lief zu einer Nachbarin, die den Notarzt rief. Als der Arzt kam, lag Heinz nackt und betrunken im Bett. Wir mußten in der Wohnung leise sein, damit er nicht aufwachte und Theater machte. Der Arzt ging sofort zu David, maß sein Fieber und stellte eine Mittelohrentzündung fest.

»Wer bist du?« fragte auf einmal Heinz, den ich nicht

hatte kommen hören. Ich schaute zur Tür und wäre am liebsten im Erdboden verschwunden, Heinz stand nackt vor uns.

»Bist du ihr Zuhälter, oder was? Du kannst sie mitnehmen.«

»Ich bin der Kinderarzt«, sagte der Arzt nur und kümmerte sich weiter um David. Heinz ging wieder ins Bett. Der Arzt fragte nach meiner Krankenversicherung. Was sollte ich ihm sagen? Ich wußte nichts von diesen Dingen und Heinz wollte ich nicht rufen. Ich stand einfach nur hilflos da. Die Nachbarin meinte später, daß der Arzt wahrscheinlich Mitleid mit mir gehabt und die Visite nicht berechnet habe. Er hatte mir sogar Medikamente dagelassen.

David wurde schnell gesund. Dafür machte er mir andere Sorgen: er war zu lebhaft für diese Gesellschaft, und ich wußte nicht, wie ich ihn bändigen sollte. In einem kleinen Restaurant in der Innenstadt platzte mir einmal der Kragen.

»David setz dich endlich, sei ruhig, bitte sei ruhig, guck mal, die Leute wollen in Ruhe essen«, immer wieder versuchte ich, David davon abzubringen, laut herumzurufen, auf seinem Stuhl zu zappeln oder durch die Gaststätte zu laufen, um mit anderen Gästen zu sprechen. Heinz sah schon genervt aus. Es war ihm unangenehm, daß die Leute die ganze Zeit zu uns schauten. Wann würde der Kellner kommen und uns rausschmeißen? Ich konnte David nicht bremsen. Je mehr ich es versuchte, desto aufgedrehter wurde er. Er hörte mir nicht zu oder verstand nicht, was ich ihm sagte. Mir rutschte die Hand aus.

»Du darfst das Kind nicht schlagen. Das ist verboten. Dafür kann dich jemand anzeigen«, schimpfte Heinz.

Jede Bewegung, die ich und mein Sohn machten, wurde beobachtet und bewertet. Mit David war es unmöglich, nicht aufzufallen. Das machte mir sehr zu schaffen. Weil ich schwarz war, fühlte ich mich ohnehin häßlicher und weniger sauber als die anderen Leute.

Ich sehnte mich zurück nach Afrika. Dort war es warm, die Sonne schien, David konnte spielen und so laut sein, wie er wollte. Ich konnte ja zurück. Moritz wartete noch auf mich. Vielleicht konnte ich Moritz erklären, daß mich das deutsche Ehepaar belogen hätte und David nun doch nicht operiert würde. Immer öfter beschlichen mich diese Gedanken. Was sollte ich mit diesem betrunkenen Mann, der mich heiraten wollte, in diesem Land, das mir seine Schätze nicht zeigte?

An einem Abend war ich wieder einmal so wütend auf Heinz, daß ich die Polizei rief. Es war schon spät, ich nahm den Hörer und wählte die 110. Ich hatte die Nummer im Telefonbuch gelesen. Es war vorbei, ich wollte nicht mehr, ich konnte diesen Mann nicht länger ertragen. Sie sollten mich zum Flughafen bringen, ich würde mit dem nächsten Flugzeug nach Kenia zurückfliegen.

»Wie kann man sich so aufregen, nur weil ich was getrunken habe? Darf ich denn gar nichts trinken? Was soll das?« lallte Heinz, als die Polizisten im Wohnzimmer standen.

»Sie können natürlich früher zurückfliegen, wenn sie möchten. Das müssen Sie mit der Fluggesellschaft regeln«, versicherten mir die Polizisten nach einem Blick auf mein Rückflugticket. Von den drei Monaten, die ich offiziell in Deutschland bleiben konnte, waren erst wenige Wochen vergangen. Mehr fiel den Männern zu meinem Problem nicht ein. Es war ihnen offensichtlich peinlich, sich einzumischen, auch hatten sie nicht vor, mich zum Flughafen zu fahren. Sie verabschiedeten sich rasch.

Als sie weg waren, kam ich auf die Idee, meine Cousine Susan anzurufen. Sie war ebenfalls mit einem Stammgast verheiratet und lebte seit mehreren Jahren in Berlin.

»Ich halte es nicht mehr aus. Ich komme zu dir und bleibe bei dir in Berlin bis zu meinem Rückflug nach Kenia. Ich halte es nicht mehr aus«, jammerte ich.

»Kein Problem, ich warte auf dich. Ich kann dich vom Bahnhof abholen. Ruf noch mal an und sag mir, wann du ankommst«, sagte sie sofort.

Ich konnte aufatmen. Erholung von diesem schrecklichen Mann. Gleich am nächsten Tag fuhren David und ich mit dem Zug nach Berlin. Heinz bezahlte das Ticket. Meine Cousine erwartete uns am Bahnhof. Wir begrüßten uns auf kenianische Art und gaben uns mit viel Schwung die Hände. Dabei redeten wir beide wie ein Wasserfall. Susan hatte sich in den vielen Jahren kaum verändert. Sie hatte ursprünglich Sekretärin werden wollen, war aber dann vor ihrem Kollegabschluß nach Mombasa gegangen, um dort als Hure zu arbeiten. Damals, als ich von zu Hause weggelaufen war, hatte ich sie in der Sekretärinnenschule in Nairobi besucht. Meine Mutter hatte ihr dann in Mombasa geholfen, die ersten Schritte als Hure zu unternehmen. Sie hatte viel Glück und brauchte nicht lange anschaffen zu gehen. Nach zwei Jahren hatte sie schon ihren »Traummann« gefunden, der sie mit nach Berlin nahm. Mehrere Male hatte ich Susan mit ihrem Mann gesehen, wenn sie in Kenia Urlaub machten. Man konnte zwar sehen, daß sie nicht glücklich mit dem Mann war, aber sie sprach nie darüber, und so war es auch kein Thema für uns.

Susan kochte afrikanisch, wir redeten viel in unserer Muttersprache, dabei fühlte ich mich immer wohler und vergaß meine Sorgen. Ich hatte das wohlige Gefühl, zu Hause zu sein. Ganz im Gegensatz zu dem deutschen Mann meiner Cousine. Während ich strahlte, verdüsterte sich sein Gesicht zusehends.

»Wir haben einen Vertrag gemacht. Jeden Freitag abend will er mit mir bumsen. An anderen Tagen auch, aber an einem Freitag darf ich nicht nein sagen. Als du gestern abend angerufen hast, war ich so aufgeregt und hatte keine Lust auf ihn. Jetzt ist er böse, weil ich nicht mit ihm geschlafen habe«, erklärte mir Susan auf kiswahili und musterte ihn dabei respektlos.

Als ich am nächsten Morgen um neun Uhr aufstand, hatte der Mann schon das Wohnzimmer aufgeräumt und Frühstück gemacht. Er grüßte mich freundlich.

»Oh, dein Mann ist heute ganz anders. Was hast du mit ihm gemacht?« fragte ich Susan.

»Ich habe ihm gegeben, was er wollte. Ganz einfach«, lachte sie.

Am Nachmittag fuhren wir mit der U-Bahn nach Kreuzberg, sie zeigten mir die Mauer und machten viele Fotos.

»Ich verdiene bei meiner Firma sechstausend Mark netto im Monat«, begann sie zu erzählen, »mein Mann hat nur viertausend Mark und ist neidisch. Ich wollte eigentlich nicht mehr mit dem Bus fahren, sondern mir einen Mercedes für fünfundvierzigtausend Mark kaufen. Aber er will nicht ...«, und so ging es fort. Susan war sehr gesprächig und hatte in mir ein unvorbereitetes Opfer für ihre Prahlereien gefunden. Ich staunte, und tat damit das, was sie von mir erwartete. Susans Mann legte freundlich den Arm um sie, er hatte kein Wort verstanden. Ermuntert von meiner Sprachlosigkeit setzte sie fort: »Mein Kleid kostet über tausend Mark, meine Schuhe sechshundert ...«

Wie von einem Motor angetrieben, wollte sie nicht mehr aufhören, über ihr Geld und ihre Ausgaben zu sprechen. Sie erzeugte in mir trotz ihrer Übertreibungen, die ich sofort durchschaute, das Gefühl, eine arme, dumme Afrikanerin zu sein. Und während sie sich immer mehr aufbaute, war mir, als ob ich in ein großes Loch fallen würde. Ich war ganz unten und sie oben, die Kluft spürten wir beide. Damals störte mich das Gerede meiner Cousine, heute weiß ich, daß alle Kenianer im Ausland so tun, als hätten sie gerade im Lotto gewonnen. Schließlich spazierten wir auch noch an der Computerfirma, bei der sie arbeitete, vorbei. Von außen konnte man nicht hineinsehen, die Fenster waren verspiegelt. Es war ein imposantes Gebäude.

»Innen ist alles aus Marmor«, versicherte mir Susan, als wollte sie mir auch damit etwas beweisen. Mir reichte es, und ich nickte unwillig.

Am Abend rief Heinz an: »Bitte komm zurück, ich trinke nicht mehr. Du brauchst keine Angst zu haben.« Er war lieb am Telefon, und ich wollte ihm glauben. Was sollte ich ständig zu meiner Cousine aufschauen, ich konnte auch wieder zu Heinz fahren. Also fuhr ich kurzerhand zurück, und tatsächlich hatte er aufgehört, zu trinken. Vorerst.

Wenn Heinz nicht trank, war er nett und zuvorkommend. Ich beschloß, bei ihm zu bleiben und ihn zu heiraten. Wenige Tage später schrieb ich Moritz einen Abschiedsbrief. Zu ihm konnte ich also nun nicht mehr zurück.

Im August zogen wir in eine größere Wohnung in einem anderen Stadtteil um. Kaum waren wir eingerichtet, da fing Heinz wieder mit dem Trinken an. Diesem Rückfall verdankte ich meinen ersten Urlaub in Kenia. Ich setzte ihn unter Druck und bat ihn um Geld für die Reise. Ob ich wiederkommen würde, ließ ich vorerst offen. Ende August saßen David und ich im Flugzeug. Ich konnte in Kenia noch in meiner alten Wohnung leben.

Meinen Verwandten und Freunden erzählte ich nur, was sie hören wollten, und was mein Ansehen in ihren Augen nicht ruinierte: »Mir geht es gut. Danke. Europa ist unglaublich schön. Ich habe nie besser gelebt.«

Kein Wort über meinen trinkenden Verlobten. Es war einfacher, eine schöne Geschichte zu erfinden, als die Wahrheit zu sagen. Der Nachteil war, daß sie nun in mir die reiche Europäerin sahen, von der sie alle einmal profitieren würden. Das war einerseits schmeichelnd, andererseits konnte es sehr lästig werden, weil sie sich schon jetzt von mir finanzielle Unterstützung versprachen. Mein Bruder Jack hatte mir noch vor meiner Reise einen Brief geschrieben und mich gebeten, ihm innerhalb von drei Tagen fünfzigtausend Schilling zu überweisen, damit er sich einen alten Bus kaufen konnte. Mein erster Gedanke war, daß der arme Jack wohl seinen Verstand verloren habe. Ich reagierte nicht auf diesen Brief und sprach auch später in Kenia nie mit ihm darüber. Es war anstrengend, wie ein goldenes Kalb behandelt zu werden und meine Familie so gierig zu erleben.

Heinz rief in dieser Zeit oft an und bat mich immer wieder, zurückzukommen: »Wenn du wiederkommst, nehme ich einen Kredit auf. Mit dem Geld kannst du dir ein Haus in Kenia bauen. Ich schaffe es ohne dich nicht, vom Alkohol loszukommen. Bitte komm zurück, oder ich bringe mich um.« Seine Worte berührten mich. Ich entschied, zurückzugehen und Heinz zu heiraten. Aber ich tat es nicht für ihn. Nein, ich traf diese Entscheidung für mich, weil ich mein Leben in Kenia nicht fortsetzen wollte und Heinz der einzige war, der mir dabei helfen konnte.

Mama Rachel, der ich schon meinen Paß verdankte, kümmerte sich um meine Heiratspapiere. Ich hatte es bereits über die kenianische Botschaft in Deutschland versucht. Von dort hatte man die Unterlagen an die Verwaltung nach Kagamega geschickt und um die Unterschrift meines Vaters gebeten. Er mußte mich freigeben. Mein Vater hatte dies aber abgelehnt und mitgeteilt, ich sei schon verheiratet, hätte drei Kinder von einem anderen Mann und dieser habe den Brautpreis, die Kühe und Ziegen, auch schon bezahlt. Wahrscheinlich wollte er mich und Heinz erpressen. Er hatte das Gerücht gehört, mein zukünftiger Mann sei sehr reich und habe meiner Mutter mehrere Häuser gebaut. Wer ihm das erzählt hat, weiß ich nicht. Die Kenianer sind große Geschichtenerzähler, das weiß ich mit Sicherheit.

Ich hatte allerdings nicht vor, meinen Vater für eine Gefälligkeit zu bezahlen. Mama Rachel, die Gute, würde mir ohne seine Unterstützung die fehlenden Papiere schon beschaffen. Ich staune heute noch über die einflußreichen Leute, die sie kannte, Politiker wie Verwaltungsleute. Sie hatte immer eine Lösung, doch die war nie billig. Sie wollte den besten Anwalt für mich besorgen und vor Gericht gehen, sie wollte sogar nach Nairobi fahren und dort mit den Ämtern verhandeln. Sie hatte schließlich Erfolg und verschaffte mir die offizielle Bestätigung, daß ich nicht verheiratet war. Sechstausend Mark bekam Mama Rachel von Heinz für das Papier, das so aussah, als hätte ich es selbst geschrieben. Es war versehen mit dem Stempel einer Behörde und der Unterschrift des zuständigen Leiters. Mir war der Preis egal. Mama Rachel hat sicher nicht schlecht daran verdient, aber ich beschloß, es ihr nicht übel zu nehmen.

Ich weiß bis heute nicht, ob sie wirklich einen Rechtsanwalt eingeschaltet hatte. Vielleicht war sie auch nie in Nairobi gewesen. Ich wollte nur gewinnen, und sie half mir dabei. Wer wußte denn, ob ich ihre Hilfe nicht noch mal brauchen würde? Lieber ging ich zu Mama Rachel, als in diese Büros, wo alle für ein lächerliches Papier Geld von mir haben oder mit mir schlafen wollten. Und dann dauerte es trotzdem Monate. In solchen Dingen vertraute ich Mama Rachel. In gewisser Hinsicht ist sie wie eine zweite Mutter für mich. Wenn ich ihr heute ein Bild von mir schicke, das passende Kleingeld dazu lege und einen Führerschein bestelle, wird sie mir innerhalb eines Monats die Fahrerlaubnis schicken. Ich kann im Sessel sitzen bleiben. So ist Mama Rachel.

Dank ihrer Hilfe konnten wir im Sommer 1989 endlich heiraten. Nach mehr als einem halben Jahr Abstinenz fing Heinz zwei Tage vor der Hochzeit wieder an zu trinken. Wahrscheinlich vor Aufregung. Ich hatte schon nicht mehr damit gerechnet. Sollte ich zum

Standesamt gehen und alles absagen? Sollte ich unsere Gäste ausladen? Sollten alle meine Pläne scheitern? Nein! Ich merkte, wie sich in mir etwas veränderte. Ich wurde ruhiger. O.k., ich werde ihn heiraten, aber es muß sich etwas ändern. Ich werde nicht mehr heulen. Er soll mich heiraten, aber ich werde nicht mehr tun, was er will. Ich werde hier leben, mit ihm oder ohne ihn. Bis hierhin habe ich es geschafft, und es wird weitergehen. So schöpfte ich neue Kraft.

Am Morgen vor der Trauung leerte Heinz eine halbe Flasche Wodka in wenigen Zügen. Waren die Männer aus Oberschlesien nicht alle gute Trinker? Ich war zu angespannt, um mich lange darüber zu ärgern. Kurz darauf kam sein Bruder Johann mit seiner Frau Uschi, die mir einen wunderschönen Brautstrauß mitbrachte. In meinem weißen Kostüm, mit weißem Hut und der teuren Strumpfhose sah ich richtig mondän aus.

Wir wollten schon hinausgehen und abschließen, da mußte Heinz unbedingt noch einmal in die Wohnung zurück. Wir folgten ihm und fanden ihn mit der Flasche Wodka in der Hand. Uschi nahm ihm die Flasche weg und schimpfte, ich sagte nichts. Ich hatte beschlossen, mir den Tag nicht verderben zu lassen. Ich fühlte mich aber ein wenig so, als würde ich ganz für mich alleine heiraten.

Auf dem Standesamt gab mir Heinz, der trotz des Alkohols erstaunlich normal wirkte, noch einen Tip: »Wenn ich dir ein Zeichen mit der Hand gebe, dann sagst du ja. Sie dürfen nicht merken, daß du nicht perfekt deutsch sprichst. Sonst hätten wir einen Dolmetscher nehmen müssen, und der ist zu teuer.«

Heinz übertrieb. Ich konnte mittlerweile soviel

deutsch, daß ich fast alles verstand und mich auch gut unterhalten konnte. Natürlich machte ich noch viele Fehler, aber die Leute verstanden mich. Die Warnung von Heinz hatte mich dennoch so beeindruckt, daß ich während der Trauung die Angst nicht los wurde, daß jeden Moment etwas Unvorhersehbares passieren könnte. Aber es ging alles gut. Heinz zupfte an meinem Arm, ich sagte genau im richtigen Augenblick »ja«, und so wurden wir Mann und Frau. Nach der Trauung mußte ich vor Erleichterung lachen.

Danach feierten wir zu Hause. Zwölf Leute hatten wir eingeladen: Uschi und Johann, unsere Trauzeugen, dann ein befreundetes Paar aus der Nachbarschaft und einige Afrikaner, die ich zufällig in der Stadt kennengelernt hatte. Wir hörten afrikanische Musik, und ich tanzte ausgelassen dazu. Es war ein schönes Fest, ich versuchte, unsere Probleme für eine kurze Zeit zu vergessen, was mir auch gelang.

Nach Mitternacht verließen die letzten Gäste die Wohnung.

»Geh nicht zu spät ins Bett, Miriam, heute ist dein Hochzeitstag, du mußt heute nacht unterschreiben«, flüsterten mir meine afrikanischen Freunde zu.

»Wie?« stellte ich mich dumm.

»Du mußt mit Heinz schlafen. Das gehört dazu. Sonst ist die Heirat nicht gültig.«

Ich schloß die Tür hinter ihnen und blieb einen Moment stehen. Dabei dachte ich an meinen neuen Status als Ehefrau eines Deutschen. Als das Lachen meiner Freunde im Hausflur verklungen war, drehte ich mich langsam um und lief noch einmal durch die Wohnung. Es sah aus, als hätte eine Bombe eingeschlagen. Heinz war schon ins Bett gegangen.

Abergläubisch wie ich bin, legte ich mich zu Heinz ins Bett. Dort versuchte ich alles, um sein Geschlecht aufzurichten und unsere Ehe zu unterschreiben. Aber ich blieb erfolglos.

Lehrjahre in Deutschland

In den ersten Jahren in Deutschland hatte ich oft Heimweh und weinte viel. Scheiß auf die Ehe, dachte ich häufig, weil Heinz ganz und gar nicht meinen Erwartungen entsprach. In solchen Momenten war es beruhigend, an meinen Vater zu denken. Ich stellte mir seinen Neid vor, weil ich so viel Glück und einen Europäer geheiratet hatte. Wie ich ihn kannte, würde er eifersüchtig an die vermeintlichen Millionen glauben, die mein Mann und ich in Europa verdienten. Innerlich kämpfte ich immer noch gegen meinen Vater und damit auch gegen meine eigene Vergangenheit. Und ich wollte diesen Kampf gewinnen, koste es, was es wolle.

Es gab Dinge, an die ich mich in Deutschland gewöhnen mußte, viele Situationen, die mich verletzten oder verwirrten, wie die mit David auf dem Spielplatz. Sie erinnerten mich an Selbstverständlichkeiten in Kenia, über die ich früher nie nachgedacht habe. Kleine Situationen des Alltags, in denen Menschen in Afrika sich anders verhalten als in Europa.

Oft wurde ich von Passanten im Bus oder auf der Straße freundlich angeschaut. Kaum hatte ich die Möglichkeit, mit einem dankbaren Blick zu antworten, da hatten die Leute schon wieder ihre Maske aufgesetzt. Das Lächeln oder das knappe Grinsen verschwand so schnell, wie es aufgetaucht war. In Kenia schauen die Leute einen lange und direkt an, und du hast die Möglichkeit zu reagieren, hier nicht. Noch bevor ich dieses Verhalten verstand, hatte ich es schon übernommen. Ich schaute kurz lächelnd auf, richtete meinen Blick wieder nach innen und machte nach außen eine nichtssagende Fassade. Es passierte automatisch, ohne daß ich es trainieren mußte.

Vielleicht ist es die Kälte, die die Menschen und in der Folge auch mich so reagieren ließ. Deutschland war für mich anfangs wie ein riesengroßer Kühlschrank, die Menschen wirkten wie in Trance oder wie in Eis verwandelt, sie tauen erst wieder auf, wenn sie im sonnigen Süden, zum Beispiel in Kenia, Urlaub machen. In der ersten Zeit in Deutschland lernte ich, nur im Beisein guter Freunde zu lachen und fröhlich zu sein, in anderen Situationen hingegen interesselos zu gucken oder zu grinsen, wie es hier üblich ist.

Mir fehlten gewohnte kenianische Eigenheiten, obwohl viele meiner Wünsche in Erfüllung gegangen waren. Ich hatte alles, wonach ich mich in Kenia gesehnt hatte: eine schöne Wohnung, einen Fernseher, Sauberkeit, einen weißen Mann. Aber das reichte nicht für mein Glück. Wie gern hätte ich wie in Kenia meinen Tag begonnen. Dort zog ich mir ein Tuch über die Hüften, einen BH an, und der Tag konnte beginnen. Ich ging, wie ich war, aus dem Haus, konnte mit einer Nachbarin quatschen, mich vor das Haus setzen und

Tee trinken. Das war hier undenkbar. Hier denken sie, du bist krank, holen einen Krankenwagen oder die Polizei, wenn du so etwas machst. Hier gibt es viele Regeln, und vorsichtig war ich bemüht, sie nicht zu verletzen.

»Du bist kein Mensch, um in Kenia zu leben. Du wirst dort nie mehr klarkommen«, sagte mir Heinz einmal, als ich wieder von meinem Land schwärmte.

»Ich sitze hier nur, um satt zu werden und in einem schönen warmen Bett zu schlafen«, klagte ich, dabei wußte ich, daß es das Kenia, wovon ich träumte, in Wirklichkeit nicht gab. Wovon hätte ich in Kenia leben sollen? Ich war schon zu alt, um zu tanzen, und hätte mit den jungen Mädchen um die Freier aus Europa kämpfen müssen. Wenn ich an Kenia dachte, dann nur an die schönen Dinge, und auch nur die vermißte ich. Die Arbeit als Hure am Strand von Mombasa vermißte ich in keinem Moment. Niemals sollte mich David, wenn er größer war, so erleben.

Ich war froh und unglücklich zugleich. Den Kontrast Kenia-Deutschland und meine eigene Zerrissenheit erfuhr ich besonders während meines ersten Keniaurlaubs. Zwei Wochen hatte mir das laute Leben in Mombasa gefallen, danach sehnte ich mich bereits nach meinem ruhigen Leben in Deutschland. Und als ich hier war, wollte ich bald wieder nach Kenia. Es ist immer die Sehnsucht nach etwas, das dann in Wirklichkeit ganz anders ist. Aber ich will nicht klagen. Viele Menschen, die ich in Deutschland kennenlernte, waren freundlich zu mir und erleichterten mir das Leben in diesem Land. Auch mit meinen Nachbarn freundete ich mich schnell an. Ich war lange Zeit die einzige, die zu allen im Haus Kontakt hatte, bis ich später Krach mit einer Familie bekam. Erst da war ich auf einmal die Negerin für sie.

Ich war schon über zwei Jahre in Deutschland, die Mauer war inzwischen gefallen, da verstärkte sich das Gefühl, anders zu sein und auf der Straße auf bestimmte Weise wahrgenommen zu werden. Ich mochte diesen Blick nicht und dachte, daß er meinem schwarzen Gesicht galt. Lange Zeit hielt ich an der Phantasie fest, als Bora Bora Tänzerin immer noch ein Star zu sein oder wieder einer zu werden. Diese Wünsche hatten immer weniger mit meiner Realität zu tun, vor allem, je besser ich Deutsch sprach und Behördengänge selbständig erledigen konnte. Erste unangenehme Erfahrungen machte ich bei der Ausländerbehörde. Das war vor der Hochzeit, als ich meine Unterlagen für die Eheschließung noch nicht zusammenhatte und Mama Rachel mitten in ihren Bemühungen um meine Papiere steckte.

»Sie haben vierundzwanzig Stunden Zeit, die Papiere zu beschaffen, oder sie fahren zurück nach Kenia«, sagte ein Angestellter sehr laut, als redete er mit einer Schwerhörigen.

»Aber Sie wissen doch, ich habe alles schon vor Monaten nach Kenia geschickt, ich weiß nicht, warum die Unterlagen so lange unterwegs sind«, versuchte ich zum wiederholten Male in einem englisch-deutschen Sprachmix zu erklären.

In meiner Not fuhr ich mit dem Taxi nach Hause und holte Heinz, damit er mit dem Beamten redete. Als dieser Heinz sah, war er wie ausgewechselt. Das war das erste Mal, als ich merkte, daß einige Deutsche mit ihren eigenen Leuten anders reden als mit Ausländern. Heinz erklärte die Situation, und wir erhielten eine weitere Duldung für mich.

Leider konnte ich mit Heinz nicht über diese schlechten Erfahrungen sprechen. Er glaubte, daß ich unfreundlich zu dem Beamten gewesen sei. Aber er hätte es besser wissen müssen, weil er selbst vor mehr als zwanzig Jahren als Fremder hierhergekommen war. Viele Deutsche mochten die Spätaussiedler damals nicht. Er mußte es kennen, dieses Gefühl, nicht erwünscht zu sein. Vor mir aber spielte er den Besserwisser, und ich war die Dumme.

Langsam verdichtete sich in mir der alte Glaube, daß die Weißen besser sind als die Schwarzen. So stark hatte ich es lange nicht mehr gefühlt. In Deutschland sah ich viele Filme über die Dritte Welt, über die Rückständigkeit und Armut der Afrikaner, das vertiefte das Empfinden, für alle sichtbar anders zu sein. Sie zeigten aber auch Filme, auf die ich stolz war: Tierfilme oder Filme vom Strand von Mombasa, aber wenn sie die Massai-Leute oder andere Eingeborene – ein schreckliches Wort – mit Fliegen in den Augen filmten, wie sie dreckiges Wasser aus vergifteten Flüssen tranken, dann schämte ich mich, wenn ich am Tag danach über die Straße lief. Ich hatte Angst, daß mich jemand fragen könnte, wo ich herkomme. Du hast Glück, in Deutschland zu sein, würden sie alle sagen. Die besten Sachen zog ich mir an, wenn ich ausging, nur um ihre Vorstellung, daß ich primitiv sein könnte, abzuwenden. Aber es war egal, was ich anzog, mit der Farbe meines Gesichts trug ich meine Wurzeln zur Schau.

»Sie schauen dich an, weil du so hübsch aussiehst, weil sie neidisch sind. Schau dir doch die Bleichgesichter an, die ihren Urlaub im Süden verbringen und in der Sonne braten müssen, nur um ein bißchen von deiner Farbe abzubekommen. Während die anderen in der Sonne schmoren oder ihren Sonnenbrand kurieren, kannst du gemütlich im Schatten sitzen«, sagte einmal eine weiße Freundin zu mir, und sie meinte das ernst. Ihre Worte taten mir gut, und ich denke heute noch oft daran.

Aber es sollten noch einige Jahre vergehen, bis ich sagen konnte, ich bin ich, ohne länger eine Amerikanerin oder eine Kenianerin aus reicher Familie spielen zu müssen. Ich fühlte mich lange, als stünde ich auf einem Berg, von dem ich abzustürzen drohte, bevor ich einen Weg fand, dem ich ohne Gefahr folgen konnte.

Lange Zeit glaubte ich, daß afrikanische Menschen, die in Deutschland leben, mir helfen könnten, in dem neuen Land zurechtzukommen. Egal, wo ich war, überall suchte ich nach schwarzen Gesichtern.

Einmal sah ich eine schwarze Frau auf einem Straßenfest. Es war das erste Mal, daß ich Weiße live Musik machen sah. Ich entdeckte ein schwarzes Frauengesicht, das schnell an mir vorbeihuschen wollte, da sprach ich sie an.

»Sprichst du englisch? Wo kommst du her?«

»Ich komme aus Ghana«, antwortete sie.

Ich wußte nicht, wo Ghana lag, auch wenn ich selbst aus Afrika bin.

»Weißt du, wo ich mir die Haare flechten lassen kann?« fragte ich weiter.

»Oh, ich mache das selbst. Ich gebe dir meine Adresse. Du kannst zu mir kommen.«

Ein paar Tage später ging ich zu ihr. Viele, viele Schwarze traf ich dort. Sie wohnten alle in einem Heim für Asylbewerber und sprachen ungeniert über Deutschland, über das Leben hier, auch über die Rollenverteilung in deutschen Ehen.

»Die Frauen nehmen das Gehalt der Männer, sie kaufen sich Schuhe für zweihundert Mark, der Mann kriegt ein Paar aus dem Sonderangebot für vierzig Mark. Die Frauen ziehen sich teuer an. Der Mann zählt hier nichts ...«

Sie waren meine ersten Berater. Es war lustig, und ich hörte ihnen gern zu.

Die Frau, die mir die Haare machte, war sicher eine Prostituierte. Sie hatte diese unverkennbar laute Art zu reden und war stark geschminkt. Sie unterschied sich sehr von den anderen Frauen, die aussahen, als ob sie direkt aus dem Dorf kämen. Alle schienen miteinander verwandt zu sein, sie nannten sich Schwester und Bruder. Später erfuhr ich, daß die Leute aus Ghana sich so ansprechen, auch wenn sie nicht blutsverwandt sind.

Sie boten mir Fisch mit roter Soße an und Fufu, eine Mischung aus Kartoffelmehl und Kartoffelpulver. Als ich sah, daß alle mit den Händen aus der gleichen Schüssel aßen, hatte ich keinen Hunger mehr und lehnte ab. Natürlich hatten sie sich die Hände gewaschen, aber ich ekelte mich vor den Händen der Männer. Sie überredeten mich zu essen, und nachdem ich einmal angefangen hatte, konnte ich nicht mehr aufhören, bis die Schüssel leer war, so gut schmeckte es.

Die ersten Kenianer traf ich am Hauptbahnhof. Ich entdeckte ein schwarzes Pärchen, das verzweifelt miteinander sprach. Ich stellte mich in ihre Nähe und lauschte. Sprachen sie kikuyu oder träumte ich?

»Hallo, sprecht ihr englisch?« fragte ich sie.

»Ja, wir kommen aus Kenia.«

»Seid ihr Kikuyu?«

»Ja«, staunten sie.

»Ich auch.«

Ich war glücklich und legte auf kikuyu los. Es stellte sich heraus, daß das Paar erst drei Tage in Deutschland war und kein deutsch konnte. Der Mann war Professor an der Universität von Nairobi und hatte ein Stipendium für ein Aufbaustudium in Deutschland erhalten. Seine Frau und drei Kinder hatte er mitgenommen. Wir tauschten unsere Anschriften und wollten uns bald treffen. Mit einem Gefühl, als wäre heute mein Geburtstag, fuhr ich nach Hause.

Tatsächlich sahen wir uns bald wieder, und ich schloß sie schnell ins Herz. Ich lud sie zum Essen ein, Heinz wollte einen guten Eindruck machen und kochte etwas Leckeres. Es war einer jener seltenen Momente, in denen ich stolz auf meinen Mann war, der sogar kochen konnte, und im Augenblick keinen Alkohol trank.

Es war ein schöner Abend. Meine neuen Freunde nannten sich Mama und Papa Wanjiko, nach dem Namen ihrer ältesten Tochter. Ich erfuhr, daß sie Geldprobleme hatten, von dem Stipendium konnten sie als fünfköpfige Familie nur schlecht leben. Sie wirkten, als ob sie schon hungern müßten. Ich gab Mama Wanjiko Tips, wo sie billig einkaufen konnte, erzählte von Flohmärkten und den Möglichkeiten als Ausländerin, Geld zu verdienen, zum Beispiel als Putzfrau.

»Ich war Lehrerin an der Universität, jetzt soll ich hier die Toiletten der Weißen putzen?« Mama Wanjiko schüttelte angeekelt den Kopf. Meine Anregung erfreute sie nicht, aber sie folgte ihr schließlich und arbeitete als Putzfrau bei einer reichen deutschen Familie.

»Solange es in Kenia niemand weiß, mache ich weiter. Ich brauche das Geld«, entschuldigte sie sich oft. Sie hatte sich schnell an die befremdliche Arbeit gewöhnt.

Nach einer Weile kannten wir uns so gut, daß auch ich viele Details aus ihrem Leben wußte. Papa Wanjiko zum Beispiel hatte die schlechte Angewohnheit, seine Frau grün und blau zu schlagen. Sie kam oft zu mir, um ihr Herz bei mir auszuschütten.

Vor zwei Jahren entschloß ich mich, meine kenianischen Freunde in Nairobi zu besuchen. Sie waren schon längst zurückgekehrt und arbeiteten beide wieder an der Kenyatta Universität in der Hauptstadt.

»Ich kenne eine sehr nette Familie in Nairobi. Ich will sie besuchen. Es soll eine Überraschung sein. Sie wissen nicht, daß ich hier bin. Komm doch mit«, forderte ich Kathrin, eine Tochter von Tante Juliana, die in Nairobi lebte, auf. Sie war sehr gespannt und kam mit.

Als wir zum Haus meiner Freunde auf dem Gelände der Universität ankamen, sah ich mehrere Autos vor der Tür stehen. Es mußte ihnen gutgehen, dachte ich und klopfte an die Tür. Mama Wanjiko öffnete, sie war sehr erstaunt, blieb aber kühl. Etwas stimmte nicht.

»Kommt rein, setzt euch, ich bin gleich wieder da.«

Sie ging aus dem Zimmer und ließ uns stehen. Wir setzten uns, das Kindermädchen kam kurz in den Raum und verließ ihn sofort wieder, ohne ein Wort zu verlieren oder uns etwas anzubieten. Eine unangenehme Spannung lag in der Luft.

»Sie freut sich nicht, daß du hier bist«, meinte Kathrin, was mir peinlich war. Eine Stunde warteten wir, bis wir schließlich gingen. In der Nähe war ein Laden, in dem ich etwas zu trinken kaufen wollte. Dort stieß ich auf Mama Wanjiko, die gerade mit einer Einkaufstasche den Laden verließ, und mich am liebsten übersehen hätte.

»Komm, ich kaufe dir was zu trinken«, schlug ich ihr vor und tat so, als ob alles in Ordnung sei, und strahlte sie an.

»Nein, du kommst mit zu mir. Ich lade dich ein«, erwiderte sie.

Also gingen wir wieder zurück, aber es war kein schönes Treffen. Wir tauschten nur Oberflächliches aus. All die Fragen, die ich gehabt hatte, wollte ich nun nicht mehr stellen. Statt dessen redete ich zuviel und log ihr vor, wie gut es mir ging.

»Ich bin mit meinem Mann hier, wir haben ein großes Grundstück in Kenia gekauft und werden jetzt ein Haus bauen ...«, erzählte ich. Sie sollte nicht denken, daß ich gekommen sei, um ihre Gastfreundschaft auszunutzen. Innerlich aber war ich wie gelähmt.

»War ihr Mann vielleicht in dich verknallt in Deutschland?« spekulierte meine Cousine, als wir wieder im Bus saßen.

Ich verneinte. Das hätte ich doch bemerkt. Es mußte etwas anderes sein. Da ich nicht darauf kam, hatte ich keine Entschuldigung für Mama Wanjiko und war sehr enttäuscht.

Wieder in Deutschland sah ich auf einer Kirmes eine bildhübsche schwarze Frau, die Lose verkaufte. Ob sie aus Kenia kam? Ich überlegte hin und her, sie anzusprechen. Ich war schon mehrere Jahre in Deutschland und sprach nicht mehr jeden Schwarzen an, den ich sah. Ich begab mich in ihre Nähe und versuchte erst einmal festzustellen, ob sie nett ist. Ja, sie machte einen freundlichen Eindruck, sehr sympathisch. Hoffentlich kam sie nicht aus Ghana. Fast hundert Prozent der Schwarzen, die ich bislang getroffen hatte, kamen aus Ghana.

»Wo kommst du her?« fragte ich sie.

»Ich komme aus Kenia.«

»Ich auch. Ich heiße Miriam. Wer bist du?« schrie ich vor Freude.

Sie hieß Hadijah, und ich mochte sie sofort. Ich war immer noch hungrig nach meinen Landsleuten. Alle Hemmungen waren verflogen, und wir sprachen auf kiswahili weiter. Die Knoten vom ständigen Gebrauch der deutschen und englischen Sprache lösten sich im Nu. Sie kam aus Malindi, einer Stadt an der Nordküste, und hatte einen ähnlichen Akzent wie ich. Ich gab ihr sofort meine Telefonnummer. Ein paar Tage später rief sie mich an und fragte: »Hast du morgen Zeit? Ich kenne eine Kenianerin, die ein Geschäft hat. Mit ihr zusammen sind wir eingeladen zu einer Party bei einer kenianischen Freundin, sie lebt in einer anderen Stadt, nicht weit von hier. Meine Freundin Olivia hat ein Auto, wir können mit ihr dorthin fahren.«

Natürlich hatte ich Zeit und wollte unbedingt mit. Am nächsten Morgen kaufte ich mir ein schönes Kleid in einem billigen Laden, um den Wettbewerb mit den anderen Kenianerinnen zu bestehen. Jede wollte sicher zeigen, daß es ihr bessergeht als den anderen. Keine will aussehen wie Aschenputtel. Heinz hatte keine Lust auf Gesellschaft und blieb bei David zu Hause.

Ich war glücklich. Drei Kenianerinnen, die zusammen in einem Auto mitten in Deutschland saßen. Es war toll, auch wenn ich mit Olivia nicht gleich warm wurde. Sie sah mich immer wieder prüfend an, als hätte sie etwas gegen mich. Als wir ankamen, waren noch drei weitere Kenianerinnen mit ihren deutschen Männern dort. Alles Sextouristen, das sah ich auf den ersten Blick. Diese gekünstelte lockere Art war unverkennbar. Von der Atmosphäre zwischen uns Frauen angesteckt, benahmen sie sich wie Urlauber in Kenia.

»Jambo, jambo!« riefen sie, als wir in die Wohnung kamen.

Wir Frauen kreischten und redeten wild durcheinander. Die Frauen kamen alle aus dem Prostituiertenmilieu von Malindi.

»Wo hast du gewohnt. Oh, in Mombasa. Wo bist du in Mombasa ausgegangen?«

Sie fragten nicht, wo hast du angeschafft.

»Ins Bora Bora, manchmal ins Castle ...«, antwortete ich.

Schnell war nach solchen Gesprächen klar, wo die Frauen in Kenia gearbeitet hatten. Wir lachten darüber, nur Olivia wollte nicht dazugehören. Sie tat so, als ob sie etwas Besseres sei, sie habe als Taxifahrerin in Malindi gearbeitet, das war ihre Version. Aber natürlich war auch sie eine Prostituierte gewesen. Wie sollte sie sonst ihren Mann kennengelernt haben? Normalerweise schämt sich eine kenianische Prostituierte vor Kolleginnen nicht für ihre Arbeit. Mit Fremden redet man natürlich nicht darüber, aber unter den Frauen gibt es keine Probleme.

Es lag eine angenehme Spannung in der Luft, wir tanzten uns die neuesten Tänze vor und redeten ohne

Unterlaß, erzählten uns die neuesten Geschichten von Leuten, die wir kannten, und lachten viel.

Gegen zwei Uhr nachts kam der deutsche Mann unserer Gastgeberin. Er hatte gehofft, daß wir schon gegangen seien. Er stellte die Musik ab und wollte ins Bett. Die Fete war zu Ende. Wir tauschten unsere Anschriften und versprachen, uns noch oft zu sehen. Ich fühlte mich wie ein Mensch, der auf einen Schlag viele Hundertmarkscheine in der Tasche hat, in der früher nur zwanzig Mark steckten.

Wegen blöder Eifersüchteleien aber brach die Gruppe bald auseinander. Olivia war immer neidisch und kontrollierte uns. Sie konnte es nicht ertragen, wenn ich mit den anderen Frauen Kontakt hatte und sie nichts davon wußte. Sie wollte unsere Chefin sein. Nur weil sie etwas mehr als wir und ein Auto besaß, wollte sie den Boß spielen. Sie hatte einen Afroladen und forderte von uns, daß wir nur bei ihr einkauften und nur bei ihr unsere Haare machen ließen. Das gefiel uns nicht, und wir fingen an, hinter vorgehaltener Hand schlecht über sie zu reden: »Mit jedem Hund ist sie ins Bett gegangen. Mit Schwarzen und Weißen. Sie machte keinen Unterschied. Ein Wunder, daß sie überhaupt einen Weißen zum Heiraten gefunden hat.«

Eine Erste-Klasse-Prostituierte machte nur Geschäfte mit Weißen und verachtete alle Frauen, die für viel weniger Geld mit afrikanischen Männern ging. Wir hielten uns für Erste-Klasse-Huren, wenn wir über Olivia herzogen: »Weil sie so primitiv ist, will sie wie eine Weiße sein und sieht dabei bloß komisch aus mit ihrer typischen afrikanischen Figur.« Wir konnten ganz schön gehässig sein.

Schuld am Zerbrechen unserer Gemeinschaft waren

aber auch die Männer. Einige von ihnen waren krankhaft eifersüchtig und wollten immer dabei sein, um ihre Frauen zu kontrollieren. Heinz blieb lieber zu Hause. Wenn ich die Männer der anderen Frauen sah, schien ich noch Glück gehabt zu haben. Einer war zum Beispiel sehr groß und dick, seine Frau war zierlich. Wie sollte das ohne Komplikationen funktionieren? Ich dachte oft, daß ich es doch sehr leicht hatte mit Heinz. Er sah wie ein Prinz aus im Vergleich zu den anderen Sextouristen.

Was mir blieb von dieser Frauengemeinschaft war der Kontakt zu Hadijah, sie wurde eine richtige Freundin und ist es heute noch. Da sie in einer anderen Stadt lebt, können wir uns nicht täglich sehen, aber wir telefonieren viel. Wenn ich in unserer Sprache spreche, leicht und wohlklingend, merke ich, daß ein Stück von mir in Kenia geblieben ist. Ich bin stolz, Kenianerin zu sein, aber ich bin nicht stolz auf das Leben der Frauen dort. Ich will mein Land nicht schlecht machen, aber es gab mir sehr wenig Chancen.

Aus deutschen Zeitschriften und Büchern erfuhr ich, daß ich als Frau einen eigenen Wert habe. Wenn man mit Tinte schreibt, ist das besser als mit Buntstift. Wenn ich mit dem Aufzug fahre, kann ich nicht stolpern. Warum sollte ich die Treppe nehmen? Warum sollte ich zurück nach Kenia? Um ein Nichts zu sein? Oft fühle ich mich wie eine verlorene Ziege, die allein nach dem Weg sucht. Welcher Kultur gehöre ich an? Der europäischen oder der afrikanischen? Ich bin und bleibe schwarz, aber ich bin auch europäisch in vielen Ansichten. Ich habe mir eine eigene Mischung aus Identität und Kultur geschaffen. Damit bin ich glücklich und unglücklich zugleich. Eben eine verlorene Ziege.

Mit einem kenianischen Mann könnte ich heute nicht mehr zusammenleben. Ich habe in Deutschland gelernt, meine Meinung zu sagen, und darauf bestehe ich. Für einen kenianischen Mann ist es zu spät. Ich müßte heute zu einem kenianischen Psychiater, um mich von ihm wieder auf meine frühere Stufe bringen zu lassen.

Der Weg aber, den ich zurücklegen mußte, um dahin zu kommen, war lang. Er kostete viel Kraft und Überwindung. Am Anfang wollte ich eine perfekte Ehefrau sein und war erschrocken über die deutschen Frauen und wie sie mit Männern umgingen. Sie schickten ihre Männer Kaffee kochen oder die Gäste bedienen und machten laute Vorwürfe, wenn er etwas falsch gemacht hatte. Wenn die einen Afrikaner hätte, dann hätte sie bald keine Zähne mehr im Mund, dachte ich oft über diese selbstbewußten Frauen. Wenn Freunde oder Verwandte von Heinz kamen, spielte ich die liebe Ehefrau, die alles macht, während der Mann gemütlich im Sessel sitzen bleibt. Sie sollten denken, der hat die Richtige geheiratet, eine, die alles macht und ihm nie die Pfanne auf den Kopf hauen wird. Es dauerte aber nicht lange, bis ich den Wunsch verspürte, genau das zu tun.

Bei allen Einladungen, die wir annahmen, sah ich Frauen, die sich von ihren Männern nicht soviel gefallen ließen wie ich. In mir regte sich Widerstand. Eines Tages, es war Davids Geburtstag, verlor ich die Kontrolle. Ich hatte Verwandte von Heinz und Nachbarn eingeladen, Heinz trank Wodka, und ich tat so, als sei das normal. Nur wenn keiner guckte, machte ich Zeichen, die er aber übersah. Er saß apathisch da und verlor fast kein Wort. So redete ich mit meinem schlechten Deutsch für mindestens zwei Leute. Als der Besuch weg war, war ich fix und fertig, die Küche sah aus wie ein Schlachtfeld, und Heinz lag schon im Bett.

Wo sollte ich anfangen? Sollte ich David ins Bett bringen oder gleich in die Küche gehen? Eine große Wut breitete sich in mir aus. Warum sollte ich wieder alles alleine machen? Warum sollte ich diesen Klotz von einem Mann nebenan in Ruhe lassen? In meinem Zorn ließ ich die Badewanne mit Wasser vollaufen und gab alles dreckige Geschirr hinein. Dann weckte ich ihn.

»Wenn du mich noch mal weckst, dann verhau ich dich«, war seine Antwort.

»Steh auf und hau mich«, schrie ich zurück, »aber schlafen wirst du nicht. Ich habe alles eingekauft, gekocht, die Gäste bedient. Und es sind nicht meine Verwandten, die hier waren. Du wirst spülen.«

»Geh weg und mach die Tür zu, sonst schlage ich dich.«

»Du wirst mich nicht schlagen.«

Ich zog ihm die Decke weg. Ich war sicher, daß er sich nicht trauen würde, mich zu schlagen. Zu sicher. Heinz stand auf und mit einer Schnelligkeit, die ich ihm jetzt nicht mehr zugetraut hatte, schlug er mir ins Gesicht, ich verlor mein Gleichgewicht und kippte um.

»Wenn du eine Seite schlägst, dann mußt du auch die andere schlagen«, schrie ich ihn an, nachdem ich mich wieder aufgerappelt hatte.

Er schlug mich ein zweites Mal. Erst jetzt fing ich an, mich zu wehren. Ich schob ihn mit aller Kraft gegen die Wand. Aus den Augenwinkeln konnte ich David sehen, der verschreckt und müde in der Tür stand.

»Mama, Mama«, weinte er.

Ich fing an zu schreien, weil Heinz mich festhielt und ich nicht zu David konnte. Ich schrie so laut es ging, Heinz erschreckte sich und ließ mich los. Fünf Minuten später kamen die Nachbarn von oben, sie wollten wissen, was los sei, und versuchten, mit Heinz zu reden.

»Die soll mich in Ruhe lassen. Die soll mich in Ruhe lassen ...«, sagte er wie ein Platte, die einen Sprung hat. Ich nahm David und ging mit meiner Nachbarin in ihre Wohnung. Ich übernachtete dort, obwohl sie mich weiter frustrierte, weil sie die ganze Zeit mit ihrem Freund knutschend vor mir saß und das glückliche Pärchen spielte. Ich wollte mir so etwas jetzt nicht ansehen. Warum war ich nicht bei meinem bescheuerten Mann geblieben, dachte ich. Am nächsten Morgen ging ich mit David in meine Wohnung zurück und spülte das Geschirr. Es war das erste Mal, das ich auf den Tisch gehauen hatte. Diesmal noch ohne Erfolg.

In der Folge versuchte Heinz, meine Kontakte nach außen zu beschränken. Er wollte mich isolieren, damit ich nicht von den Deutschen lernte. Aber ich lernte ihre Gewohnheiten so schnell wie ihre Sprache. Das konnte er nicht verhindern. Für Heinz wurde immer deutlicher, daß er die falsche Frau geheiratet hatte. Viele Sextouristen wollen bloß eine dumme Arbeiterin und Nutte. Ich verstand langsam, warum die europäischen Männer nach Kenia oder in andere Länder fuhren, um sich dort Frauen zu suchen. Weil sie mit den eigenen Frauen nicht zurechtkommen. Sie versprechen den kenianischen Frauen den Himmel auf Erden, und wir sind so blöd und glauben alles, weil die weißen Männer schön angezogen und ihre Portemonnaies dick sind. Damit locken sie die jüngsten und schönsten Frauen. Wir bemühen uns sogar, diese Typen zu lieben, und hoffen, daß unser Leben leichter wird durch sie.

»Wer das will, was unter dem Tisch ist, der muß sich bücken«, ist eine Redewendung bei uns. Wir bücken uns, kommen nach Deutschland und tun alles für den auserwählten Mann. Und der will seine kenianische Frau so, wie die Männer in Afrika: unterwürfig, eine Sklavin; der Mann ist der Chef. Sie wollen auf keinen Fall eine emanzipierte Frau.

»Ich habe dich aus einem armen Land geholt. Du kannst froh sein. Du bist meine Frau, meine Sklavin, meine Geliebte, meine Putzfrau, mein alles.« So einfach machen sie es sich und haben nicht mit unserer Anpassungsfähigkeit gerechnet. Wir fangen an, die Geschichten europäischer Frauen zu lesen, und wir wollen so werden wie sie, modern, emanzipiert, und nicht länger das Hausmädchen eines Mannes. Den Sextouristen gefällt das natürlich nicht. Sie wollen nicht, daß die afrikanische Frau sich mit der deutschen Kultur auseinandersetzt. Sie verstehen nicht, daß wir das tun müssen, um nicht verrückt zu werden. Wir können hier nicht wie in Afrika leben. Aber das wollen die Sextouristen nicht verstehen. Sie versuchen, ihre afrikanischen Frauen unter Druck zu setzen, sie drohen mit Abschiebung, sie versuchen, ihnen zu zeigen, daß wir ohne sie nichts wert sind. Ich sehe nicht, warum ich leiden soll, weil die Männer es so wollen. Es ist nicht schön, aus einem armen Land zu kommen und deshalb nur benutzt zu werden.

»Ich habe dich aus der Gosse geholt, ich kann dich dahin zurückbringen«, drohte mir Heinz einmal.

Trotz aller Schwierigkeiten mit meinem Mann wollte ich Kinder von ihm und meinen Familienwunsch verwirklichen. Ich wollte Geschwister für David, eine richtige Familie, von der ich schon in Kenia immer geträumt hatte. Ich kam davon nicht los. Auf der einen Seite war die Wirklichkeit, die ich oft haßte, auf der anderen Seite, in meiner Phantasie, das ideale Ehefrauen- und Mutterleben in Europa. In Kombination mit Kindern stellte ich mir sogar vor, mit Heinz alt zu werden. Wir würden ein Haus in Kenia bauen und dort als Rentner leben. Unsere Kinder würden uns besuchen. Ich stellte mir das sehr schön vor. Bei meinen Zukunftsplänen spielten natürlich auch rechtliche Überlegungen eine Rolle. Ich wußte, daß ich ohne Heinz in Deutschland keine Aufenthaltsgenehmigung erhalten würde. Und wie sollte ich so schnell einen anderen Mann finden?

Ungefähr ein Jahr nach der Hochzeit wurde ich schwanger. Es hatte so lange gedauert, weil Heinz erst keine Kinder wollte. Aber ich hatte mich schließlich durchgesetzt.

»Ich bekomme ein Kind, ich war heute beim Arzt und habe einen Test gemacht«, begrüßte ich Heinz, der noch kaum in der Wohnung war. Heinz lachte und freute sich, das hatte ich nicht erwartet. Aber die Freude dauerte nicht lange. Schnell hatte ich das Gefühl, mit dem Kind in mir allein zu sein. Ich erwartete von meinem Mann alles, was ich gelesen oder im Fernsehen gesehen hatte, vor allem Zärtlichkeit. Zum Beispiel sehnte ich mich nach einer liebevollen Männerhand auf meinem wachsenden Bauch. Dieses Bild hatte ich in einer Elternzeitschrift gesehen, es ließ mich nicht mehr los.

Auch wenn die Männer in Afrika so etwas nicht machten und ich diese Zuwendung von einem kenianischen Mann nie gefordert hätte, hier wollte ich sie. Heinz lebte schon lange in Deutschland und mußte wissen, daß ein Mann die Schwangerschaft seiner Frau liebevoll begleitet. Er ließ sich von meinen Wünschen nicht beeindrucken. Die anderen Frauen brachten zur Schwangerschaftsgymnastik ihre Männer mit. Ich nicht. Das verletzte mich. Ein Problem war auch, daß ich in Deutschland nur Heinz hatte. In Kenia hatte ich die Frauen in der Nachbarschaft, meine Schwester, meine Mutter, die sich um mich gekümmert und sich mit mir gefreut hätten. Hier ist eine Frau und noch dazu eine Ausländerin sehr allein mit ihrem Mann.

Auch eine gemeinsame Reise nach Kenia am Anfang meiner Schwangerschaft änderte nichts an dem gleichgültigen Verhalten von Heinz. Der Urlaub lenkte nur für eine kurze Zeit von unseren Problemen ab. Es war zwar schön, meine Verwandten wiederzusehen, aber Heinz machte nur Ärger. Er trank für alle sichtbar zuviel und ließ sich immer wieder mit Beach Boys am Strand ein. Er genoß wie viele Sextouristen die Gegenwart armer Menschen; sie waren für ihn eine willkommene Bühne, um seinen »Reichtum« zu zeigen. Mit ihnen konnte er locker sein. Eine Tortur war es, mit Heinz in die Stadt zu fahren. Er meckerte ohne Unterlaß, zeigte in jede Ecke: »Guck mal, das ist Kenia, so ist Kenia!« Mit solchen Bemerkungen wollte er mich und meine Herkunft herabsetzen. Er wollte mir zeigen, daß er mein Gott ist. Ich hatte in dieser Zeit oft Bauchschmerzen und Angst vor einer Fehlgeburt.

Nach unserer Rückkehr wurde es auch nicht besser mit uns. Heinz hatte mich sozial isoliert. Immer wenn ich Besuch bekam, ließ er die Leute spüren, daß er sie nicht mochte, am Ende fühlten sich meine Bekannten in meiner Nähe nicht mehr wohl. Es konnte sein, daß ich zwei Wochen lang kaum mit einem Menschen sprach, während Heinz gerade in einem Dauerrausch versunken war.

Ich war bereits im siebten Monat, als ich die Nase voll hatte und beschloß, von zu Hause wegzugehen. Ich hatte von Frauenhäusern gehört, wo Frauen untergebracht werden, wenn sie es bei ihren Männern nicht mehr aushalten oder von ihnen geschlagen werden. Von einer Nachbarin ließ ich mich in ein Frauenhaus in der nächsten Stadt bringen. Mit den Mitarbeiterinnen des Frauenhauses traf ich mich an einer unauffälligen Stelle. Niemand, nicht einmal meine Nachbarin wußte, wohin sie mich brachte.

Es war nicht schön im Frauenhaus, und ich verspürte wenig Erleichterung dort. Ich vermißte meine Wohnung, auch mit den anderen Frauen konnte ich mich nicht anfreunden.

»Ich habe mit Heinz gesprochen. Er will sich umbringen, wenn du nicht zurückkommst«, erzählte mir ein Arbeitskollege von Heinz, den ich nach mehreren Tagen anrief. Ich hatte diesen Mann bitten wollen, mit Heinz zu reden. Vielleicht war mein Mann jetzt bereit, sich zu ändern. Ich hatte immer noch Hoffnung, daß alles gut werden könnte. Nach diesem Telefonat glaubte ich zwar nicht, daß Heinz sich schon gebessert hatte, aber ich wollte auch nicht, daß er so unglücklich war und sich am Ende wirklich das Leben nahm.

Also fuhr ich zurück nach Hause. Dort zeigte mir Heinz Patronen und eine Pistole, die er sich gekauft hatte. Er tat so, als habe er die Waffe, um sie gegen mich zu benutzen. In meiner Not rief ich die Polizei. Sie kamen schnell und nahmen Heinz mit auf die Wache. Nach ein paar Stunden hörte ich einen Schlüssel in der Wohnungstür. Sie hatten ihn wieder laufen lassen. Ich bestellte noch in der gleichen Nacht ein Taxi und ließ mich wieder ins Frauenhaus bringen. In den letzten Wochen meiner Schwangerschaft und auch noch kurze Zeit nach der Geburt pendelte ich zwischen Frauenhaus und Wohnung hin und her. Ich lernte so die Frauenhäuser mehrerer Städte von innen kennen. Überall berichtete ich von meinem besoffenen und schlagenden Ehemann. Er schlug mich zwar nicht mehr, aber das Zusammensein mit ihm war trotzdem unerträglich. Ich mußte übertreiben, weil sie sonst im Frauenhaus keinen Platz für mich gehabt hätten.

Unter dem Druck, den ich ihm mit meinem häufigen Verschwinden machte, ließ Heinz sich zur Entgiftung in ein Krankenhaus einweisen. Er versprach sogar, danach mit mir zu einem Eheberater zu gehen. In einem der vielen Frauenhäuser hatte man mir dringend eine Eheberatung und eine Therapie empfohlen. Mit der Therapie fing ich noch vor der Geburt an, halbherzig zunächst. Ich konnte mir nicht vorstellen, was die Gespräche bringen sollten, und konnte der fremden Frau, die mir zuhörte, nicht die Wahrheit über mein Leben erzählen.

Mein Kind bekam ich in einem Krankenhaus unserer Stadt. Die Ärzte und Krankenschwestern waren sehr freundlich, die Verpflegung sehr gut. Ich fühlte mich wie ein Gast in einem Intercontinental Hotel, wenn ich es mit dem öffentlichen Krankenhaus in Mombasa verglich. Dort wurde ich bei der Geburt von David von einer Hebamme angeschrien, als ich sie um Hilfe bat: »Du rufst mich die ganze Zeit. Hast du mich gerufen, als du deine Beine breit gemacht hast?«

Hier war die Hebamme freundlich und erklärte mir alles: »Die Fruchtblase ist geplatzt. Es dauert nicht mehr lange. Sie brauchen sich keine Sorgen zu machen.«

Mein Kind sollte vier Wochen zu früh kommen, aber ich hatte keine Angst. Heinz war bereits entlassen, aber er wollte trotzdem nicht bei der Geburt dabei sein, weil er kein Blut sehen konnte. Was sollte ich machen? Als unser Sohn Patrick zur Welt kam, war nur die Hebamme und ein Arzt dabei. Ich lag noch im Kreißsaal, als die Tür aufgerissen wurde und Heinz mit einem Strauß Lilien hereinstürmte. Er hatte überall Pollen im Gesicht und war betrunken.

»Wo ist das Baby?« stotterte er.

»Du hast getrunken«, sagte ich böse.

»Ich bin der Vater«, lallte Heinz, »Junge oder Mädchen?«

Er legte die Blumen auf meinen Bauch und ging in den Raum nebenan, wo der Arzt und die Hebamme das Kind schon in den Brutkasten gelegt hatten.

»Ist das Baby gesund?« Heinz sprach undeutlich.

»Wer sind sie?« wurde er gefragt.

»Ich bin der Vater von dem Baby.«

Die Leute vom Krankenhaus reagierten sehr freundlich und gratulierten ihm. Sein Zustand schien sie nicht zu verwundern. Vielleicht verhielten sich frische Vätern ja häufig so. Ich spielte die glückliche Mutter, die ihren Mann noch nie so erlebt hatte, und hoffte wirklich, daß Heinz nur wegen der Geburt rückfällig geworden war. Aber das war leider nicht der Fall. Jedesmal, wenn Heinz mich besuchte, war er betrunken. Er schimpfte über David, mit dem er nicht zurechtkam, und war mit allem unzufrieden. Was hatte ich von diesem Mann noch zu erwarten? Er war nicht mal in der Lage, Patrick anzumelden oder Erziehungsgeld zu beantragen, ohne daß ich darum betteln mußte. Um nichts kümmerte er sich freiwillig. Er brachte mich so sehr zur Verzweiflung, daß ich manchmal daran dachte, das Fenster aufzureißen und einfach hinunterzuspringen. Die gynäkologische Abteilung lag schließlich im obersten Stockwerk. Der Kinder wegen tat ich es nicht.

Zwei Tage nach der Geburt kam meine Schwester Alice, die einen deutschen Freier in der Nähe besuchte. Sie sollte ein paar Tage bei uns wohnen. Sie kümmerte sich zwar um David, aber sonst war sie mir keine Hilfe. Sie traute sich nicht einmal, mich im nahegelegenen Krankenhaus alleine oder gemeinsam mit David zu besuchen. Wie einem kleinen Kind erklärte ich ihr den Weg, David konnte sie begleiten, er kannte sich schon gut aus, aber sie wollte nicht. So war ich fast immer allein im Krankenhaus. Als ich entlassen wurde und die Unterstützung meiner Schwester gebraucht hätte, war sie schon wieder bei ihrem Freund, dem sie mehr verpflichtet war, da er ihr das Ticket nach Deutschland bezahlt hatte.

Mein kleiner Patrick war in eine Kinderklinik gebracht worden, wo er aufgepäppelt wurde. Ich mußte viele Tage eine lange Strecke mit dem Bus oder dem Taxi fahren, um ihn zu besuchen. Diese Zeit war sehr anstrengend.

Heinz half mir nicht. »Er kann mich mal!« Dieser neue Ausdruck, den ich gerade gelernt hatte, paßte gut zu dem Gefühl, das mich während der Vorbereitungen für die Taufe von David – er war noch nicht getauft –

und von Patrick überflutete. Ich mietete einen Saal der katholischen Gemeinde, lud alle Verwandten von Heinz ein, sprach mit Müttern, die ich aus Davids Kindergarten kannte, wegen der Vorbereitungen und kaufte ein. Alles mußte ich alleine machen. Ich transportierte Getränkekisten auf dem Kinderwagen, mit der einen Hand schob ich, mit der anderen hielt ich David fest. Viele Male lief ich den Weg vom Supermarkt zum Saal. Es war eine elende Plackerei, aber ich beschwerte mich nicht. Wenn ich das nächste Mal etwas sagen würde, dann sollte es keinen Weg mehr zurück geben. Ich tat, was getan werden mußte, und beobachtete die Menschen um mich herum. Ich sah Männer, die ihren Frauen die Sachen abnahmen, ihnen die Tür aufmachten. Heinz war nicht mal in der Lage, eine Plastiktüte mit Lebensmitteln zu tragen.

»Mit einer Plastiktüte sehe ich aus wie ein Türke«, war sein ganzer Kommentar. Damit begründete er seine Bequemlichkeit, während ich die Aufgaben von Mann und Frau gleichsam erledigte. Was in Kenia normal ist, war mir hier unerträglich. Heinz konnte nicht einmal einen Nagel in die Wand hauen. Es konnte Monate dauern, bis er sich dazu aufraffte, im Haus auch nur eine Schraube oder eine Mülltüte anzufassen. Wofür hatte ich ihn? Einen Mann, der mir keine Tips gab, der mir nicht half? Wollte er mich als deutsche Frau, oder als afrikanische Frau oder auch als polnische Frau? Was wollte er eigentlich? Bis ich mir immer öfter sagte, es ist mir egal, was er will.

Nach der Geburt von Patrick war ich ziemlich auseinandergegangen, ich hatte einen dicken Hintern, wie ihn nur schwarze Frauen haben. In Kenia hätte ich darauf stolz sein können, aber nicht in Deutschland, wo alle Frauen freiwillig hungern, um schlank zu bleiben. Ich war nun schon wie sie und hatte mir angewöhnt, Frauenzeitschriften zu lesen und jede Woche eine andere Diät auszuprobieren. Auch das hatte ich von den unabhängigen Europäerinnen gelernt. Wenn ich eine Frau sah, machte ich erst mal einen Bodycheck. Ist sie dicker, ist sie dünner, was ist häßlich an ihr, was schön? Ich konnte keine junge Frau mehr ansehen, ohne sie mit mir zu vergleichen. Es war nicht nur die Hautfarbe, es war auch mein Körper, mit dem ich nicht mehr einverstanden war. Ich durchlief einen ständigen Wettbewerb und war meine eigene Schiedsrichterin. Wenn ich schon schwarz war, mußte ich wenigstens eine tolle Figur und tolle Haare haben. So ließ ich mir alle zwei bis drei Monate eine neue Frisur machen, kaufte mir Cremes zum Aufhellen, badete in Bleichmitteln und vieles mehr.

Die Ausländerhetze in Deutschland und die brennenden Wohnheime Anfang der 90er Jahre machten mir Angst, daß mir oder meinen Kindern etwas passieren könnte. Bis heute sind nachts in meiner Wohnung alle Türen offen, damit ich sofort reagieren kann, falls es einmal knallen sollte.

»Was wollt ihr hier, haut doch ab, geh doch zurück, wo du hergekommen bist!« schrie mich in dieser Zeit ein Mann an einer Bushaltestelle an, wo ich mit David gerade stand.

»Geh doch zurück auf die Bäume, wo du hingehörst«, rief er weiter, als wir schon im Bus waren.

Eine andere Situation dieser Art erlebte ich mit Hadijah in der Stadt. Wir standen an einer Ampel, da schrie uns ein häßlicher Mensch an: »Wie redet ihr? Meint ihr, ihr seid hier zu Hause? Warum wollt ihr alle nur nach Deutschland, nach Deutschland! Ah, das schöne Leben.«

»Mach deine Klappe zu. Du riechst schon nach Erde, was willst du? Geh und bestell deinen Sarg!« erwiderte ich aufgeregt. Meine Knie zitterten vor Wut.

Die dritte Situation erlebte ich in einer S-Bahn im Ruhrgebiet.

»Guck mal den Neger!« riefen einige Fans von Borussia Dortmund, die eingewickelt in ihren gelben Schals schrecklich aussahen. Sie waren aggressiv und rissen einen Spiegel von der Wand. Ich saß mit David wie versteinert da und stieg an der nächsten Haltestelle aus.

So etwas passierte mir nicht mehr, als ich langsam begann, eine andere Haltung anzunehmen. In jener Zeit aber lief ich mit dem Gefühl herum, in einem Land zu leben, das bestimmten Menschen und nicht mir gehörte. Damals verschlimmerten sich meine Probleme mit David, der immer noch sehr unbändig war und ständig für Aufregung sorgte. Meine Schimpfereien oder böse Worte anderer Leute konnten ihn nicht bremsen. Er war neugierig, laut, quatschte jeden an und machte sich zunehmend unbeliebt. So dachte ich jedenfalls. Oft kamen Nachbarn und beschwerten sich, David habe mal wieder dieses oder jenes falsch oder kaputtgemacht. Und ich glaubte ihnen mehr als meinem Sohn. Das ging so weit, daß ich David manchmal für meine ganzen Sorgen verantwortlich machte, und dann konnte die kleinste Angelegenheit mich schon in Rage bringen. Ich schlug David oft. Wenn ich ihn böse anschaute, hatte ich immer das Gefühl, daß mein Vater in mir steckte. So mußte er mich in seiner Wut angesehen haben. Es gefiel mir nicht, daß ich mit David so schlecht umging und meinen Vater in mir selbst wiedererkannte. Heute tut mir das sehr leid.

Befreiung

Patrick war ein halbes Jahr alt, als mich meine Mutter besuchte. Ich hatte ihr Geld für den Flug geschickt. Heinz war nicht zu Hause, er machte endlich eine stationäre Entziehungskur.

Am Düsseldorfer Flughafen holte ich Mama Nora ab. Uschi, die Schwägerin von Heinz, brachte mich hin. Mit Spannung wartete ich auf meine Mutter. Wie wird sie sich hier fühlen? Was wird sie über Deutschland sagen? Wie wird sie aussehen? Einer Freundin, die in Kenia war, hatte ich warme Kleidung für sie mitgegeben. Ich befürchtete, daß sie sonst nur mit einem Tuch bekleidet oder wie ein Papagei hier ankommen würde.

Als ich meine Mutter entdeckte, konnte ich mir das Lachen nicht verkneifen. Beim Schuheinkauf hatte ich nicht daran gedacht, daß sie noch nie Schuhe mit Absätzen getragen hatte. Sie lief ungewöhnlich schnell und sah aus, als würde sie gleich nach vorne umkippen. Sie machte ein angestrengtes Gesicht und schaute ganz verkniffen. Einen Koffer hatte sie nicht, nur eine Basttasche voller Mairungi. Die Kleider, die ich ihr geschickt hatte, hatte sie an. Mama Nora interessierte sich nur für Patrick, ihren neuen Enkel. Sie nahm ihn auf den Arm und war sofort verliebt. Sie nannte ihn Patrick Ossiniero. Das war der Spitzname meines Vater als Kind und heißt in etwa kleines Arschloch. Sie gab ihm diesen Namen, weil sie ihn lustig fand.

»Ein Enkelkind von einer Tochter ist mehr wert, als der Enkel von einem Sohn«, sagte sie, »bei einer Tochter weißt du, daß es wirklich dein Enkelkind ist. Bei einer Schwiegertochter kannst du nie sicher sein, wer der Vater ist. Da bleibt immer Zweifel.« Meine Mutter war sehr aufgedreht, sie redete ohne Unterlaß. Als wir die Glastüren passierten, ließ ich sie vorgehen.

»Überall, wo ich hingehe, öffnet mir einer die Tür, und ich sehe den nicht einmal.«

Ich übersetzte meiner Schwägerin alles. Wir lachten. Ich fühlte mich wie ein kleines glückliches Mädchen.

Während der Fahrt fing Mama Nora sogar an zu singen. Im Auto breitete sich der Duft des Parfüms aus, das ich ihr nach Kenia geschickt hatte. Wahrscheinlich hatte sie die ganze Flasche benutzt, um mir damit einen Gefallen zu tun.

»Du kannst dir nicht vorstellen, wie schwer es war, den Paß zu bekommen. Ich bin nur mit Tüchern bekleidet zu den Ämtern gegangen, mit vielen Sicherheitsnadeln befestigt. Sie sollten denken, daß ich die Ärmste aller Armen bin. So brauchte ich nicht viel für den Paß zu bezahlen.« Mutter redete und redete, blickte dabei interessiert aus dem Auto, und schüttelte immer wieder den Kopf.

»Wo wohnen die Weißen? Ich habe so viele im Flughafen gesehen. Wo wohnen die?«

Wir fuhren gerade eine Strecke außerhalb der Stadt. In Mombasa fährst du vom Flughafen in irgendeine

Richtung, und du siehst überall nur Hütten und Menschen.

»Gibt es hier keine Tiere, ich habe noch kein Tier gesehen, daß über die Straße gelaufen ist. Wo sind denn die Menschen?«

Zu Hause setzte ich ihr stolz den Kartoffelsalat vor, den ich vorbereitet hatte. Das war damals mein Lieblingsgericht. Aber sie aß leider nichts davon.

»Ich habe soviel Kaltes im Flugzeug gegessen. Ich verstehe die Weißen nicht, wie sie kaltes Gemüse und Fleisch essen können. Deswegen bekommen sie immer Krebs. Aus dem Kühlschrank in den Bauch, das geht doch nicht. Wenn, dann mit Soße und richtig Dampf«, sagte sie, und ich brauchte drei Tage, bis ich meinen Kartoffelsalat aufgegessen hatte.

Zu meiner Wohnung sagte sie kein Wort. Es ist in Kenia nicht üblich, Komplimente zur Wohnungseinrichtung zu machen. Ich hatte mich aber bereits so an diese deutsche Art gewöhnt, daß ich ihr Staunen vermißte. Mutter würde in Kenia allen von meiner Wohnung erzählen, und ich würde nie oder nur aus Berichten meiner Verwandten erfahren, wie sie meine Wohnung findet.

»Die Weißen gucken so böse«, sagte sie immer, wenn ich sie bewegen wollte, mit hinauszugehen. Sie wollte nur zu Hause sitzen, mit mir reden oder fernsehen. Das reichte ihr. Im Bus forderte ich sie einmal auf, sich auf einen freien Platz zu setzen. Sie setzte sich völlig verkrampft hin und guckte ganz böse.

»Warum hast du so ein Gesicht gemacht?« fragte ich sie draußen.

»Da war eine Frau, die hat mich die ganze Zeit böse angeschaut. Da habe ich böse zurückgeschaut.«

»Mama, die meinte das bestimmt nicht so. Die hat gar nicht richtig hingeguckt. Und wenn, dann hat sie nur gedacht, ach, so sieht eine ältere afrikanische Frau aus.« Wenn ich so mit ihr redete, fühlte ich mich als Europäerin. Vor wenigen Jahren aber hatte ich ähnliches empfunden wie meine Mutter.

Es war eine wunderschöne Zeit mit meiner Mutter, ich erfuhr vieles über meine Familie, über ihr Verhältnis zu meinem Vater, über die Trennung, über die Probleme meiner Mutter in Kagamega, ihre Enttäuschungen und vieles mehr. Jeden Morgen erzählte sie mir von ihren Träumen, bis ich nicht mehr zuhören konnte, weil es einfach zu viel und durcheinander war.

Die Tatsache, daß Heinz eine Entziehungskur machte, quittierte sie mit folgendem Spruch: »Oh, so etwas müßte es in Kenia geben, dann gäbe es dort nur noch Alkoholiker, die sich im Krankenhaus behandeln lassen.«

Über die Auslagen in den Supermärkten staunte und lästerte sie: »Ihr seid verrückt. Ihr geht arbeiten, steht früh auf und kommt abends spät nach Hause. Ich würde es anders machen. Ich würde spät aufstehen, meinen Mittagsschlaf machen, spazierengehen, immer an den Läden vorbei, die ihre Auslagen draußen haben. Hin und her, hin und her ... und beim siebten Mal hätte ich mein Mittagessen und nichts dafür bezahlt.« Natürlich machte sie Spaß. Dennoch erzählte ich ihr nicht von Leuten, die Arbeitslosengeld oder Sozialhilfe bekommen. Sie hätte nicht verstanden, warum in Deutschland überhaupt noch einer arbeiten geht.

Die sechs Wochen mit meiner Mutter waren schnell vorbei. Auf dem Weg zurück zum Flughafen hatte ich ein mulmiges Gefühl. Ich war traurig, daß meine Mutter wieder zurückfliegen mußte. Auch Mama Nora war nicht glücklich. Sie wäre gern bei den Enkeln geblieben. Am Flughafen hatten wir keine Zeit, uns zu verabschieden, so schnell mußte alles gehen. Das ist das letzte Bild, das ich von ihr habe. Dieser hektische Abschied. Es war das letzte Mal, das ich sie aufrecht sah.

Meine Mutter war nur wenige Tage weg, da wurde ich als Folge eines Wochenendurlaubs von Heinz wieder schwanger. Ich wollte es so. Neun Monate später wurde meine Tochter Manuela geboren. Kurz nach der Geburt ließ ich mich noch im Krankenhaus sterilisieren. Manuela sollte mein letztes Kind sein. Meiner Mutter erzählte ich nichts davon, ich wollte sie bei meinem nächsten Keniaaufenthalt mit einer Enkeltochter überraschen.

In der Zeit der Schwangerschaft setzte ich die Therapie fort, die ich kurz vor der Geburt von Patrick im Frauenhaus begonnen hatte. Es dauerte sehr lange, bis ich den Sinn dieser Gespräche verstand. In Kenia haben Psychologen keinen guten Ruf. Ein Psychologe ist ein Mensch, vor dem man sich in acht nehmen muß, weil er in Sekundenschnelle weiß, wer du bist, und dir einen Vortrag über deinen Charakter halten kann: du bist aggressiv, du bist temperamentvoll, du bist sensibel usw. Da ich nicht wollte, daß meine Psychologin eine schlechte Meinung von mir gewann, log ich viel. Auf keinen Fall sollte sie erfahren, wovon ich in Kenia gelebt hatte oder wie mein Vater war – ich wollte nur das Positive in meinem Leben zeigen, die Sahne, wie man hier sagt. Wie anderen Menschen in meiner Umgebung erzählte ich auch ihr, daß ich als Rezeptionistin in einem Hotel gearbeitet hätte. Mehrere Monate hangelte ich mich so an der Wahrheit vorbei, bis ich das Gefühl hatte, ich gehe zu einer Ärztin und berichte von Kopfschmerzen, und sie gibt mir Kopfschmerztabletten. In Wirklichkeit aber hatte ich Magenschmerzen, und die Tabletten halfen mir nicht.

Als der Schmerz zu groß wurde, konnte ich nicht mehr lügen, und ich fing an, von meinem Vater zu erzählen, von meiner Sehnsucht nach seiner Liebe, von meinen Träumen, in denen er mich immer noch mit einem Messer verfolgte. Es war das erste Mal, das ich heulen konnte über mein Leben, über mein schlechtes Verhältnis zu meinem Sohn David, viel von meiner Traurigkeit verfloß mit den Tränen.

Mein Vertrauen zu dieser fremden Frau, die mich beharrlich siezte, wurde immer größer, bis ich ihr sogar erzählte, wovon ich in Mombasa gelebt und wie ich Heinz kennengelernt hatte. All die Jahre in Deutschland hatte ich eine Frau gespielt, die ich nicht war, nur weil ich ein schönes Bild von mir zeigen wollte. Ich hatte in Deutschland gelernt, daß eine Prostituierte ganz unten ist, eine Schlampe, eine schlechte Person ohne Wert, ein Nichts. Jahrelang hatte ich mich verstellt und war müde geworden von dieser Schauspielerei. Als ich meiner Therapeutin die Wahrheit sagte, sah sie mich mit traurigen Augen an und nickte, und ich wußte, daß ich für sie nicht schlechter war als irgendein anderer Mensch. Ich wußte, daß sie mich nicht fallenlassen würde; in diesem Moment hatte ich das Gefühl, daß sie mir mehr gab als eine Mutter. Sie öffnete eine Tür in mir, und in den folgenden Wochen und Monaten sprach ich alles aus, was mich bedrückte. Es war, als ob ich all die Zeit eine große Schuld mit mir herumgeschleppt hatte und nun langsam diese

Schuld bezahlen und abtragen konnte. Es war meine Befreiung.

Auf der einen Seite war sie wie meine Mutter, aber sie war auch wie meine Hure, und ich war der Freier, der sich bei ihr wohl fühlen konnte. So ist es doch oft. Ein Freier hat ein normales Leben und ist nicht immer glücklich mit seiner Frau. Mit einer Hure kann er machen, was er will, und aus sich herausgehen. So fühlte ich mich jetzt, als ob auch ich das erste Mal machen konnte, was ich wollte, und mich so verhielt, wie ich wirklich war. Die Therapeutin war für mich da, wie ich früher für die Freier da war. Sie machte ihre Arbeit und wurde dafür bezahlt. Wenn ich meine Therapeutin mit einer Hure vergleiche, meine ich damit, daß sie mir all das gab, was ich brauchte, Zuneigung und Akzeptanz, ohne daß ich etwas Spezielles dafür tun mußte.

In dieser Zeit erfuhr ich das erste Mal, daß Sexualität auch mit einem Mann schön sein kann. Ich war mittlerweile dreißig Jahre alt. Es war bei einem Besuch bei meiner Freundin Joyce in der Schweiz. Sie stellte mir einige ihrer besten Freundinnen vor, alles schwarze Frauen und ehemalige Huren aus Mombasa. Alle hatten weiße Männer geheiratet und gingen mit Afrikanern fremd. Das war das einzige Thema bei diesem Treffen. Joyce kümmerte sich sehr um mich und machte mich mit afrikanischen Männern bekannt. So lernte ich einen Mann aus Kamerun kennen. Ich fand ihn nicht einmal hübsch, weil er einen riesigen Mund hatte, aber dennoch verliebte ich mich in ihn. Der Mann spielte zwar nur kurz eine Rolle in meinem Leben, aber das reichte, um mir zu zeigen, daß eine Frau beim Sex mit einem Mann einen Orgasmus haben kann. Ich wurde verrückt nach diesem Gefühl.

Abschied von meiner Mutter

»Deine Mutter ist schwerkrank. Du mußt nach Kenia kommen.«

Eine Cousine, die gerade aus Kenia zurückgekehrt war, rief mich an. Noch am Telefon mußte ich heulen. Bei uns werden Nachrichten im Zusammenhang mit Krankheiten untertrieben, damit die Betroffenen sich an die schlechte Botschaft gewöhnen können. Sehr krank bedeutete, daß sie kurz vorm Sterben oder schlimmstenfalls schon beerdigt war.

Sofort rief ich bei einer Nachbarin meiner Mutter an: »Morgen um ein Uhr soll mein Bruder oder meine Mutter ans Telefon kommen. Ich werde wieder anrufen.«

Am nächsten Tag war Paul am Telefon. Das machte mich sehr traurig. Wenn Mama Nora nicht selbst hatte kommen können, mußte es ihr wirklich schlechtgehen.

»Sag mir die Wahrheit, was ist los mit Mutter? Ist sie schon tot?«

»Nein, sie ist sehr krank, sie kann nicht mehr alleine gehen. Sie muß getragen werden. Es geht ihr sehr schlecht.«

»Ist es wichtig, daß ich komme?«

»Ja«, sagte er nur, und ich wußte, daß ich sofort fliegen mußte, um Mama Nora noch einmal zu sehen. Ich sah meine Mutter vor mir, diese starke Frau, die in ihrem Leben soviel ausgehalten hatte. Die eines ihrer Kinder allein zur Welt gebracht hatte, ohne daß es jemand bemerkte. Als die Geburt von Paul sich ankündigte, nahm sie eine Rasierklinge und ging aufs Feld. Nach zwei Stunden kam sie mit dem Baby im Arm zurück. Daran mußte ich jetzt denken.

Ein paar Tage später saß ich im Flugzeug. Patrick und Manuela waren bei mir. David war zu Hause bei Heinz geblieben. Als ich in Mombasa ankam, erfuhr ich, daß meine Mutter im Krankenhaus lag. Ihr Bett stand auf einem Balkon in einem Trakt, wo nur Menschen lagen, denen man keine Hoffnung mehr gab.

»Sie liegt in dem Bett mit dem blauen Tuch«, zeigte man mir den Weg.

Eine junge Frau stand neben dem Bett. Es war meine jüngste Schwester Tina, die ich fast nicht wiedererkannt hätte. Sie war groß und schön. Anders meine Mutter, sie war nur noch ein Häufchen Elend. Ihre Finger aber, die ich gleich in die Hand nahm, fühlten sich an wie immer. Es kostete mich große Anstrengung, mir nichts anmerken zu lassen. Mutter sah schrecklich aus, ihr Atem pfiff. Sie konnte kaum sprechen.

»Sie sieht heute besser aus als gestern«, Tina versuchte mich zu trösten.

»Alle, die mit ihr hier lagen, sind schon tot. Sie hat bis jetzt durchgehalten. Vielleicht wird sie überleben.«

Mama Nora hatte große Bauchschmerzen, sie faßte sich ständig an den aufgequollenen Leib. Ihre Zunge war weiß, die Füße sahen aus wie knorriges Holz. Ich nahm ein Taschentuch, spuckte darauf und begann, ihre Zehen zu säubern. Was konnte ich sonst für sie tun? Dann kam meine Schwester Alice mit einer Freundin, sie wuschen meine Mutter und wechselten ihre Windeln. Ich war entsetzt und schaute weg.

»Wie kannst du dich trauen, unsere Mutter nackt auszuziehen und ihre Scham zu waschen?« fragte ich meine Schwester.

»Wer soll es sonst machen?« fragte sie zurück.

Ich versuchte, meiner Mutter auf andere Art zu helfen. Ich hatte Medikamente aus Deutschland mitgebracht, etwas gegen chronischen Durchfall und gegen Schmerzen. Ich gab ihr diese Mittel. Stundenlang saß ich bei ihr und redete. Ob sie alles verstand, weiß ich nicht. Ich erzählte von den Kindern, von meiner Tochter Manuela, die schon krabbelte. Die Freude meiner Mutter stimmte mich traurig, ich spürte, wie gerne sie Manuela kennengelernt hätte. Die Ansteckungsgefahr im Krankenhaus aber war zu hoch, deshalb blieben Manuela und Patrick tagsüber bei einer Nachbarin.

Am nächsten Tag, der auch keine Besserung brachte, sprach ich mit dem Oberarzt, einem Inder, über den Zustand meiner Mutter. Er behandelte gerade eine Frau, die kaum mehr den Umfang eines Stocks hatte.

»Ich komme aus Deutschland, meine Mutter liegt hier im Krankenhaus.« Ich zeigte auf das Bett meiner Mutter und fragte: »Hat sie Chancen?«

»Deine Mutter hat zuwenig Blut und Wasser im Körper.«

Er ging mit mir zu ihrem Bett und untersuchte sie.

»Was ist mit ihrem Bauch? Warum ist er so dick?«

»Das ist Gas. Hast du Geld für Medikamente? Dann kannst du ihr etwas besorgen.«

Natürlich hatte ich Geld und lief sofort in die nächste Apotheke, um die empfohlene Arznei zu holen. Meine Mutter wurde an einen Tropf gehängt, und ich durfte wieder hoffen. Am Abend fragte ich Patrick: »Wird Oma leben?«

»Nein«, sagte er nur.

Da schwand meine Hoffnung. Ich hatte ihn schon oft nach Dingen in der Zukunft gefragt, und er hatte mit seinen naiven Antworten immer richtig gelegen.

Wenige Tage später starb Mama Nora. Das letzte Mal, als ich sie lebend sah, lag sie im Koma und grünes Wasser lief ihr aus dem Mund. Der Anblick entsetzte mich so sehr, daß ich beschloß, am nächsten Tag ein besseres Krankenhaus für sie zu suchen. Aber es war schon zu spät. Ihren Tod erfuhren wir von einer Nachbarin, die die letzte Nacht bei ihr verbracht hatte. Ich erschrak, als ich die Frau morgens ankommen sah.

»Was ist los? Warum bist du nicht bei meiner Mutter? Geht es ihr so gut, daß du sie allein lassen kannst?« Ich ahnte aber, was passiert war, und sträubte mich wie gegen einen schlechten Traum. Die Frau sah mich sehr traurig an.

»Es ist alles vorbei«, sagte sie leise.

Ich war betäubt und hatte das Gefühl, aus einem Marihuana-Rausch zu erwachen. Sind wir jetzt ohne Mutter? Stumm schaute ich meine Schwester Tina hilflos fragend an. Dann lief ich in das Zimmer meines Bruders und weckte ihn: »Paul, steh auf, steh auf, wir haben keine Mutter mehr!«

Mutter war bereits im Beerdigungsinstitut, als wir in die Stadt fuhren. An einer beliebigen Stelle hatte man sie auf dem Boden abgelegt. Sie lag dort wie eine Mumie in ein weißes Tuch gewickelt. Ich nahm das Tuch von ihrem Gesicht und konnte ihr in die offenen Augen sehen. Ich wischte mit meiner Hand über ihre Augen, wie ich es im Fernsehen gesehen hatte. Die Augen öffneten sich sofort wieder, das war gespenstisch, als ob sie noch leben würde. Ich wiederholte meine Bewegung und hielt diesmal die Augenlider fest, ihre Augen blieben für immer zu.

»Wenn ihr wissen wollt, woran sie gestorben ist, können wir sie aufschneiden«, sagte einer der Mitarbeiter und deutete nach oben.

Ich drückte dem Mann zweihundert Schilling in die Hand, damit er für meine Mutter einen schönen Platz im Kühlschrank besorgte. Sie sollte nicht auf dem Boden verfaulen. Dann gingen wir hoch in den Raum, wo sie die frischen Leichen operierten. Ich hatte mich an meiner Tante Susan und meiner Schwester Tina festgekrallt und wandelte durch die Räume, als sei ich auch schon im Jenseits. Du sollst einer Toten nicht das antun, was sie als Lebende abgelehnt hätte, dachte ich, als wir den Schlächter schlafend neben seinem Arbeitstisch fanden. Nie hätte meine Mutter gewollt, daß sie einmal aufgeschnitten wird. Wir verzichteten darauf.

Unten forderten sie uns auf, zwei große Pakete Salz und kiloweise Watte zu besorgen, außerdem meterlanges Tuch. Bis heute weiß ich nicht, was sie damit gemacht haben. Sie brauchten es, bevor sie den Körper meiner Mutter ins Kühlfach legten. Ich merkte, daß sich die Leute im Beerdigungsinstitut große Mühe gaben, weil sie wußten, daß ich aus Europa kam und gut bezahlen würde. Als Tote wurde meine Mutter endlich einmal besser behandelt als alle anderen, dachte ich erleichtert.

»Mutter wird nicht in Mombasa beerdigt. Hier, wo die Erde mit Salz gemischt ist, werde ich sie nicht begraben«, sagte ich zu meinen Geschwistern. Meine Mutter sollte in Nyeri ihre letzte Ruhe finden, auf dem Grundstück ihrer Eltern und Brüder. In Mombasa gab es keine Verwandten, auf deren Grundstück sie beerdigt werden konnte. Und von dem öffentlichen Friedhof in Mombasa erzählte man sich Schreckliches. Teufel und Frauen auf Hufen sollten dort ihr Unwesen treiben. Ich glaubte zwar nicht daran, aber wer ist sich schon ganz sicher?

Die Verwandten in Nyeri und Kagamega mußten benachrichtigt werden. Tommy konnten wir über Polizeiruf erreichen, er arbeitete damals bei der Polizei, nicht weit von Luandeti. Er nahm sofort sechs Wochen Urlaub und fuhr zu Jack ins Dorf. Später hörten wir, daß Jack geweint hat. Am Abend wollte er dann mit Vater über die Beerdigung reden. Er wollte sie in Kagamega beerdigen, aber mein Vater lehnte ab. Einen Tag später machten sich Jack und Tommy auf den Weg nach Mombasa. Das erste Mal nach langer Zeit trafen sich alle Kinder von Mama Nora an einem Ort, sogar ihr Stiefsohn Simon war extra aus den USA gekommen. Wir machten viele Fotos. Mutter hätte sich gefreut, wenn sie uns zusammen gesehen hätte.

Cucu, meine Oma, ahnte den Tod ihrer Tochter, bevor man es ihr erzählen konnte. Zwei Cousinen waren an diesem Tag zu ihr gefahren, um ihr vom schlechten Zustand ihrer Tochter zu berichten. Sie wußten nicht, daß Mama Nora da schon tot war.

»Ihr braucht mir nicht zu sagen, was passiert ist. Ich weiß es«, habe Cucu gesagt, noch bevor sie sprechen konnten.

»Wieso, was ist passiert? Hat jemand angerufen?«

»Nora ist tot«, soll sie gesagt haben.

»Nein, sie ist nicht tot, sie ist schwerkrank, das wollten wir dir erzählen.«

Zwei Stunden später riefen wir in Nyeri bei Nachbarn meiner Oma an und berichteten, was geschehen war. Aber sie trauten sich nicht, es ihr zu sagen. Niemand wollte ihr weh tun. Bis alle traurig um meine Oma herumliefen und ihr vom Tod ihrer Tochter erzählten. Sie soll sehr gefaßt gewesen sein, wahrscheinlich weil sie es geahnt hatte.

Als wir kurz vor unserer Abreise noch einmal in Nyeri anriefen, hörten wir, daß mein Vater dort sei und bis zur Beerdigung seiner Frau bleiben würde. Aber Mama Nora wird das nicht gewollt haben. Bei uns heißt es, daß auch die Toten noch nein sagen können. Der Bus, der uns alle zusammen mit dem Sarg meiner Mutter nach Nyeri bringen sollte, war kaputtgegangen, so daß sich unsere Abreise und damit auch die Beerdigung in Nyeri verzögerte. Als wir mit zwei Tagen Verspätung ankamen, war mein Vater nicht mehr da. Er habe nicht länger bleiben können, sagte man uns. Vielleicht hatte er das Zeichen verstanden. Für die Beerdigung hatte er Tee und Zucker gekauft. Immerhin!

Diese Beerdigung machte Nyeri zu meiner richtigen Heimat, dort, wo meine Mutter ihre letzte Ruhe fand. Früher hatte ich Nyeri wegen der roten Erde und der Feuchtigkeit nicht gemocht.

Ich gab mein ganzes Geld aus, um die Beerdigungsfeier würdig zu gestalten. Ich wollte, daß man noch Jahre davon sprach und meine Mutter gut im Gedächtnis behielt.

Kurz vor der Beerdigung bestand ich darauf, den

Sarg noch einmal zu öffnen: »Unsere Mutter ist so schick angezogen, viel schicker als eine, die heiratet. Alle sollen sie noch einmal sehen und sich verabschieden.«

Ich wollte es so, weil ich gehört hatte, daß einige Leute im Dorf behaupteten, meine Mutter wäre an Aids gestorben. Ich hatte meiner Mutter ein richtiges Hochzeitskleid nähen lassen, dazu weiße Handschuhe, weiße Socken und Schuhe. Sie sah super aus. Ich konnte meinen Blick nicht von ihr wenden, weil sie so schön war. Wer sie sah, dachte bestimmt nicht mehr an Aids.

Der Näherin hatten wir natürlich nicht gesagt, daß sie das Kleid für eine Leiche nähen sollte. Meine Schwester Alice hatte Modell gestanden. Die Näherin wunderte sich nur, als wir verlangten, daß sie das Kleid hinten offen lassen sollte, was sie aber nicht machte.

»Das sieht doch nicht schön aus«, hat sie immer wieder gerufen.

Als das Kleid fertig war, schnitten wir es hinten einfach auf, es paßte meiner Mutter wie angegossen.

Es war eine schöne Beerdigung. Die Frauen aus der Nachbarschaft waren alle versammelt, sie kochten Tee und Leckeres zum Essen. Die Stimmung war ausgelassen. Wir feierten und trauerten über eine Woche.

Nach dem Tod meiner Mutter faßte ich Mut und trennte mich von meinem Mann. Die Trennung zog sich über Monate hin. Heinz wollte nicht ausziehen, und wo sollte ich hin mit den Kindern? Über die Einzelheiten dieser Trennung, über die schmutzige Wäsche, die wir wuschen, will ich nicht reden. Die Hauptsache ist, daß ich die Kraft zu diesem Schritt hatte und Hoffnung entwickelte auf ein Leben ohne Heinz. Auch mein Verhältnis zu meinen Kindern veränderte sich langsam.

Ich lernte, mit ihnen so umgehen, wie ich es mir von meiner Mutter oder meinem Vater früher immer gewünscht hatte.

Wenn es in Deutschland regnete, mußte ich an meine Mutter denken. So regnet es jetzt auf Mutters Grab, und das Wasser läuft in die Erde ... Immer, wenn ich mir etwas kaufte, hatte ich ein schlechtes Gewissen. Ich sollte besser nach Kenia fliegen und meiner Mutter eine Steinplatte aufs Grab setzen.

So kam es, daß ich zwei Jahre nach der Beerdigung ein Erinnerungsfest für meine Mutter veranstaltete. Wieder trafen wir uns mit allen Verwandten und Nachbarn in Nyeri. Die Leute waren erst befremdet, weil das nicht üblich ist.

»Damals waren wir alle so traurig, daß wir euch nicht danken konnten. Heute möchten wir uns bei allen bedanken, die für unsere Mutter diese schöne Beerdigungsfeier gemacht haben«, erklärte ich ihnen und sprach damit auch für meine Geschwister. Es war selbstverständlich, daß ich die Feier bezahlte. Für mich war das eine Möglichkeit, mich noch einmal bewußt von meiner Mutter zu verabschieden, ohne vom Schmerz wie betäubt zu sein wie damals.

Wenn ich heute an meine Mutter denke, verbinde ich mit ihr und ihrem Abschied nur Gutes, obwohl ich sie manchmal sehr vermisse. Dann gehe ich auf einem Friedhof spazieren. In solchen Momenten beruhigt mich der Gedanke an das, was ich für sie tun konnte.

Wenn ich heute in den Spiegel schaue, erkenne ich meine Mutter darin, dann fühle ich mich wieder wie ein kleines Kind, und meine Tochter Manuela ist meine Mutter. Ich lege gerne meinen Kopf in ihren Schoß.

Dieser weiche Körper, ihr Herzschlag, kein Mensch ist mir so nah. Es ist das, was ich mir von meiner Mutter immer gewünscht hatte, diese Nähe. Wenn ich Manuela berühre, tröstet mich das. Gerade weil ich mich mit Manuela so verbunden fühle, weiß ich nicht, ob ich ihr später einmal erzählen kann, wie ich lange Zeit mein Leben bestreiten mußte. Vielleicht werde ich es tun, wenn sie verheiratet ist und eigene Kinder hat. Dann ist sie reif, mich zu verstehen. Vielleicht wird sie sogar stolz sein auf ihre Mutter, die einmal eine sehr gute Tänzerin war. Das wäre schön.

Für meine Tochter wünsche ich mir ein anderes Leben. Ich hoffe sehr, daß sie in Deutschland bessere Startmöglichkeiten hat als ich sie in Kenia jemals hatte. Wegen meiner Kinder bin ich froh, in Deutschland zu leben, aber ich wünsche ihnen auch, daß sie den Kontakt zu Kenia nicht verlieren.

Epilog

Nun bin ich am Ende meiner Erzählung angekommen, vielleicht auch am Anfang einer neuen Geschichte. Wenn ich mein bisheriges Leben betrachte, fällt mir wieder das Bild von der verlorenen Ziege ein. Ich bin wie eine Ziege, die immer wieder verkauft wurde, und deren Besitzer ihr nur Wege zeigten, die sie in Abgründe fallen ließen. Als sich die Ziege freimachen wollte und nach Deutschland flüchtete, fiel sie in das größte Loch, aus dem sie sich nur nach einem langen, kalten Winter befreien konnte. Trotz der Traurigkeit, die die Ziege bei ihrem Blick in die Vergangenheit spürt, ist sie erfüllt von der Schönheit der Blumen des Sommers. Auch wenn der Winter wiederkommt, werde ich immer die Blumen sehen. Die Blumen in meinem Leben sind meine Kinder, die Erinnerungen an meine Mutter, meine Therapeutin und sehr gute Freunde, die in den letzten Jahren zu mir gehalten haben.

Mit der Zerrissenheit, in Kenia meine Heimat zu haben, aber in Deutschland zu Hause zu sein, werde ich leben müssen. Bin ich hier, werde ich von der Schönheit meiner Heimat schwärmen, von den freundlichen Menschen, von der Sonne. Es ist ein schönes Bild. Aber eben nur ein Bild. Wie auch Europa oder Amerika nur schöne Bilder waren, solange ich in Kenia lebte.

In den letzten Jahren wurde ein Wunsch immer stärker: ich will einen Beruf erlernen und damit unabhängig werden. Ich hatte immer Männer, die meine Chefs waren, früher mein Vater, später die afrikanischen Männer und die Sextouristen, heute die deutschen Ämter – Jugendamt, Sozialamt und Ausländeramt – die sich in mein Leben einmischten und immer noch einmischen. Ich will einmal allein für mich bestimmen, ohne daß es von anderen kontrolliert wird. Ich will irgendwann einmal einen ganz normalen Beruf haben und damit auch ein Vorbild für meine Kinder sein.

Mein größter Wunsch ist es, Hebamme zu werden. Weil ich Happy-Ends liebe. So schmerzhaft und anstrengend die Geburt eines Kindes auch immer ist, es ist ein Happy-End, dieses Kind, dieses neue Leben einer Mutter in den Arm zu legen.

Nachwort

Ankunft auf dem Flughafen in Mombasa. Ich warte auf mein Gepäck, suche Miriam unter den Einheimischen hinter der Zollabsperrung. Ich kann sie nirgendwo entdecken. Eine Person mit einer frechen Kappe winkt mir fröhlich zu. Das muß Miriam sein. Tatsächlich. Nach drei Wochen Kenia ist sie so dunkel im Gesicht, daß ich sie nicht erkannt habe. Die Äquatorsonne hat die Spuren der in Deutschland benutzten Aufhellcremes fortgewischt. Erleichtert winke ich meiner kenianischen Freundin zu. Ich denke an den alten Videorekorder in meinem Gepäck. Miriam wollte unbedingt, daß ich ihn mitbringe, als Geschenk für ihren Bruder. Hoffentlich komme ich durch den Zoll, der Gedanke macht mich nervös. Als ich die Zollschranken passieren will, fordert mich der Zollbeamte auf, alle Koffer und Taschen zu öffnen. Für meinen Kassettenrekorder, die Mikros, die Kassetten, dafür interessiert er sich nicht. Nur für den Videorekorder. Ich stelle mich blöd, rufe Miriam. Sie kommt, redet in ihrer Sprache auf den Zollbeamten ein, sie spricht sehr laut und böse.

»Gib mir fünfzig Mark!« flüstert sie. Unauffällig stecke ich ihr das Geld zu. Nach einem kurzen Geplänkel dürfen wir passieren. An einem geheimen Ort treffen wir erneut den Zollbeamten. Miriam gibt ihm das Geld. Er habe mehr Geld haben wollen, sagt sie mir später. Sie aber habe ihm gedroht, den Videorekorder vor aller Augen kaputtzuschlagen, weil das Gerät soviel Bestechungsgeld nicht wert sei. Nach dem Deal, der mich schon etwas geschockt hat, fahren wir mit dem Taxi zum Hotel. Das Bestechungsgeld gibt sie mir zurück, das Taxi hat sie bereits bezahlt.

»Damit du siehst, es gibt auch gute Kenianer. Willkommen in Kenia!«

So verlief mein Eintritt in die Welt Kenias, die Heimat meiner Freundin Miriam. Herkömmliche Verhaltensmuster und -regeln erfuhren schon bei meiner Einreise einen Kratzer. Und: es sollte auch weiterhin ordentlich schrammen.

Angereist kam ich mit einem geistigen Koffer voller Meinungen: über Sextourismus, über arme ausgebeutete Frauen in der von uns so genannten 3. Welt, über böse weiße Männer und vieles mehr. Recht eindimensionale Einteilungen und Einordnungen in gute und böse Verhaltensweisen, in Opfer und Täter.

Nach zwei Eingewöhnungstagen fangen wir an mit unseren Gesprächen, meist sitzen wir in der hintersten Ecke einer Hotelbar. Selten reden wir mehr als eine Stunde, aber das reicht uns beiden. Für Miriam sind ihre Erzählungen harte Arbeit, die zudem von ihren Freunden und Familienangehörigen nicht gesehen werden darf. Für mich ist es das staunende Eintauchen in eine neue Welt.

»Wenn ich fertig bin, dann will ich weg. Die Geschichte ist dann noch im Raum. Ich muß diesen Ort sofort verlassen, um wieder in der Gegenwart zu sein«, sagt Miriam und sieht zu, daß sie zurückkommt in die Sonne, zu ihren Kindern, raus aus der Vergangenheit. Zu dieser Gegenwart gehört auch ihre Familie in Kenia: der Bruder, der mit seiner zweiten Frau und ihrem Kind jeden Tag kommt, die zwanzigjährige Schwester, die heute die gleiche Arbeit macht wie Miriam vor zehn

Jahren. In der letzten Ferienwoche kommt noch der jüngere Bruder Sammy dazu. Stundenlang sitzt er im Aufenthaltsraum, sagt selten etwas, meist schaut er gleichmütig vor sich hin.

Nur Miriam lacht und redet viel, schreibt Einkaufslisten für die aufwendigen Mahlzeiten – selbstverständlich ist, daß alle Familienmitglieder jeden Tag mitessen. Dem kurzerhand eingestellten Hausmädchen, einer Verwandten, die in der Küche unseres Appartements schläft, gibt sie Anweisungen, den Bruder läßt sie Botengänge erledigen. Miriam kommt mir vor wie ein Königin in ihrem Reich. Sie strahlt Sicherheit aus. Ihre überlegene Rolle wird von allen akzeptiert. Ich vergleiche Miriam mit anderen afrikanischen Frauen, denen wir begegnen. Sie hat etwas, was ich bei keiner anderen Frau in dieser Intensität entdecken kann: einen offenen, meist fröhlichen Blick, eine Selbstsicherheit in allen Bewegungen, sie strahlt Ruhe und Gelassenheit aus. Das kann sie, weil sie einen Weißen geheiratet hat. Der soziale Unterschied zwischen ihr und den anderen Frauen, die in den Hotels und in den Bars um weiße Freier buhlen, ist unverkennbar. Ihr sozialer Status als eine Afrikanerin aus Deutschland ist hoch. Er steht ihr im Gesicht, zeigt sich in ihrem Verhalten, und das unabhängig davon, wie glücklich oder unglücklich sich die deutsch-afrikanische Beziehung in Europa gestaltet. Hier ist sie unbestritten für wenige Wochen die Queen, und sie genießt es. Hier kann und darf sie großzügig sein, etwas abgeben von ihrem »Reichtum«, der in Deutschland gar keiner ist. Alle wissen, als was sie früher gearbeitet hat und wie sie den deutschen Mann kennengelernt hat, aber darüber spricht man hier nicht.

Aus den Geschichten der Familienmitglieder lerne

ich langsam, warum das Leben von Miriam aus der afrikanischen Perspektive immer nur als sozialer Aufstieg, als eine Karriere betrachtet wird. Und ich begreife aus ihren Erzählungen, daß sie nicht nur das verwundbare und verwundete Opfer ihrer eigenen Geschichte ist, sondern auch die aktive Frau (aus afrikanischer Sicht natürlich), die diesen Weg mit all ihrer zur Verfügung stehenden Kraft gegangen ist.

Miriam und ich treffen eine Entscheidung: ihre Geschichte so zu erzählen, wie sie sie erinnert, mit allen Widersprüchen, die in ihrem wie in jedem anderen Leben enthalten sind. Wir wollten ihre Lebensgeschichte nicht schönen, damit sie in politische Denkmuster paßt. Wir wollten keine feministischen oder antirassistischen Korrektheiten bedienen, die einem Bild von der entwürdigenden Lebenssituation afrikanischer Frauen entstammen und zu Recht dies anprangern. Eine politische Einschätzung und Analyse ist eine Sache, Miriams Geschichte eine andere, so wahrhaftig, wie gelebtes Leben und die Erinnerungen daran sein können, natürlich auch verändert durch mich, der deutschen Zuhörerin und Schreiberin.

Diese Erzählung ist mehr als nur die Beschreibung eines Lebensweges, sie ist auch das Ergebnis einer deutsch-afrikanischen Freundschaft. Noch nie zuvor habe ich mich in meiner Arbeit als Psychologin oder Journalistin so in ein Leben hineinversetzt wie in das von Miriam. Wochenlang lebte ich in ihren Erinnerungen, als seien sie ein Teil meines Lebens. Und nur so konnte ich sie aufschreiben, sie in eine sinnvolle und nachvollziehbare Reihenfolge bringen. Miriam erzählte mir ihre Geschichte auf deutsch, so gut wie sie diese Sprache zum Zeitpunkt unserer Gespräche beherrschte.

Sie mußte also ihre Sicht in eine fremde Sprache und Denkweise übersetzen. Hätte sie die Geschichte in kiswahili erzählen können, das Buch wäre ein anderes geworden. Die sprachliche Unvollkommenheit aber sorgte dafür, daß nicht nur die anpassungswillige Migrantin, sondern ebenso die Afrikanerin mit ihren Ansichten und Bewertungen erzählte. So mögen manche erschreckt sein über die enthaltenen Rassismen, hier besonders die Beurteilung der eigenen Landsleute und die Einstellung zur eigenen Hautfarbe. Wieder andere werden sich an der Offenherzigkeit der Schilderungen stoßen. Unser und besonders Miriams Wunsch war es, möglichst unvermittelt ein Beispiel für ein afrikanisches Frauenleben zu geben, mit allen Ungereimtheiten und Schattenseiten. Wir sind uns dabei sehr bewußt, daß es sich um Miriams Sichtweise und ihre Einschätzungen von Geschehnissen und Personen handelt. Auch wenn die Namen aller vorkommenden Personen geändert wurden, wird es vielleicht Menschen geben, die sich völlig falsch dargestellt und ungerecht beurteilt finden. Diese Menschen möchte ich damit trösten, daß sie aus ihrer Sicht wahrscheinlich recht haben. Das liegt in der Natur menschlicher Wahrnehmung. Sie kann immer nur subjektiv sein. Das Schöne daran ist, daß sich die persönliche Wahrnehmung und das Bild, das wir von anderen haben, ändern kann. So sind Menschen, über die Miriam gestern noch schimpfte, vielleicht heute schon ihre besten Freunde.

Miriam, ich danke dir für deine Offenheit und Freundschaft.

Birgit Theresa Koch

Danksagung

Dieses Buch widme ich in Liebe meiner Mutter, meinen drei Kindern und meinen acht Schwestern und Brüdern in Kenia, Deutschland und Amerika. Ihr seid ein Teil meines Lebens, ihr bedeutet mir alles, und ich bin froh, daß es Euch gibt und Ihr bis heute für mich da seid. Danke dafür.

Ganz besonders möchte ich mich auch bei meiner Freundin Birgit Theresa Koch und meiner Therapeutin Frau Berghoff bedanken. Sie halfen mir, in Deutschland zu leben, sie waren das Licht, das mir den Weg zeigte. Frau Berghoff, Sie waren die erste, der ich die Wahrheit erzählen konnte, und Sie gaben mir den Mut, meine Geschichte in einem Buch zu veröffentlichen. Birgit Theresa, dir will ich danken für deine Geduld und dein Verständnis bei meiner langen und verwirrenden Reise zurück in die Vergangenheit. Als meine Nachbarin hast du mir in den ersten zehn Jahren meines Lebens in Deutschland die Unterstützung gegeben, die ich brauchte. Ohne deine Zuneigung und Zuversicht hätte dieses Buch nicht entstehen können.

Ich möchte auch all denen von ganzem Herzen danken, die mich bislang für eine kurze oder längere Zeit in meinem Leben begleitet haben.

Miriam Kwalanda

Prolog *5*
Die große Reise *7*
Es war einmal in Afrika *17*
Rituale *28*
Von Frauen und Mädchen *35*
Mit dem Vater in Nairobi *53*
Verwandtschaft am Mount Kenya *64*
Schreckliche Zeiten *72*
Eingesperrt und abgeschrieben *97*
Wiedersehen mit der Mutter *118*
Mombasa und seine Gäste *136*
Die Amerikaner kommen *169*
Abschied von meiner Tochter *177*
Wieder schwanger *190*
Stammgast Moritz *207*
Heinz *220*
In einem neuen Land *233*
Lehrjahre in Deutschland *257*
Befreiung *285*
Abschied von meiner Mutter *292*
Epilog *302*
Nachwort *304*
Danksagung *309*